W0341126

DROEMER

Werner Bartens

GLÜCKLICHE KINDER

Was sie stark und gesund macht

DROEMER

Besuchen Sie uns im Internet:
www.droemer.de

FSC
www.fsc.org
MIX
Papier aus verantwortungsvollen Quellen
FSC® C006701

Copyright © 2013 by Droemer Verlag.
Ein Unternehmen der Droemerschen Verlagsanstalt
Th. Knaur Nachf. GmbH & Co. KG, München.
Alle Rechte vorbehalten. Das Werk darf – auch teilweise – nur mit Genehmigung des Verlags wiedergegeben werden.
Satz: Adobe InDesign im Verlag
Druck und Bindung: CPI books GmbH, Leck
ISBN 978-3-426-27583-2

5 4 3 2 1

INHALT

EINLEITUNG

Jedes Kind ist wunderbar, einzigartig und besonders. Vor allem natürlich das eigene. Kinder lernen fortwährend dazu, sie machen permanent neue Erfahrungen, werden ständig geprägt, geformt, gebildet und geschult. Eltern sind begeistert von den schier unendlichen Möglichkeiten, die sich dem eigenen Kind quasi nebenbei bieten, während es Stück für Stück seine Umgebung erkundet und den Blickwinkel erweitert. Was es alles wahrnimmt, und welches Entwicklungspotenzial es hat! Gerade im Baby-, Vorschul- und Grundschulalter scheint jedem Kind noch die ganze Welt offenzustehen.

Gleichzeitig haben viele Eltern eine diffuse Angst: Was sie alles falsch machen können! Sie befürchten, in den wichtigen prägenden Phasen ihres Kindes nicht die richtigen Entscheidungen zu treffen. Um was sie sich alles sorgen! Wie lange soll gestillt werden? Sie wägen ab, ob Stoff- oder Fertigwindeln besser für ihr Kind und die Umwelt sind. Sie sind auf der Suche nach einer artgerechten Frühförderung und stehen vor der schwierigen Entscheidung, in welchem Alter die Kinder eingeschult werden sollen – und vor allem welche Schule die richtige ist. Und die optimale Ernährung. Und das passende Maß an Herausforderungen und Erfahrungen. Denn viel weniger als eine ständige Stimulation für Geist und Körper und eine schadstoffarme Erziehung sollte es bitte nicht sein.

Eltern machen sich, gerade wenn es sich um ihr erstes Kind handelt, vielerlei Sorgen. Die meisten dieser Bedenken sind allerdings unnötig.

Natürlich gibt es schädliche Einflüsse auf die Entwicklung von Kindern. Ungesunde Lebensverhältnisse wie Armut, Unterernährung und körperlicher oder seelischer Missbrauch können ebenso wie emotionale Vernachlässigung jedes Leben zerstören. »Armut ist in unserem Land immer noch der wichtigste Risikofaktor für eine schlechte Entwicklung des Kindes«, sagt Karl Heinz Brisch, Leiter der Psychosomatik am Haunerschen Kinderspital der Universität München. »In Deutschland nimmt das Problem zu, und die Schere zwischen Arm und Reich wird ja immer größer.«

Aber auch wer nicht die optimalen Reize und die beste Förderung bekommt, kann sich zu einem wunderbaren, vielseitigen und wachen Menschen entwickeln. Das wachsende Kind und sein Gehirn *wollen* schließlich ständig neue Eindrücke aufnehmen und miteinander verknüpfen. Permanent bilden sich neue neuronale Netzwerke, das Kind ist begierig, neue Erfahrungen zu machen und auf diese Weise immer mehr kennenzulernen. Der menschliche Geist kann gar nicht anders, als zu sammeln, zu verbinden und daraus Neues entstehen zu lassen. Er will lernen und sich vernetzen – und zwar auch dann, wenn gerade kein Pädagoge und kein Elternteil in der Nähe sind.

Es gibt gefühlte 287 000 Ratschläge und Empfehlungen zum richtigen Umgang mit Kindern. Viele davon sind ideologisch überfrachtet, dogmatisch erstarrt und entsprechen weder medizinischen noch psychologischen oder pädagogischen Erkenntnissen. Eltern werden dadurch schnell eingeschüchtert, denn sie halten sich sofort für Erziehungsversager, wenn sie in der »falschen« Geburtsklinik einchecken, dem Baby nicht sofort die allergiefreie Matratze, dem Kindergartenkind nicht das vitaminangereicherte Joghurt und dem Grundschüler nicht die Förderhefte begleitend zum Unterricht besorgt haben.

Lassen Sie sich nicht verrückt machen!

So viel machen Sie nicht falsch. Wenn Sie Ihrem Kind die elementaren Grundbedürfnisse an Nahrung, Wohnung und Zuwendung erfüllen und ihm mit Aufmerksamkeit und Liebe begegnen, machen Sie vermutlich sogar das meiste richtig. Ein paar weitere Empfehlungen, Hintergründe und Erklärungen

zum Wohl Ihres Kindes finden Sie auf den nächsten Seiten. Dabei werden nicht die Entwicklungsphasen eines Kindes nach Altersgruppen behandelt. Oftmals sind die Übergänge ja fließend – und trotzig kann ein Dreijähriger wie ein Dreizehnjähriger sein. Schmerzen wie Schlafprobleme, die Sehnsucht nach Bindung wie nach Autonomie kommen im Vorschulalter, in der Grundschule wie auch bei Jugendlichen vor, die schon fast erwachsen sind. Deswegen habe ich die vielfältigen Lebensbereiche, die Kinder betreffen, thematisch und nicht chronologisch geordnet. Viele Aspekte der frühkindlichen Entwicklung und der prägenden Phasen von Kindern und Jugendlichen habe ich aufgenommen, aber mit meiner subjektiven Gewichtung und Wertung. Wenn Sie Anregungen haben, die ich für die Weiterentwicklung dieses Buches aufnehmen kann, freue ich mich über Ihre Rückmeldung unter:
www.werner-bartens.de

Jahrhundert-Babys

Wer glaubt, dass die Entwicklung der Kinder, ihre Gesundheit und sogar ihre Lebenserwartung nur eine Frage der Gene ist, der hat sich getäuscht. Die Idee einer erblich vorgegebenen Lebensspanne ist in der wissenschaftlichen Forschung längst nicht mehr so vorherrschend wie noch vor wenigen Jahrzehnten. In Studien mit Zwillingen hat sich beispielsweise nicht bestätigt, dass identische Erbanlagen auch zu einer identischen Lebenserwartung führen. Genetische Faktoren haben nur zu etwa 25 Prozent Einfluss auf die Lebenserwartung. Die Lebensumstände und das Gesundheitsverhalten sind weitaus prägender. Zudem verfügt der Mensch – anders als etwa der Fadenwurm – auch nicht über ein »Alters-Gen«. Hunderte wenn nicht Tausende verschiedene Orte im Genom haben einen je minimalen Anteil daran, wenn Menschen vor oder nach der statistischen Lebenserwartung ihrer Altersgruppe sterben.

Ein 100. Geburtstag wird in vielen Lokalzeitungen immer noch als besonderes Ereignis gemeldet. Vor 30, 40 Jahren war dieser Ehrentag tatsächlich eine Rarität, heute erreichen immer mehr Menschen dieses Alter. Bald könnten sogar große Teile der Bevölkerung ihr Jahrhundertjubiläum erleben, prognostizieren Experten. Die Hälfte aller Babys, die in reichen Ländern derzeit zur Welt kommen, könnte 100 Jahre oder älter werden. Zu diesem Ergebnis kommen Altersforscher aus Dänemark und Rostock.[1] Allerdings gilt die Vorhersage nur, wenn der seit 150 Jahren stetig ansteigende Trend der Lebenserwartung weiter anhält.

Wissenschaftler um Kaare Christensen und James Vaupel vom Max-Planck-Institut für Bevölkerungsforschung in Rostock haben die Alters- und Krankheitsentwicklung in etlichen Industrienationen untersucht. Ihre Daten zeigen, dass von den Frauen, die 1950 ein Alter von 80 Jahren erreicht hatten, 15 Prozent auch ihren 90. Geburtstag erlebten. 2002 schafften bereits 37 Prozent der Hochbetagten diesen Zehn-Jahres-Zeitraum.

Die Menschen werden nicht nur älter, sie bleiben erfreulicherweise auch länger gesund und selbständig. Viele von ihnen können deshalb bis ins hohe Alter ohne Hilfe auskommen. Die Gründe dafür sind vielfältig. Insgesamt führen die Änderungen der Lebensführung und die Fortschritte der Medizin dazu, dass die Menschen immer länger leben. »Die 75-Jährigen heute sind vermutlich so leistungsfähig, wie es die 65-Jährigen vor 30 Jahren waren«, sagt Martin Halle, Direktor des Zentrums für Prävention und Sportmedizin der Technischen Universität München. »Das macht bestimmt zehn Jahre mehr in der Lebenserwartung aus.«

Nach Daten des Statistischen Bundesamts beträgt die Lebenserwartung für neugeborene Jungen in Deutschland derzeit etwa 77,2 Jahre, für Mädchen sogar 82,4 Jahre. Jedes Jahr steigt sie um drei Monate. Die Differenz zwischen den Geschlechtern beträgt 5,2 Jahre und ist immer kleiner geworden. In den 1970er Jahren betrug sie sieben Jahre, 1993 waren es noch 6,5. Die Unterschiede im Arbeits-, Freizeit- und Ernährungsverhalten zwischen Mann und Frau sind zurückgegangen. Immer weniger Männer üben noch riskante Berufe aus, viele Frauen holen in ihrer Freizeit mit dem Risikoverhalten gegenüber den Männern auf. Aus Studien in Klöstern weiß man aber, dass die Angleichung biologische Grenzen hat. Auch wenn ihr Tagesablauf und die Ernährung ähnlich sind, leben Nonnen ein Jahr länger als Mönche.

I. BINDUNG, NÄHE, SELBSTVERTRAUEN

Kindern Kraft fürs Leben geben

Leben kann Last oder Lust sein. Doch wieso empfindet der eine Mensch im Alltag hauptsächlich Spaß und Freude, der andere Frust und Ärger? Liegt es allein am subjektiven Blick auf die Welt – ob das sprichwörtliche Glas als halb voll oder halb leer wahrgenommen wird? Und weshalb wirken manche Menschen permanent angestrengt und besonders anfällig für Stress? Andere hingegen erscheinen robust und widerstandsfähig – und bleiben das selbst bei den stärksten Belastungen. Einer fühlt sich stets überfordert im Beruf, vom Partner unter Druck gesetzt, und sogar die Freizeitgestaltung strengt ihn an. Er bekommt Magengeschwüre, Tinnitus, Herzrhythmusstörungen und leidet ständig unter grippalen Infekten. Ein anderer bleibt hingegen auch in größter Terminnot gelassen, kümmert sich hingebungsvoll um seine Freunde und die Familie und geht nebenbei noch aufwendigen Hobbys nach.

Stress kennt zwar jeder – aber der Umgang damit gelingt auf sehr unterschiedliche Weise: Die einen scheint Stress eher anzuspornen, die anderen hingegen zu zermürben und auf Dauer sogar krank zu machen. Forscher interessieren sich erst in jüngster Zeit intensiver für dieses Phänomen. Als Resilienz bezeichnen sie jene Fähigkeit, mit den Widrigkeiten des Lebens gut zurechtzukommen und körperlich wie psychisch robust zu bleiben. Wie das gelingen kann, dafür gibt es viele Erklärungen. »Frühe Erfahrungen legen den Grund für die neuronalen und hormonellen Reaktionen des Körpers auf Belastungen – und zwar ein Leben lang«, sagt Michael Meaney, Neurobiologe an der McGill University im kanadischen Montreal. Auf die Frage, ob der Mensch stärker durch die Natur, das heißt hauptsächlich durch die Gene, geprägt wird oder durch die Umwelt – damit sind Sozialisations- und Umgebungserfahrungen im Familien und Bekanntenkreis gemeint –, antwortet er mit einer klugen Gegenfrage: »Kann man sagen, was stärker zu einem Rechteck beiträgt, die Längs- oder die Breitseite?«

Der Zauber der Berührung

»Babys zeigen mit ihrem Verhalten ja, was sie wollen. Es ist alles direkt da, so offensichtlich, so deutlich.«
Thomas Berry Brazelton, Kinderarzt aus Harvard

Am Anfang ist es nur ein etwa sieben Pfund schweres Wesen. Neun Monate wächst es im Dunkeln heran und kann in dieser Zeit weder hören noch sehen. So dachte die Mehrzahl der Mediziner noch vor 50 Jahren über Neugeborene. Mittlerweile weiß die Forschung, dass Föten während der Schwangerschaft nicht nur sehen und hören können, sondern auch viele andere Hirnleistungen vollbringen. Zwischen 100 000 und 250 000 Nervenzellen werden in manchen Schwangerschaftswochen pro Minute im Gehirn des Ungeborenen gebildet. »Dass schon der Fötus lernt, steht außer Frage«, sagt der Neurobiologe Niels Birbaumer von der Universität Tübingen. »Der Fötus träumt, wenn er schläft, und er reagiert auf äußere Reize und emotionale Einflüsse.«

Besonders wichtige Stimulationen für die Entwicklung eines Kindes sind freundliche Berührungen. Zuwendung und körperliche Nähe können gar nicht früh genug beginnen. Die Kinderpsychiaterin Heidelise Als aus Boston hat in etlichen Studien gezeigt, dass Frühgeborene sich besser entwickeln, schneller wachsen, weniger Hirnschäden bekommen, sich ihre Lungen und Herzen rascher kräftigen und sie früher entlassen werden können, wenn sie viel Wärme und Zuwendung erfahren.[1]

Dieses Phänomen lässt sich inzwischen auch neurobiologisch erklären, denn durch die sensuellen Impulse – das heißt, wenn die Kinder immer wieder gestreichelt und berührt werden – reift ihr Gehirn schneller, und die schützenden Markscheiden um die Nervenbahnen bilden sich dann früher. Das fördert die Vernetzung und Entwicklung und wirkt sich günstig auf alle Organsysteme aus.

Anfangs ist das Programm von Heidelise Als, die Pflege Frühgeborener individueller zu gestalten, auf viel Widerstand bei Schwestern und Ärzten gestoßen – die professionellen Heiler und Helfer fühlten sich offenbar davon in ihrem Tagesablauf gestört. Eltern, die Nähe und individuellen Umgang wollen, gelten im Krankenhaus ja traditionell als schwierig. »Vielen Schwestern wurden Nähe, Pflege und Wärme abtrainiert«, sagt Als. »Dabei sind die liebevolle Zuwendung und Pflege der Weg zur Heilung und nicht die Maschine.«

Inzwischen werden immerhin in vielen Kliniken die Intensivstationen für Frühgeborene anders gestaltet, und so gibt es beispielsweise mehr Platz zwischen den Inkubatoren, damit Mütter und Väter die Babys streicheln können. »Die Hände der Eltern sind wichtiger als jede Kuscheldecke«, so Als. »Jeder hat schließlich nur ein Gehirn im Leben. Es verdient es, dass man sich darum kümmert.«

Da der Tastsinn der erste Sinn ist, der sich beim Menschen entwickelt, kann er auch schon früh stimuliert werden. »Das Neugeborene macht bereits vielfältige haptische Erfahrungen«, sagt Maria Hernandez-Reif von der University of Alabama. Sie hat am Touch-Forschungsinstitut in Miami beobachtet, dass sich ein zu früh geborenes Zwillingspaar zunächst schlecht entwickelte, als es getrennt behandelt wurde. Nachdem die beiden zusammengelegt wurden, schlangen sie die Arme umeinander und erholten sich schneller.[2]

»Berührung ist die erste Sprache«, so Hernandez-Reif. »Verstehen kommt erst viel später als fühlen.« Das kennen schließlich auch Erwachsene. Manchmal hilft es viel mehr als jedes Wort, einfach nur fest in den Arm genommen zu werden. Bei Säuglingen kräftigt regelmäßige Berührung sogar die Knochen, beschleunigt die Entwicklung – zudem sind die Mütter dann weniger unruhig und depressiv, während Väter auf diese Weise mehr Nähe entwickeln.

Bindungsforscher erkennen immer deutlicher, dass auch die kognitive Entwicklung bei Kindern viel früher beginnt, als bisher angenommen – und durch Zuwendung und liebevolle Berührung stimuliert werden kann. Gisa Aschersleben von der Universität Saarbrücken hat 56 Mutter-Kind-Paare untersucht: »Kinder können schon im Alter von sechs Monaten einfache Handlungen als zielgerichtet verstehen.«[3] Die Untersuchung der Babys im Alter von zehn Monaten hat ergeben, dass die Kinder sensitiver Mütter einfache Zusammenhänge – etwa ob schwere oder leichte Kugeln weiter rollen – besser verstehen als Kinder, deren Mütter eher abweisend waren und ihre Kleinen seltener berührten.[4] »Zudem entwickeln sich Sprache, Ausdauer und soziale Kompetenz besser, wenn Kinder sich sicher gebunden fühlen.«

Auch das Verständnis dafür, dass Handlungen emotional sind, ist bei Kindern offenbar schon früh vorhanden. »Ein mentales Bewusstsein gibt es seit der Geburt«, hat Maria Legerstee von der York University in Toronto herausgefunden. »Es wird durch Zuneigung verstärkt, und es ist besonders die mütterliche Sensibilität, die Kinder sozial und emotional macht.«[5] Die Befunde anderer Forscher, etwa zur Entwicklung eines eigenen Selbstverständnisses, deuten ebenfalls darauf hin, dass Kinder schon viel früher wichtige Entwicklungsschritte vollziehen, als bisher Lehrmeinung war. »Im Vorschulalter sind die Förderprogramme schon zu spät dran«, sagt Mechthild Papousek von der Ludwig-Maximilians-Universität in München. »In breiten Kreisen verstummt und verarmt die Kommunikation in den Familien, da muss man schon früher etwas tun.«

Damit die Bindung zwischen Eltern und Kindern von Anfang an gestärkt wird, hat Karl Heinz Brisch in München das Programm SAFE (Sichere Ausbildung für Eltern) initiiert, das es längst auch in anderen Städten gibt.[6] Eltern können in den Wochen vor und nach der Geburt ihre Ängste verstehen lernen und einen feinfühligen Umgang mit dem Baby einüben. »Kinder triggern manchmal traumatische Erfahrungen der Eltern und holen deren eigene Geister aus dem Kinderzimmer hervor«, so Brisch. Darauf sollte man vorbereitet sein. Eine liebevolle Beziehung zum eigenen Kind kann schließlich gar nicht früh genug beginnen.

Frühe Nähe macht robust und stark

Eine frühe, enge und warmherzige Bindung kann dauerhaft psychische Stabilität verleihen. Nicht nur für die nächsten Tage, Wochen und Monate, sondern ein ganzes Leben lang. Kinder, die im achten Lebensmonat besonders fürsorglich von ihrer Mutter behandelt wurden, profitierten in einer großen Untersuchung noch 30 Jahre später davon und blieben zeitlebens weniger anfällig für Stress.[7] Ein Forscherteam um die amerikanische Sozialepidemiologin Joanna Maselko von der Duke University hat dies eindrucksvoll beschrieben. Die Wissenschaftler bewerteten die Bindung zwischen 482 Müttern und ihren Kleinkindern während eines umfangreichen Entwicklungstests. Drei Jahrzehnte später wurde die emotionale Stabilität der mittlerweile Erwachsenen erneut beurteilt. Wer als Kleinkind besonders liebevoll von seiner Mutter betreut worden war, klagte im mittleren Alter über weniger Ängste, war seltener feindselig und aggressiv gestimmt und konnte auch besser mit Belastungen umgehen. »Biologische Erinnerungen setzen sich schon früh fest und können später im Erwachsenenalter verletzlich oder eben auch widerstandsfähig gegenüber Problemen machen«, sagt Maselko. In einer anderen Untersuchung hatte ihre Arbeitsgruppe entdeckt, dass bei Frauen das Risiko für Herzerkrankungen erhöht war, wenn sie als Kinder nicht sehr warmherzig betreut worden waren, sondern immer wieder schroff und abweisend behandelt wurden.[8]

Japanische Kinderärzte und Ärzte für Psychosomatik haben noch weitere Auswirkungen kindlicher Belastungen entdeckt. Sie konnten zeigen, dass die Kinder von gestressten Müttern heftigere Asthmasymptome entwickelten als jene, deren Mütter zumeist entspannt und freundlich mit ihnen umgingen.[9] Bei mehr als 220 Kindern im Alter zwischen zwei und zwölf Jahren verschlimmerten sich die Luftnot und die Hustenanfälle, wenn die Mütter immer wieder überlastet und ärgerlich auf Belastungen reagierten – und Gefühle der Zuneigung kaum zeigen konnten. »Der Stress einer Mutter – wie auch ihr Wohlbefinden – überträgt sich verbal oder nicht-verbal auf das Kind«, sagt Jun Nagano vom japanischen Ärzteteam. »Dadurch wird es im negativen Fall eben auch anfälliger für Allergien und Atemwegsinfekte.«

Es ist also nicht nur eine Volksweisheit, dass es krank macht, wenn man schlecht und schäbig behandelt wird. Inzwischen haben Ärzte aus vielen Untersuchungen etliche Beweise dafür gefunden, wie und weshalb auch der Körper mitleidet, wenn die Seele in Not ist – und warum sich die Folgen jahrelang bemerkbar machen können, auch wenn die äußerlichen Wunden längst verheilt sind.

Seid nett zu den kleinen Genen und Rezeptoren

Ärzte und Bindungsforscher beobachten seit Jahrzehnten, wie sich Kinder in welchem Alter verhalten, worauf sie positiv reagieren und was sie verstört.[10] Nun decken Wissenschaftler nach und nach auf, was sich im Detail in den verschiedenen Entwicklungsphasen des frühkindlichen Gehirns abspielt. Erfahrungen und Umwelteinflüsse beeinflussen in dieser Zeit besonders stark, welche Gene aktiviert werden, und entscheiden daher mit darüber, welche körperlichen und charakterlichen Eigenschaften ausgebildet werden.

Warmherzige Zuwendung führt beispielsweise dazu, dass Kinder mehr Rezeptoren für Stresshormone ausbilden.[11] Als Erwachsene erleben sie zwar ebenso belastende Situationen wie jene Menschen, die keine glückliche Kindheit hatten. Die Folgen sind jedoch nicht so gravierend, denn die vielen Andockstellen für Alarmmoleküle im Körper machen diese schnell unschädlich. Der Stress ist zwar da, wird aber nicht als so »stressig« empfunden.

Das lässt sich sogar in den kleinsten Bausteinen des Lebens nachvollziehen, es kann bis auf die Ebene der Erbsubstanz DNA hinab verfolgt werden: Mit Hilfe von sogenannten Transkriptionsfaktoren und Methylierungsschritten werden die entsprechenden Gensequenzen im Erbstrang aktiviert oder gehemmt. Es bilden sich also die Erbanlagen gegen Stress aus – oder eben nicht. Je nach Bindungserfahrung werden mehr oder weniger Rezeptoren produziert, um später die im Körper anflutenden Stresshormone abfangen zu können.

Michael Meaney von der McGill University in Montreal hat in zahlreichen Untersuchungen auf molekularer Ebene nachgezeichnet, wie sich die Erfahrungen in früher Kindheit im Körper niederschlagen. Zunächst zeigte er bei Rattennachwuchs, dass jene Tiere, die häufiger geleckt und beschmust werden, weniger stressanfällig sind. Das Gen, das dafür verantwortlich ist, wie viele Glukokortikoid-Rezeptoren (GR) ausgebildet werden, wird offenbar entscheidend durch die Nähe der Mutter reguliert. Erfährt ein Jungtier viel Körperkontakt, besitzt es mehr körpereigene Andockstellen für das Stresshormon Kortisol. In der Folge reagiert es auf belastende Situationen weniger aufgewühlt. Die Stressreaktion fällt milder aus, weil die entsprechenden Hormone rascher gebunden und abgebaut werden.

Inzwischen wurden diese Befunde auch bei Menschen bestätigt. Nach Missbrauch, Vernachlässigung, aber auch bei Suizidenten finden sich weniger Andockstellen für Stresshormone. Die Widerstandskraft der psychisch Angeschlagenen bleibt zeitlebens geschwächt. Kürzlich konnte sogar der molekulare Mechanismus entschlüsselt werden, der nach frühkindlichen Traumatisierungen dazu beiträgt, dass im Erbstrang DNA weniger Gene zur Bildung der stressdämpfenden Glukokortikoid-Rezeptoren aktiviert werden.[12]

»Trotzdem wissen wir nicht genau, warum manche Menschen auch unter den widrigsten Umständen psychisch gesund bleiben und andere nicht«, sagt Meaney. »Sogar nach den Anschlägen vom 11. September 2001 und dem Attentat in Oklahoma (1995) waren je knapp 40 Prozent der Bürger in folgenden Jahren von psychischen Leiden betroffen – das waren nicht mehr als sonst und genauso viele wie in anderen Regionen des Landes.« Es gebe zwar »Prädiktoren« wie ein früh erlebtes Trauma, niedriges Geburtsgewicht und Armut, die psychische Erkrankungen wahrscheinlicher machen. »Aber keiner dieser Vorhersagefaktoren allein rechtfertigt eine Intervention«, so Meaney. »Wir brauchen endlich genauere Risikofaktoren!« Jay Giedd von den Nationalen Gesundheitsinstituten der USA sucht diese in den Gehirnen von Kindern und Jugendlichen.[13] Allerdings dämpft er die Erwartungen, dass mit den funktionalen Kernspin-Aufnahmen, die er seit Jahren verfeinert, das Rätsel der mentalen Stabilität gelöst werden könne. »Man kann in diesen Bildern ja nicht mal das Gehirn eines Mädchens von dem eines Jungen unterscheiden«, räumt er ein. Dass sich bei vielen psychischen Leiden überzufällig oft Auffälligkeiten der Gehirnanatomie finden, hat das Wissen über die Krankheiten zwar vertieft, heißt aber noch lange nicht, dass jeder mit diesen Merkmalen auch erkrankt. Immerhin hat Giedd in seinen Untersuchungen zeigen können, wie empfindlich gerade das jugendliche Gehirn ist – und wie schnell es auf Belastungen, Stress und negative Erlebnisse regiert.[14]

Prägende Erfahrungen als Starthilfe

Hat eine mütterliche Glattechse häufiger den Geruch einer gefährlichen Schlange wahrgenommen, ist das günstig für die Nachkommen. Dann wird ihr Echsen-Nachwuchs nämlich größer und stärker und fällt deshalb später seltener einer Schlange zum Opfer. Auch an Ratten zeigt sich, wie stark die frühe Bindung und das Ausmaß des körperlichen Kontaktes darüber bestimmen, ob die Nager als Erwachsene anfällig oder widerstandsfähig auf Stress reagieren.

Die ersten Bindungserfahrungen entscheiden also mit darüber, wie Menschen später mit Anforderungen umgehen. »Es kommt allerdings immer auf den Kontext an, ob eine Fähigkeit hilfreich für die Anpassung ist oder ob sie pathologische Auswirkungen hat«, sagt Peter Henningsen, Leiter der Klinik für Psychosomatik an der Technischen Universität München. So waren die Kinder von Menschen, die im holländischen Hungerwinter 1944/45 starken Belastungen ausgesetzt waren, klein und von niedrigem Geburtsgewicht – wie auch ihre Enkel. Später erkrankten diese Kinder und ihre Enkel häufiger an Diabetes und verengten Herzkranzgefäßen. Nach der Geburt 1945/46 war es für die Kinder wichtig, im Körper mehr Fett, Zucker und andere Reserven mobilisieren zu können – diese Neigung wurde im Erwachsenenleben jedoch zur Bedrohung. »Was akut hilft, um zu überleben, erhöht später manchmal das Risiko«, sagt der Humangenetiker Klaus Zerres von der Universität Aachen. »Diese Einflüsse lassen sich sogar über Generationen hinweg verfolgen.«

Weitere Beispiele für die frühe biologische Prägung: Starke mütterliche Belastungen während der Schwangerschaft führen dazu, dass die Pubertät der Kinder früher einsetzt, wie Hormonexperten von der Universität Edinburgh beobachtet haben. Wenn Mütter viel Stress haben, kommen die Kinder früher auf die Welt. Sie holen ihren Wachstumsrückstand aber schnell auf und geraten in der Folge auch früher in die Pubertät. »Die genetische Idee dahinter könnte sein, dass man sich schnell weiter fortpflanzen muss, wenn das Leben anstrengend und ständig bedroht ist«, sagt der Münchner Endokrinologe Felix Beuschlein. »Dieses Gefährdungsgefühl mahnt den Körper zur Eile, und dann wird eben alles früher fertig.«

Eine Untersuchung der Universität von Arizona ergab, dass Mädchen früher pubertieren, wenn sie bei der Trennung ihrer Eltern zwischen drei und acht Jahre alt waren und wenn ihre Väter als sozial auffällig gelten, also zum Beispiel Drogen nehmen, gewalttätig sind oder im Gefängnis sitzen.[15] Das gleiche Forscherteam veröffentlichte 2011 weitere Ergebnisse: Kinder kommen früher in die Pubertät, wenn sie in schwierigen Elternhäusern aufwachsen.[16] Evolutionspsychologen folgern daraus: Eine unangenehme Kindheit regt den Körper dazu an, früh zu pubertieren.

»Es scheint fast so etwas wie eine psychosomatische Genetik zu geben«, sagt Peter Henningsen. Die Aufklärung der genetischen Mechanismen mache verständlich, wie frühe Beziehungserlebnisse nicht nur psychische, sondern auch stabile körperliche Spuren hinterlassen. »Aber auch wenn immer mehr neurobiologische und hormonelle Strukturen verstanden werden, die dem Verhalten zugrunde liegen, heißt das aber nicht, dass psychische Störungen nur neurobiologisch, sprich: pharmakologisch behandelt werden können.«

Inzwischen konnte längst gezeigt werden, dass der Zusammenhang zwischen frühen Bindungserfahrungen und Stressresistenz nicht nur bei Labortieren, sondern auch für Menschen gilt. So besitzen Menschen, die versucht haben, sich umzubringen, weniger Andockstellen für Stresshormone. Wer als Kind traumatisiert wurde oder an einer Depression leidet, besitzt ebenfalls weniger von den Rezeptoren, an denen die Stressmoleküle abgebaut werden. Wem also beispielweise die Mutter zumeist kühl und sachlich-distanziert gegenübergetreten ist, der verfügt auch über weniger dieser körpereigenen Schutzreserven.[17]

Es ist nie zu spät

Jeder kennt diese kleinen Nervensägen – sie können sich nicht konzentrieren, sie stehen ständig unter Strom, ihre Frustrationstoleranz ist gleich null, und warten, bis sie in der Schule oder in der Gruppe drankommen, können sie auch nicht. Für Lehrer und Eltern ist dieses Verhalten von Kindern vor allem anstrengend, im Erwachsenenalter wird es womöglich zu einem gravierenden Nachteil. Denn leider setzt sich das Muster oft fort: Wer mit drei Jahren häufig unausgeglichen ist und seine Gefühle kaum unter Kontrolle halten kann, der bekommt auch 30 Jahre später noch Schwierigkeiten mit seinen Impulsen: Emotional überschießende Kinder werden als Jugendliche und

Erwachsene häufiger krank und drogenabhängig. Im arbeitsfähigen Alter sind sie finanziell schlechter gestellt und geraten öfter mit dem Gesetz in Konflikt.[18]

»Man kann den voraussichtlichen späteren Erfolg im gesundheitlichen wie im beruflichen Bereich oft schon im Vorschulalter bestimmen«, sagt die Psychologin Terrie Moffitt von der Duke University. Die Wissenschaftler um Moffitt hatten fast 1000 Kinder im Alter von drei Jahren untersucht und 30 Jahre lang ihre Entwicklung begleitet und beobachtet. Unruhige und emotional labile Kinder litten später nicht nur häufiger an Bluthochdruck, Übergewicht und waren anfälliger für Geschlechtskrankheiten und Atemprobleme. Sie hatten auch im Durchschnitt mehr Schulden, seltener ein Eigenheim, hatten mehr Trennungen hinter sich, waren häufiger alleinerziehend und tranken öfter zu viel Alkohol. Auch mit dem Gesetz kamen sie häufiger in Konflikt.

Weil die Ergebnisse so überraschend deutlich waren, untersuchte das Forscherteam weitere 500 Zwillingspaare in Großbritannien. Auch hier zeigte sich, dass Geschwister, die ihre Gefühlsausbrüche im Alter von fünf Jahren kaum im Griff hatten, mit zwölf Jahren häufiger rauchten, schlechter in der Schule abschnitten und sich öfter unsozial verhielten. »Die Selbstkontrolle macht sogar bei Zwillingen einen wichtigen Unterschied aus, die ja die gleichen Eltern, einen ähnlichen Alltag und nahezu identische Gene haben«, sagt Avshalom Caspi, der Leiter der Forschungsgruppe.

Eine andere Forschergruppe kam zu ganz ähnlichen Ergebnissen.[19] Sie untersucht in regelmäßigen Abständen den körperlichen wie seelischen Zustand von mehr als 17 600 Menschen, die alle in ein und derselben Märzwoche in Großbritannien geboren wurden. Dadurch sind zumindest die zeittypischen und geographischen Lebensumstände der Probanden ganz ähnlich (und auch die astrologischen, für den, der daran glaubt …). Dabei zeigte sich, dass die Teilnehmer, die mit 16 Jahren psychische Schwierigkeiten hatten und als »emotional nicht angepasst« galten, im Alter von 50 Jahren 28 Prozent weniger Geld verdienten als die anderen, dass sie öfter allein lebten oder geschieden und arbeitslos waren. Häufig waren sie auch im Erwachsenenalter weniger verträglich und erlebten mehr Belastungen und Konflikte.

Ein vorbestimmtes Schicksal bedeuten die scheinbar unkontrollierbaren Gefühlswallungen im Kindes- und Jugendalter dennoch nicht. Wer es lernt, mit seinen Gefühlen besser umzugehen, kann sein Leben trotzdem noch in günstigere Bahnen lenken. »Es ist nie zu spät dafür, gute Erfahrungen zu machen«, sagt Bindungsexperte Karl Heinz Brisch. »Aber je älter die Kinder sind, desto dichter müssen die positiven emotionalen Neuerfahrungen sein, die sie dann noch machen. Erfahren die Kinder in einer therapeutischen Beziehung oder durch Vorbilder immer wieder, wie sie mit starken Gefühlen wie Angst, Panik oder Wut besser umgehen können, wird das irgendwann auch innerlich verankert.«

Oft haben die Eltern allerdings ebenso professionelle Hilfestellung nötig wie die Kinder, hat Brisch erfahren. »Ein Zehnjähriger mit einem heftigen Wutanfall braucht jemanden, der ihn nicht barsch in sein Zimmer zurückschickt, sondern der bei ihm bleibt«, sagt Brisch. »Der sich einfühlt in die Innenwelt des Jungen und mit Worten widerzuspiegeln versucht, wie elend sich das Kind gerade fühlt.« Der Zehnjährige ist dann im Idealfall nicht mehr wütend, sondern schimpft vor sich hin, bis er ruhig darüber reden kann. Darum geht es schließlich: Heftige Gefühle in Worte und nicht in feindliches, aggressives Handeln umzusetzen. Das schont private wie berufliche Beziehungen und die Gesundheit, statt sie früh und dauerhaft zu ruinieren.

19 kräftigende Tatsachen über die frühe Stärkung von Kindern

1. Zuwendung und körperliche Nähe können gar nicht früh genug beginnen.

2. Gehen Sie liebevoll mit Ihren Kindern um! Das stärkt und schützt sie ihr ganzes Leben lang.

3. Frühgeborene entwickeln sich besser, wachsen schneller, bekommen weniger Hirnschäden, ihre Lungen und Herzen kräftigen sich besser, und sie können früher aus der Klinik entlassen werden, wenn sie viel Wärme und Zuwendung bekommen.

4. Wenn Kinder immer wieder gestreichelt und berührt werden, reift ihr Gehirn schneller, und die schützenden Markscheiden um die Nervenbahnen bilden sich früher. Das fördert die Vernetzung und wirkt sich günstig auf alle Organsysteme aus.

5. Kleinkinder sensitiver Mütter verstehen einfache Zusammenhänge besser als Kinder, deren Mütter eher abweisend sind und die ihre Kleinen seltener berühren. Zudem entwickeln sich Sprache, Ausdauer und soziale Kompetenz besser.

6. Kinder, die warmherzig von ihren Eltern erzogen werden, bekommen als Erwachsene seltener Depressionen, weniger Herzerkrankungen und sind nicht so anfällig für Erkrankungen aller Art.

7. Kinder, die im achten Lebensmonat besonders fürsorglich von ihrer Mutter behandelt werden, profitieren noch 30 Jahre später davon und bleiben zeitlebens weniger anfällig für Stress.

8. Kinder von gestressten Müttern entwickeln heftigere Asthmasymptome als jene, deren Mütter entspannt und freundlich mit ihnen umgehen.

9. Wer als Kind körperlich oder seelisch missbraucht wurde, wird als Erwachsener eher psychisch oder körperlich krank.

10. Wer als Kind freundlich behandelt wurde, kann später besser mit Stress umgehen. Schlechte Erfahrungen und belastende Situationen erleben zwar alle Menschen irgendwann. Die Stressreaktion hält jedoch nicht so lange an.

11. Je positiver die Reize und Einflüsse in früher Kindheit, desto gesünder und widerstandsfähiger werden die Kinder – und bleiben es ihr Leben lang.

12. Fordern Sie Ihre Kinder, aber überfordern Sie sie nicht. Und quälen Sie sie nicht mit Ihren eigenen unerfüllten Wünschen.

13. Kinder sind anstrengend, und es gibt Phasen in der Erziehung, in denen man verzweifeln kann. Das ist normal. Wenn die Probleme überhandnehmen, ist professionelle Unterstützung von Ärzten und/oder Psychologen sinnvoll.

14. Liebevoller Umgang wirkt sich direkt auf körperliche Regulationsmechanismen aus: Kinder, die viel Nähe erfahren haben, bilden mehr Rezeptoren, um Stressmoleküle unschädlich zu machen.

15. Emotional labile Kinder bekommen als Erwachsene häufiger Bluthochdruck, Übergewicht, Geschlechtskrankheiten und Atemprobleme; sie verdienen weniger, haben mehr Schulden, seltener ein Eigenheim, sind öfter alleinerziehend und trinken mehr Alkohol.

16. Auch in höherem Alter können Kinder und Jugendliche lernen, mit ihren Gefühlen besser umzugehen. Das Leben kann trotzdem noch in günstige Bahnen geraten. Dazu müssen emotionale Neuerfahrungen aber positiv sein und häufig vorkommen, um innerlich verankert zu werden.

17. Je älter ein Kind oder Jugendlicher ist, wenn er erstmals positive Erfahrungen macht, umso schwieriger wird es, davon zu profitieren.

18. Wütende Kinder sollten nicht in ihr Zimmer geschickt werden, bis sie sich »beruhigt« haben. Besser wäre es, sich in sie einzufühlen und ihnen dieses auch zu vermitteln.

19. Menschen, die versucht haben, sich umzubringen, besitzen weniger Andockstellen für Stresshormone. Wer als Kind traumatisiert wurde oder an einer Depression leidet, besitzt ebenfalls weniger dieser körpereigenen Schutzreserven.

Das Leid, das bleibt

Manche Wunden bleiben ein Leben lang. Auch wenn sie äußerlich verheilen, bestehen die Verletzungen weiter. Besonders langfristige Beeinträchtigungen erleiden Kinder, die früh und über einen langen Zeitraum körperlich wie seelisch vernachlässigt werden und in wichtigen Entwicklungsphasen zu wenig Zuwendung bekommen. Besonders ausgeprägt ist diese Verletzlichkeit bei Kindern wie jenen aus den rumänischen Waisenhäusern des Ceauşescu-Regimes, von denen viele jahrelang ans Bett gebunden und emotional völlig vernachlässigt wurden.[20] Sie bekamen zwar gerade so viel zu essen, dass sie nicht verhungerten, doch freundlich oder gar liebevoll und zärtlich war niemand zu ihnen. Man ließ sie seelisch verkümmern.

Diese Vernachlässigung wurden die Kinder ihr Leben lang nicht mehr los. Auch nachdem sie von harmonisch-intakten Familien aus den USA adoptiert worden waren und bereits ein Jahrzehnt dort gelebt hatten, blieben diese Kinder anfälliger für psychische Leiden wie Ängste und überschießende Stressreaktionen mit Schweißausbrüchen und Panikattacken. Auch körperlich waren diese Kinder noch Jahrzehnte später verletzlicher und infizierten sich beispielsweise häufiger mit banalen Erregern als jene Kinder, die in jungen Jahren nicht ein solches Martyrium hatten durchleiden müssen.

Ärzte und Psychologen haben viel damit zu tun, bei ihren erwachsenen Patienten die Geister aus den Kinderzimmern zu verscheuchen, von denen manche Patienten ihr Leben lang immer wieder heimgesucht werden. »Wir bauen späte Nester«, sagt deshalb Thomas Loew, Chefarzt für Psychosomatik an der Universitätsklinik Regensburg, zu seiner Arbeit. »Wir haben jetzt eine Erklärung dafür, wie die Erfahrung in den Körper kommt«, sagt Carl Scheidt, Chefarzt für Psychosomatik an der

Thure-von-Uexküll-Klinik in Freiburg. Weil die frühe Bindung so wichtig sei, würden Verfahren wie Psychotherapie und Psychoanalyse oft auch so viel Zeit benötigen – Zeit, um das wieder aufzuholen, was sich in frühen Jahren nicht entwickeln konnte oder verschüttet worden ist.

Joanna Maselko fordert, dass die Erziehung in Institutionen wie auch in problematischen Familien genauer und vor allem früher beobachtet und kontrolliert werden sollte. »Man muss verhindern, dass sich negative Erfahrungen dauerhaft einprägen und den Rest des Lebens so verheerend beeinflussen«, fordert die Forscherin. Denn dieser Aufwand und diese Zeit lohnen, um Kinder davor zu bewahren, dass sie verstört, verunsichert und krank durchs Leben gehen.

Die Last der frühen Jahre

Bindungsforscher und Ärzte für Psychosomatik wissen, dass frühkindlicher Missbrauch, emotionale Verwahrlosung, extreme Strenge und häufiger Familienstreit zu mehr Depressionen, zu mehr Angststörungen und anderen psychischen Leiden in späteren Jahren führen. »Eine unsichere Bindungsentwicklung ist ein großer Risikofaktor« sagt Karl Heinz Brisch von der Ludwig-Maximilians-Universität München. »Bei Belastungen droht später häufiger eine psychische Entgleisung, und Beziehungskonflikte können dann zumeist auch weniger gut geklärt werden.« Aber auch organische Leiden wie Diabetes, verkalkte Herzkranzgefäße, Übergewicht, Bluthochdruck und viele weitere Erkrankungen treten häufiger auf, wenn die frühe Entwicklung stark belastet war, auch wenn noch nicht genau klar ist, warum manche Kinder derartige Belastungen besser wegstecken als andere.

Aus Befragungen zur frühen Kindheit wissen Forscher, dass

geringe mütterliche Zuwendung dazu führt, dass Menschen schlechter mit Stress umgehen können. Offenbar fällt es ihnen auch schwerer, sich selbst etwas Gutes zu tun. Kanadische Wissenschaftler zeigten dies am Beispiel von Freiwilligen, die am Bildschirm Rechenaufgaben lösen mussten und – fälschlicherweise – ständig eingeblendet bekamen, dass sie langsamer und schlechter als der Durchschnitt waren. Das als Glückshormon geltende Dopamin, das ein Maß für das körpereigene Belohnungssystem ist, wurde bei den gestressten Probanden in deutlich geringerer Konzentration ausgeschüttet, die von einer unterkühlten Bindung zu ihren Eltern berichteten.[21]

Bekommen Kinder hingegen früh viel Zuwendung, sind die Chancen groß, dass sie sich schneller und umfassender entwickeln. Kleinkinder registrieren viel mehr, als ihnen die meisten Menschen zutrauen. Je mehr Zuwendung Eltern einem Kind schenken, desto aufnahmefähiger wird es. Dann lernt es zum Beispiel früher sprechen und entwickelt rascher soziale Kompetenzen. Haben Eltern und Kinder eine frühzeitig gepflegte liebevolle und stabile Beziehung, macht das die Kinder später widerstandsfähiger gegen Stress und Depression und begünstigt zudem einen gleichmäßigeren Herzrhythmus, der sie auch Jahrzehnte später noch weniger anfällig für Infarkte macht.[22]

Ständig unter Strom

Die Geister aus der Kinderstube können immer wieder zurückkehren. Wer Opfer einer Misshandlung, eines Unglücks oder einer anderen Traumatisierung geworden ist, hat mit den seelischen Auswirkungen oft noch Jahrzehnte zu kämpfen, solche Erfahrungen verblassen nie ganz. Geister aus der Kinderstube – so nennen Psychologen Ängste und andere seelische Notlagen, die auf mangelnde Liebe und Fürsorge in jungen Jahren zurückzuführen sind, und meinen damit in erster Linie die langfristigen Folgen für das Gemüt.

Schlimme Erfahrungen in der Kindheit hinterlassen jedoch nicht nur Narben in der Seele, sondern auch im Körper. Wer als Kind zu wenig Wärme erfahren hat und emotional vernachlässigt wurde, ist zwar ein Leben lang anfälliger für psychische Leiden – aber auch für körperliche Gebrechen wie Bluthochdruck, verstopfte Herzkranzgefäße und Zwölffingerdarmgeschwüre.

Christine Heim von der Emory University in Atlanta hat in zahlreichen Forschungsprojekten gezeigt, wie sich frühe Stresserfahrungen bereits auf das junge, kindliche Gehirn auswirken und die Neigung zu Depressionen verstärken.[23] Aus epidemiologischen Untersuchungen ist bekannt, dass Menschen, die in ihrer Kindheit und Jugend traumatisiert worden sind, später viermal häufiger an einer Depression erkranken. Mittlerweile erkennen Forscher, was dabei im Gehirn vor sich geht, so dass es zeitlebens verletzlicher bleibt und stärker auf Belastungen reagiert, auch wenn die ursprüngliche Traumatisierung bereits Jahrzehnte zurückliegt.

»Körperliche Misshandlungen wie auch emotionale Vernachlässigung kann man als negative soziale Lernerfahrungen auffassen«, sagt Heim. »Leider prägt sich so etwas dauerhaft ein.« So wie manche Vokabeln oder in der Schule gelernte Gedichte ein Leben lang haften bleiben – besonders dann, wenn sie mit viel Begeisterung oder in großer Angst gelernt wurden –, verschwinden auch Momente des Unglücks, der Erniedrigung und Schmerzen so leicht nicht mehr aus dem Kopf und aus dem Herzen.

Biologen und Psychologen versuchen, die prägenden Entwicklungsschritte genauer zu verstehen. Moduliert wird die körperliche Reaktion auf Stress zumeist über zwei Wege. Eines der wichtigsten Systeme steuert der Hypothalamus im Zwischenhirn. Bei Belastung oder Gefahr wird hormonell die Hirnanhangsdrüse stimuliert, die wiederum die Nebenniere anregt, das Stresshormon Kortisol auszuschütten. Über einen zweiten Reaktionsweg, das vegetative Nervensystem, werden bei Stress vermehrt Adrenalin und Noradrenalin freigesetzt. Beide Systeme zu aktivieren ist im Notfall sinnvoll, denn so ist es möglich, Energiereserven schnell zu mobilisieren und den Körper in höchste Anspannung zu versetzen.

Was im Kampf gegen Bär und Mammut und angesichts anderer körperlicher Bedrohungen in der Steinzeit evolutionär sinnvoll gewesen sein mag, ist im heutigen Alltag allerdings zumeist überflüssig und kann sogar die Gesundheit gefährden. Wenn der Ärger auf den Lehrer, der Druck in der Familie oder andere psychosoziale Ursachen den Organismus permanent in Alarmbereitschaft versetzen, kann der erhöhte Ausstoß an Adrenalin, Kortisol und Co. krank machen. Die Stressreaktion dreht dann im Leerlauf und schwächt innere Organe wie auch die Immunabwehr – anstatt den Körper zu stärken.

Besonders gesundheitsschädlich ist es, wenn die Stressreaktion des Körpers permanent hochreguliert bleibt. Stimuliert vom Hypothalamus im Zwischenhirn, schüttet die Hirnanhangsdrüse dann das Hormon ACTH aus, wodurch wiederum die Freisetzung des Stresshormons Kortisol in der Nebennierenrinde angefeuert wird. Herzrasen, Anspannung, beschleunigte Atmung und ein Stoffwechsel auf Hochtouren sind die Folge. Diese Alarmreaktion ist bei einer kurzfristigen Belastung zwar sinnvoll, um für einen Kampf oder die Flucht gerüstet zu sein – auf Dauer macht sie jedoch krank.

Heims Forschungsgruppe konnte zeigen, dass unter Stress auch der Pegel des C-reaktiven Proteins im Nervenwasser erhöht ist; dieser Eiweißstoff zeigt entzündliche Prozesse im Körper an. Bei Frauen, die in ihrer Kindheit missbraucht worden sind und daraufhin an einer posttraumatischen Belastungsstörung litten, waren die entsprechenden Entzündungswerte sogar noch im Erwachsenenalter spürbar erhöht.[24] Liegen die Entzündungswerte dauerhaft im oberen Bereich, treten diverse Krankheiten häufiger auf.

In Tierversuchen hat sich zudem ergeben, dass bei erwachsenen Rhesusaffen der Zuckerstoffwechsel im Gehirn erhöht ist und bleibt, wenn sie frühkindlichen Stress erlebt haben.[25] Dies ist ein Anzeichen dafür, dass im Gehirn mehrere Bereiche damit beschäftigt sind, die unangenehmen Erfahrungen zu verarbeiten. Bei Ratten unter chronischem Stress bleiben sogar jene Zentren im Gehirn kleiner und werden gehemmt, die das Gefühlserleben modulieren. Zwar lassen sich Experimente mit Affen oder Nagern längst nicht immer auf den Menschen übertragen, aber in jüngster Zeit wurden eine Verkleinerung des Hippocampus und eine gestörte Neubildung der dortigen Nervenbahnen auch bei Frauen beobachtet, die ein frühkindliches Trauma erlitten hatten und später an einer Depression erkrankt waren.

Der Hippocampus ist für die Verarbeitung von Gedächtnis- wie Gefühlsinhalten von zentraler Bedeutung, er macht einen wichtigen Teil des sogenannten emotionalen Gehirns aus. Der kanadische Neurobiologe Michael Meaney hat kürzlich gezeigt, dass Menschen, die missbraucht worden sind, weniger Glukokortikoid-Rezeptoren ausbilden.[26] Mittels dieser Andockstellen für Kortisol und Co. vermitteln die Hormone im Körper ihre Wirkung. Über sie werden die Stressvermittler aber auch wieder abgebaut. Sind also weniger davon vorhanden, zirkulieren die Stresshormone länger und die Alarmreaktion klingt nicht so schnell ab.[27] Der Stress wird daher als belastender empfunden.

Frühe Dämpfer für das Gehirn

Kinderärzte der Harvard University haben beobachtet, dass bei vernachlässigten Kindern sogar das Gehirnwachstum eingeschränkt ist.[28] In früheren Untersuchungen hatten sie bereits gezeigt, dass die Hirnströme von vernachlässigten Kindern öfter Auffälligkeiten aufweisen, wie sie für psychiatrische Erkrankungen und Aufmerksamkeitsstörungen wie ADHS typisch sind.[29] »Schlechte und erst recht feindliche Erfahrungen in der Kindheit haben negative Auswirkungen auf die Hirnentwicklung«, sagt Margaret Sheridan, die erforscht hat, wie sich negative Erlebnisse auswirken. »Das gilt nicht nur für die Kinder, die in Heimen untergebracht sind, sondern für alle Kinder, die Missbrauch, Verwahrlosung, Gewalt in Kriegen, extremer Armut oder anderen gravierenden Nachteilen ausgesetzt sind.« Die Forscher hatten mehrere Gruppen von Acht- bis Elfjährigen untersucht. Ein Teil der Kinder wurde in einem Heim betreut, ein anderer wuchs in der eigenen Familie auf. Eine dritte Gruppe Kinder lebte zunächst in einem Heim, wurde dann aber seit mindestens sechs Jahren von einer Pflegefamilie großgezogen.

In Kernspin-Aufnahmen des Gehirns zeigte sich, dass die Kinder aus den Heimen deutlich weniger graue Substanz aufwiesen als jene Kinder, die immer in ihrer Familie lebten. Dieser Unterschied blieb bestehen, auch wenn die Kinder aus den Heimen in eine fürsorgliche Pflegefamilie gewechselt waren und dort bereits seit mehreren Jahren zufrieden lebten. Auch das Volumen der weißen Substanz war bei den Heimkindern gegenüber den zu Hause lebenden Gleichaltrigen vermindert. Hier zeigte sich jedoch, dass die Kinder, die in die Pflegefamilien kamen, in der Hirnentwicklung – zumindest rein mengenmäßig – aufholten und ähnlich viel weiße Substanz aufwiesen wie die Kinder, die schon immer in ihrer eigenen Familie gelebt hatten.

Die graue Substanz differenziert sich während der besonders

empfindlichen Phasen der Entwicklung aus – dann, wenn Umwelteinflüsse das Gehirn stark prägen. Vereinfacht gesagt, wird sie nicht nur mit der Muskelkontrolle und der taktilen Wahrnehmung in Verbindung gebracht, sondern auch mit der Gefühlswahrnehmung und -verarbeitung, mit dem Gedächtnis, der Sprache und mit Sinneseindrücken wie Sehen und Hören. Die weiße Substanz bildet hingegen das Netzwerk der Informationsverarbeitung und knüpft ständig neue Verbindungen. Sie wächst langsamer und kann deshalb flexibler auf Veränderungen reagieren und sich anpassen.

»Offenbar kann die weiße Substanz einen Entwicklungsrückstand einigermaßen aufholen«, sagt Margaret Sheridan. Das könnte erklären, warum Kinder, die aus dem Heim frühzeitig genug in eine Pflegefamilie kommen, nach einigen Jahren nahezu über die gleiche Menge dieser Nervenbahnen verfügen wie jene Kinder, die nie in einem Heim gelebt haben. »Unsere Studien legen den Schluss nahe, dass es innerhalb der ersten beiden Lebensjahre einen Zeitraum gibt, in dem sich die Übernahme in eine Pflegefamilie besonders positiv auf die kognitive Entwicklung auswirkt«, sagt Charles Nelson, der Leiter der Arbeitsgruppe aus Boston. »Je früher das Kind aus dem Heim in eine solche Familie kommt, desto besser das langfristige Ergebnis.«

Geschwächte Abwehrkräfte

In vielen Waisenhäusern, die Mitte des 20. Jahrhunderts auch in demokratischen Staaten nach modernsten Standards entworfen wurden, hatten die Pflegerinnen bis weit in die 1960er Jahre hinein die Anweisung, Kinder nicht zu berühren und nicht mit ihnen zu spielen – aus Furcht vor Ansteckung. Obwohl die Waisen ansonsten bestens versorgt wurden, starben 40 Prozent der

Kinder, als ihre Einrichtung von den Röteln heimgesucht wurde. Außerhalb des Waisenhauses erlagen dieser normalerweise harmlosen Infektionskrankheit damals weniger als ein Prozent der Kinder. Kinderärzte und Psychologen haben gezeigt, dass Stress in der frühen Kindheit dauerhaft das Immunsystem und damit die Abwehr gegen feindliche Erreger schwächen kann. »Die frühe emotionale Umgebung wirkt sich noch sehr lange auf die Gesundheit aus«, sagt Seth Pollak von der University of Wisconsin in Madison.

Sein Team hat Jugendliche untersucht – die Hälfte verbrachte eine glückliche Kindheit ohne Traumatisierung, und ihr Immunsystem war intakt. Jene Jugendlichen, die körperlich missbraucht worden waren und daher in emotional instabilen Verhältnissen aufwuchsen, konnten sich hingegen nicht gut gegen Viren, Bakterien und andere Eindringlinge wehren und beispielsweise Herpes-Viren und andere Erreger nicht in Schach halten.[30]

Die Mediziner analysierten, wie das Abwehrsystem ihrer Probanden auf Herpes-Simplex-Viren, Typ 1 (HSV-1), reagierte. Mehr als zwei Drittel der Bevölkerung tragen die Erreger von Fieberbläschen und Halsschmerzen in sich, ohne deshalb gleich Beschwerden zu haben. Symptome treten erst auf, wenn das Virus reaktiviert wird – unter Stress, im Krankheitsfall und wenn das Immunsystem auf andere Weise beeinträchtigt ist. Jugendliche, die in ihrer Kindheit missbraucht worden waren, konnten in der aktuellen Studie die Herpes-Viren in ihrem Körper nicht gut in Schach halten. Sie mussten mehr Antikörper gegen die Erreger produzieren, und auch andere Abwehrmechanismen waren bei ihnen geschwächt. »Bei der Geburt ist unser Immunsystem noch nicht vollständig ausgeprägt«, sagt Christopher Coe von der University of Wisconsin. »Die Zellen sind zwar vorhanden, aber wie sie sich entwickeln und reguliert werden, ist davon abhängig, wie man aufwächst.«

Ein weiteres Ergebnis überraschte die Forscher. Sie untersuchten auch die Immunreaktion einer dritten Gruppe Jugendlicher. Diese Probanden hatten ihre früheste Kindheit in Waisenhäusern in Rumänien zugebracht, lebten aber längst in stabilen Verhältnissen mit ihren Adoptivfamilien. Das Abwehrsystem dieser Probanden war ähnlich geschwächt wie das der Jugendlichen, die körperlich missbraucht worden waren. »Diese Kinder hatten zwar eine schwierige Kindheit, aber seit mehr als einem Jahrzehnt erleben sie emotionale Sicherheit«, sagt Pollak. »Trotzdem steht ihr Körper dermaßen unter Stress, als ob sie missbraucht worden wären.«

Eine chronische Stressreaktion des Organismus kann das Lernen und Verhalten von Kindern und Jugendlichen stark beeinträchtigen. Pollak befürchtet, dass in Zukunft Kinder vermehrt unter solchen Einschränkungen leiden werden. Die weltweite Finanzkrise und die Abwärtsbewegung in vielen Ländern haben schließlich dazu geführt, dass mehr Kinder in Heimen oder anderen Institutionen betreut werden müssen und weniger adoptiert werden können.

Bindungsforscher wissen, dass frühkindlicher Missbrauch, extreme Strenge und emotionale Verwahrlosung zu mehr psychischen Leiden führen und die Anfälligkeit für Stress erhöhen.[31] Jetzt werden nach und nach auch die körperlichen Spätfolgen deutlich.

Dirigenten des Leidens

Für das Wochenende waren Unruhen angekündigt. Pamela Collins unternahm mit Freunden dennoch einen Ausflug in das südafrikanische Hinterland. Auf der Rückfahrt geriet die Gruppe in eine Meute aufgebrachter Demonstranten. Der Mob demolierte die Autotür und zertrümmerte mit Baseball-Schlägern die Heckscheibe. »Wir gerieten in Panik, wir wussten schließlich nicht mal, wieso sich die Aggression gegen uns richtete«, erinnert sich Collins. »Zu Hause haben wir erst geredet und dann versucht, uns mit Alkohol zu beruhigen. Was man halt so macht, um die Angst zu vertreiben.«

Als Collins, die an den Nationalen Gesundheitsinstituten der USA die globalen Unterschiede in der Versorgung psychisch Kranker erforscht und ziemlich selbstbewusst wirkt, Tage später mit dem Auto in eine Polizeikontrolle geriet, ergriff sie wiederum die Panik. Sie ertrug die Enge nicht und noch weniger das Gefühl festzustecken. Sie verließ das Auto, rannte davon. Wenige Wochen darauf ging es ihr besser. Sie konnte Menschenansammlungen und Verkehrsstaus wieder ohne Beklemmungen ertragen. »Ich habe keine posttraumatische Belastungsstörung bekommen«, sagt sie heute. »Woran das liegt? Genau weiß ich es nicht. Vielleicht hatte ich Glück, vielleicht war den neurobiologischen Verschaltungen in meinem Gehirn einfach nicht danach.«

Collins untersucht, welchen Belastungen die Psyche im Verlauf des Lebens ausgesetzt ist – und warum Menschen so unterschiedlich darauf reagieren.[32] Führende Experten zu diesem Thema haben noch keine eindeutige Antwort darauf gefunden. Schließlich rätseln die Wissenschaftler noch immer, warum mancher Zeitgenosse bereits von ein bisschen Trubel überfordert ist, Stresssymptome zeigt und womöglich eine Angststörung oder eine Depression durchmacht. Andere Menschen haben hingegen einen fordernden Job und etliche weitere Verpflichtungen, bleiben aber gelassen wie ein finnischer Dorschangler.

Psychische Leiden sind keineswegs nur das Problem einer Randgruppe. Jedes Jahr erleiden 38 Prozent der EU-Bürger wenigstens einmal eine Episode oder längere Phase einer psychischen Erkrankung. »Wir alle werden wahrscheinlich irgendwann betroffen sein«, sagt Hans-Ulrich Wittchen von der TU Dresden. Bei jungen Erwachsenen kommt die Diagnose häufiger vor, in niedrigen sozialen Schichten ebenfalls. Zwei Drittel aller psychischen Leiden beginnen bereits in frühen Jahren. »Für die kindliche Entwicklung hat das dramatische Konsequenzen«, sagt Wittchen. »Wer von psychischen Leiden betroffen ist, geht statistisch gesehen früher von der Schule ab, tut sich schwerer mit dem sozialen Lernen und bekommt häufiger Angststörungen.«

Obwohl psychische Leiden eine enorme gesundheitliche wie finanzielle Belastung darstellen, hinkt die medizinische Versorgung auch in den wohlhabenden Ländern grotesk hinterher. In den USA dauert es im Mittel neun Jahre, bis Patienten eine angemessene Therapie bekommen, in Deutschland sind es sechs Jahre. Vorher rennen die Kranken von Arzt zu Arzt, ohne dass der wahre Grund für ihre Beschwerden gefunden wird. Das liegt auch daran, dass sogar in den Industrienationen noch eine Art Analphabetismus herrscht, was die mentale Gesundheit angeht. »In der Schule wird kaum etwas dazu vermittelt, öffentlich sind psychische Leiden mit Ausnahme des Burnouts selten ein Thema, und sogar im Medizinstudium führen sie ein Nischendasein«, beklagt Wittchen.

Forscher haben inzwischen zwar eine Reihe möglicher Ursachen und Hintergründe erkannt, die psychische Leiden auslösen. Klare Vorhersagen ergeben sich daraus aber noch nicht. So erhöht eine überbehütende Mutter, aber auch emotionale Zurückweisung die Wahrscheinlichkeit, an einer Angststörung oder Depression zu erkranken. Kinder depressiver Eltern haben ebenfalls ein erhöhtes Risiko, selbst irgendwann einmal eine Depression zu bekommen.

Auch der Zeitpunkt der Traumatisierung spielt offenbar eine Rolle. Die Vernachlässigung von Waisenkindern in Rumänien hemmte das Hirnwachstum beispielsweise nur geringfügig, wenn die Kinder jünger als sechs Monate waren und danach in eine fürsorgliche Familie kamen. Waren sie aber bereits älter als ein halbes Jahr, zeigten sich deutliche Verzögerungen der Hirnentwicklung.

Vernachlässigt und abgestumpft

Welche Spuren psychische Leiden, Missbrauch und andere Traumatisierungen im Körper hinterlassen, hat die Forschung eindrucksvoll gezeigt. So bleibt die Reaktion auf Belastungen ein Leben lang überstimuliert, was sich entlang der körpereigenen Stressachse zeigt, die über Hypothalamus und Hirnanhangsdrüse bis zur Nebennierenrinde führt, wo vermehrt das Stresshormon Kortisol freigesetzt wird. Nach einem Trauma sind zudem etliche Entzündungswerte erhöht, was erklären könnte, warum nach einer posttraumatischen Depression das Risiko für einen Infarkt steigt. In der Entstehung etlicher Leiden spielen entzündliche Komponenten eine Rolle.

»Vernachlässigung und Trauma hinterlassen biologische Narben, die wir nur schwer wieder loswerden«, sagt Charles Nemeroff, Psychiater an der Universität Miami.[33] Erstaunlicherweise sind sich die Forscher weitgehend einig darüber, dass die schlimmsten Folgen für Leib und Seele entstehen, wenn Kinder vernachlässigt werden. Dies könne in den Auswirkungen schlimmer sein als körperlicher oder sexueller Missbrauch, auch wenn eine solche Hierarchisierung des Grauens seltsam anmutet. Werden Kinder vernachlässigt, haben sie kein Gegenüber. »Alles wird abgetötet und dumpf und das Gefühlsleben runterreguliert«, sagt Martin Sack, Trauma-Experte an der TU München. Bei Missbrauch seien immerhin Gefühle der Selbsterhaltung wie Wut und Aufbegehren gegen den anderen da, der Hass richtet sich auf ein Ziel. »Der Schaden durch das, was man nicht hat, ist womöglich der allergrößte«, meint auch Michael Rutter, renommierter Kinderpsychiater aus London.

Im Jahr 2012 haben Psychiater aus Atlanta und Miami gezeigt, dass bei Erwachsenen, die als Kinder missbraucht oder vernachlässigt wurden, kognitive Defizite unterschiedlich stark ausgeprägt sind.[34] Bei den traumatisierten Probanden waren die Gefühlsverarbeitung im Gehirn, aber auch das visuelle Gedächtnis und die zielorientierte Lösung von Aufgaben beeinträchtigt, wobei frühkindliche Vernachlässigung die stärksten emotionalen und kognitiven Störungen nach sich zog. Wer in frühen Jahren kein Gegenüber hatte, der wusste auch Jahre später kaum, wie er auf andere Menschen und deren Gefühlsschwankungen angemessen reagierte. »Wie sollte ich mich denn fühlen«, fragte eines der Kinder verzweifelt während der Untersuchung.

Chronisch auf Entzug

Jedes Jahr werden in Deutschland ungefähr 200 000 Ehen geschieden, zudem trennen sich etliche nicht verheiratete Paare mit Kindern. Etwa 150 000 minderjährige Kinder sind von diesen Trennungen pro Jahr betroffen. Welche Folgen das für Kinder und Eltern haben kann, ist bisher kaum untersucht worden. Besonders wenig berücksichtigt wurde von der Forschung, wie sich der komplette Kontaktentzug auf die Eltern und Kinder auswirkt, die sich nicht mehr sehen.

Der Psychiater Richard Gardner von der Columbia University in New York hat 1985 für die Schwierigkeiten nach besonders konfliktträchtigen Trennungen den Begriff »Parental Alienation Syndrom« (PAS = elterliches Entfremdungssyndrom) geprägt. Je stärker der Paarkonflikt, umso höher die Wahrscheinlichkeit, dass der alleinlebende Elternteil Anfeindungen ausgesetzt ist – unterstützt von Manipulationen des ausgrenzenden Elternteils.

Nicht nur für die ausgegrenzten Eltern, die oft stark darunter leiden, sondern auch für die Kinder hat die Entfremdung negative Folgen.[35] Manchmal ist die Ursache für häufige Bauchschmerzen, Kopfweh und andere Beschwerden darin zu suchen. »Das Kind erlebt einen großen Verlust, dessen Ausmaß man im Verlust eines Elternteils, der Großeltern und all der Freunde und Verwandten dieses Elternteils sehen muss«, sagt Glenn Cartwright von der McGill University in Montreal. »Das Kind kann diesen Verlust jedoch noch nicht sehen und ihn erst recht nicht betrauern.« Viele Kinder reagieren darauf mit sozialen Schwierigkeiten und gesundheitlichen Problemen, ohne dass sie selbst oder der Elternteil, bei dem sie leben, eine Ahnung von den Hintergründen haben.

Die Psychologin Astrid Camps hat ebenfalls beobachtet, dass »PAS-Kinder« häufig unter Antriebsschwäche, Freudlosigkeit und sozialem Rückzug leiden. »Im schwersten Fall kann ein Kind gar nicht mehr auf den gemiedenen Elternteil zugehen und schreit nur noch, wenn es ihn sieht«, sagt Camps. »Natürlich gibt es auch Kinder, die da gut durchkommen, viele sind dem Druck aber nicht gewachsen.« Statt sich nur auf die Streitigkeiten der Eltern zu konzentrieren, sollten Gerichte wie Jugendämter im Blick haben, dass durch eine Trennung, bei der es zur Entfremdung kommt, auch das Kinderwohl massiv in Gefahr sein kann.

14 bleibende Erkenntnisse über die Folgen früher Schädigungen

1. Kinder, die früh und lange Zeit vernachlässigt werden und in wichtigen Entwicklungsphasen wenig Zuwendung bekommen, sind langfristig beeinträchtigt.

2. Auch Jahre nachdem sie von harmonischen Familien adoptiert worden waren, bleiben seelisch »verhungerte« Kinder aus rumänischen Waisenhäusern anfällig für Ängste und überschießende Stressreaktionen mit Panikattacken.

3. Auch körperlich sind diese Kinder noch Jahrzehnte später verletzlicher und infizieren sich häufiger mit Viren und anderen Erregern.

4. Geringe mütterliche Zuwendung führt dazu, dass Menschen schlechter mit Stress umgehen können. Offenbar fällt es ihnen auch schwerer, sich selbst Gutes zu tun.

5. Haben Eltern und Kinder eine liebevolle Beziehung, macht das Kinder widerstandfähig gegen Stress und Depressionen. Das begünstigt einen gleichmäßigen Herzrhythmus, der sie Jahrzehnte später weniger anfällig für Infarkte macht.

6. Körperliche Misshandlungen und emotionale Vernachlässigung sind negative soziale Lernerfahrungen, die sich dauerhaft einprägen.

7. Chronischer Ärger versetzt den Organismus permanent in Alarm, der erhöhte Ausstoß an Stresshormonen wie Adrenalin, Kortisol und Co. kann krank machen.

8. Bei Frauen, die in ihrer Kindheit missbraucht wurden, sind die Entzündungswerte noch im Erwachsenenalter erhöht.

9. Bei Frauen, die ein frühkindliches Trauma erlitten haben und später depressiv wurden, zeigt sich eine Verkleinerung der Hirnanteile, in denen Gefühle verarbeitet werden – sowie eine gestörte Neubildung der dortigen Nervenbahnen.

10. Bei vernachlässigten Kindern ist das Gehirnwachstum eingeschränkt. Ihre Hirnströme sind auffällig. Sie bilden weniger graue Substanz aus. Diese Anteile des Gehirns differenzieren sich während empfindlicher Phasen der Entwicklung und werden mit Gefühlsverarbeitung, Gedächtnis, Sprache und Sinneseindrücken in Verbindung gebracht.

11. Kinder aus Waisenhäusern Rumäniens haben dauerhaft eine geschwächte Abwehr gegen feindliche Erreger – auch wenn sie längst in stabilen Verhältnissen mit ihren Adoptivfamilien leben.

12. Der Zeitpunkt der Traumatisierung spielt eine Rolle. Die Vernachlässigung von Waisenkindern hemmt das Hirnwachstum geringfügig, wenn die Kinder jünger als sechs Monate sind und danach in fürsorgliche Familien kommen. Sind sie älter als ein halbes Jahr, zeigen sich deutliche Verzögerungen der Hirnentwicklung.

13. Die schlimmsten Folgen für Leib und Seele entstehen, wenn Kinder vernachlässigt werden. Dies kann schlimmer sein als körperlicher oder sexueller Missbrauch. Werden Kinder vernachlässigt, haben sie kein Gegenüber, alles wird abgetötet, die Gefühlsverarbeitung, das visuelle Gedächtnis und die zielorientierte Lösung von Aufgaben werden beeinträchtigt.

14. Etwa 150 000 minderjährige Kinder sind von der Trennung ihrer Eltern betroffen. Je stärker der Paarkonflikt und die Entfremdung, umso höher die Wahrscheinlichkeit, dass die Kinder Bauchschmerzen, Kopfweh etc. bekommen. Kinder reagieren mit sozialen Schwierigkeiten und gesundheitlichen Problemen, ohne dass sie selbst eine Ahnung von den Gründen haben.

II. INDIVIDUELL, UNABHÄNGIG, STOLZ

Sehen lernen

Ich sehe dich.« Das hat der Lehrer irgendwann beiläufig zu seinem Schüler gesagt und damit nicht etwa gemeint, dass er den Achtklässler überwacht, kontrolliert und es schon bemerken wird, wenn dieser abschreibt oder anderweitig im Unterricht schummelt. »Ich sehe dich«, das hat im konkreten Fall zwar bedeutet, dass es der Lateinlehrer bemerkte, wie der Schüler seinem Freund einen Zettel schrieb und zusteckte. Es hieß aber noch viel mehr: Dass der Lehrer den Schüler auch sonst gesehen hat. Dass er ihn wahrgenommen hat mit allen seinen Bedürfnissen, seinen Fähigkeiten, seinen Stärken und Schwächen. Dass er zu erkennen versucht hat, was der Schüler braucht, wie er sich fühlt und entwickelt und in welchem Überschwang, aber auch in welchen Nöten er sich manchmal befindet. Kurz: Der Lehrer hat sich gekümmert.

Der SZ-Kollege Alex Rühle hat aufgeschrieben, wie sehr ihn dieser Ausspruch seines Lateinlehrers während seiner Schulzeit beflügelt und bestärkt hat. Wie er dadurch ermutigt wurde, seinen Weg zu gehen, und wie andere Lehrer daran ebenfalls beteiligt waren.[1] Schließlich wusste er, da ist jemand, der passt schon auf mich auf und sieht mich, so wie ich bin, oder er trifft zumindest den Ton, den ich gerade brauche. Und der wird mir schon irgendwie beistehen, in dieser chaotischen, grundstürzenden Zeit der Pubertät, in der die Hormone sprudeln, nicht nur der Körper verrücktspielt und bei vielen Jugendlichen auf die Stirn geschrieben stehen sollte: »Vorübergehend wegen Umbau geschlossen.«

»Ich sehe dich.« In der Theorie klingt das unglaublich einfach. In der Praxis ist es hingegen ziemlich schwer, den Blick dafür zu haben, was jemand braucht und was gerade fehlt. Viele Lehrer wissen das. Und viele Eltern wissen zwar auch, dass ihre

Kinder Zuwendung brauchen, Sicherheit, Nähe und Geborgenheit. Diese emotionale Rückendeckung ist vermutlich eines der größten Geschenke, das Eltern ihren Kindern mitgeben können, wenn die existenziellen Grundbedürfnisse wie ein wohnliches Dach über dem Kopf, genügend Nahrung, saubere Kleidung und ein paar weitere materielle Grundlagen erfüllt sind.

Aber »ich sehe dich« bedeutet eben noch mehr. Es bedeutet zu erkennen, wer was braucht – und am besten noch wann. In einer Familie mit mehreren Kindern wird das ganz schnell deutlich: Das eine Kind blüht bei Rangeleien mit den Eltern auf und muss diese schroffe und körperbetonte Seite immer wieder ausleben und sich messen können. Das andere Kind benötigt hingegen viele Streicheleinheiten und will auch mit 14 Jahren noch jeden Abend kuscheln, bevor es ins Bett geht. Dem dritten ist womöglich der sprachliche Austausch ganz wichtig, und es muss früher als die anderen in Ruhe gelassen werden und seinen Freiraum bekommen, ohne ständig gefragt zu werden, ob es Probleme hat und ob man ihm helfen soll.

Respekt, Eigenständigkeit und Stolz

Mit Nähe und Bindung allein ist es allerdings auch nicht getan. Bindung kann auch in ziemlich verqueren, ja sogar in pathologischen Beziehungen entstehen. Eine Bindung entwickelten schließlich auch die Graugänse, die dem Verhaltensforscher Konrad Lorenz am Starnberger See bedingungslos hinterherliefen. Sie spürten nicht, dass es wohl die falsche Art von Bindung war, die sie dem späteren Nobelpreisträger bereitwillig folgen ließ. Auch zu Eltern, die ihren Kindern nichts Gutes tun und sie vernachlässigen oder womöglich sogar quälen, entwickeln Kinder eine Bindung und sogar ein gewisses Maß an Nähe. Sie können nicht anders, denn das sind zumindest in jungen Jahren nun mal ihre wichtigsten (und manchmal auch die einzigen) Bezugspersonen, auch wenn sie noch so schädlich für sie sind und sie verletzen und misshandeln.

Eine tiefe und vor allem eine stärkende Bindung entsteht erst dann, wenn Eltern auf ihr Kind eingehen und spüren, wann es eher körperliche Nähe, wann es ein Gespräch oder wann es Ruhe braucht. Auch einfach nur anwesend zu sein, ohne etwas zu sagen und zu fragen, kann die Bindung vertiefen – das Kind spürt dann, dass da jemand ist, der für es da ist, ohne dass dies extra betont oder durch eine Umarmung bekräftigt werden muss. Es ist nicht immer einfach, diese Signale zu erkennen, und sowohl Eltern als auch Lehrer sind oft erstaunt, wenn sie im Nachhinein erfahren, wie wichtig und hilfreich eine bestimmte Erfahrung mit ihnen war. Sie selbst haben diesen Moment vielleicht gar nicht als so besonders wahrgenommen, für das Kind oder den Jugendlichen war er hingegen von großer Bedeutung.

Aus der Wahrnehmung, dass der andere anders ist und auch schon als kleines Kind seine eigene Persönlichkeit hat, wachsen dann Schritt für Schritt Anerkennung und Respekt. In seiner Autonomie und seinen Entscheidungen respektiert zu werden ist für Kinder schließlich eine der wichtigsten Erfahrungen, die sie gar nicht früh genug machen können und die sie ungeheuer stolz macht. Außer Misshandlungen und Vernachlässigung ist kaum etwas verletzender als das Gefühl, dass über die eigenen Wünsche hinweggegangen wird. Der Satz: »Das klappt bestimmt, du schaffst das schon«, signalisiert Kindern hingegen, dass die Eltern ihnen vertrauen und ihnen auch eine ganze Menge zutrauen. Und in der Folge trauen sie sich dann selbst auch mehr zu und gewinnen an Selbstvertrauen. Selbstvertrauen kommt von Zutrauen.

Unterschiedliche Bedürfnisse erkennen

Allen Kindern ähnlich zu begegnen und sie beispielsweise ständig mit Liebesbeweisen und Zärtlichkeit einzudecken, weil es vielleicht dem eigenen Bedürfnis nach Nähe entspricht oder die elterliche Angst davor ausdrückt, allein gelassen zu werden, hat hingegen nichts mit fürsorglicher Erziehung zu tun – auch wenn dadurch im Tierversuch bei Ratten die Stressresistenz steigt und andere positive Effekte auf den Organismus beobachtet werden konnten.

Wer seine Kinder immer wieder gluckenhaft bedrängt, ohne darauf zu achten, ob diese Signale von ihnen überhaupt gewollt und erwidert werden, schafft keine Nähe, sondern Irritationen und Distanz. Wer so überprotektiv handelt, sieht zwar auch – aber in erster Linie eben nur sich selbst und nicht den anderen. Die Kinder fühlen sich nicht verstanden und nicht in ihrer Eigenständigkeit und Einzigartigkeit wahrgenommen und wenden sich über kurz oder lang ab. Für Erwachsene in engen Beziehungen gilt dies natürlich auch.

Immer wieder ist von wohlstandsverwahrlosten Jugendlichen die Rede, denen es zwar materiell an nichts fehlt, die aber trotzdem seltsam leer und bindungslos erscheinen. Manchmal können sie nicht angemessen auf Angst, Wut, Freude und Glück anderer reagieren, und es fehlt ihnen an Einfühlungsvermögen. Sie haben oftmals eine Entwicklung hinter sich, die zeigt, dass materielle Sicherheit – und womöglich ein Haufen Taschengeld und ständige Geschenke – nicht das wettmachen können, was Eltern ihren Kindern geben können, wenn sie ihnen achtsam und zugewandt begegnen und sie so wahrzunehmen versuchen, wie sie sind.

»Ich sehe dich« kann zwar besonders in der Pubertät ein schwieriges Unterfangen sein. Aber gerade in dieser Zeit der Verunsicherung und Irritation brauchen Jugendliche besonders stark das Gefühl, dass sie von ihren Eltern nicht nur getadelt und beschimpft werden, sondern mit all ihren Schrullen, Bockigkeiten und Umwegen wahrgenommen werden – und auch für den größten Unsinn zumindest einen Rest von Verständnis erwarten können.

Immer wieder ist von Eltern zu hören, dass sie die plötzliche Entfremdung ihres Kindes nicht verstehen und sich vorwurfsvoll fragen, wie das nur passieren konnte und was sie bloß falsch gemacht haben. Der 15-Jährige will dann auf einmal nicht mehr kuscheln, die 16-Jährige ist plötzlich gereizt und aggressiv und nicht mehr die engelsgleiche Prinzessin, die den Eltern kurz zuvor noch jeden Wunsch von den Lippen abgelesen hat.

»Ich habe sie / ihn doch genauso behandelt wie seine / n Bruder / Schwester«, heißt es dann oft. Doch diese gutgemeinte Gleichmacherei ist womöglich eine Erklärung für die Distanz, die sich zwischen Eltern und Kindern entwickelt hat. Die eigenen Kinder sind nie gleich, wollen nie das Gleiche von ihren Eltern und auch nie gleich behandelt werden. Selbst eineiige Zwillinge haben ganz unterschiedliche Bedürfnisse und Wünsche. Dies zu erkennen erfordert viel Aufmerksamkeit und das simple Bekenntnis zum: »Ich sehe dich.«

Mobbing verhindern

Es ist der Alptraum für viele Kinder – und die Eltern leiden kaum weniger darunter. Wenn Kinder oder Jugendliche geschnitten werden, gehänselt und immer die Außenseiter bleiben. Mobbing kann die heranwachsende Seele zermürben und kaputt machen. Irgendwann bleibt dann gar nichts mehr übrig – außer der wohl radikalste Schritt: ein Schulwechsel.

Nicht mitmachen zu dürfen und von einer Gruppe ausgeschlossen zu werden tut weh. Es kann wie ein plötzlicher Schlag in die Magengrube wirken, wenn das unmissverständliche Signal kommt: Hier hast du nichts zu suchen – du musst leider draußen bleiben. Der Schmerz über den jähen Ausschluss aus der Gemeinschaft und die fehlende Bindung sind sogar ganz wörtlich zu verstehen, sagt Naomi Eisenberger von der University of California in Los Angeles. »Fühlt sich jemand ungeliebt, einsam und nicht gewollt, tut das auch körperlich weh«, so die Neuroforscherin und Sozialpsychologin. »Soziales und physisches Leid überlappen sich dann.«[2]

Soziale Ablehnung geht sogar mit einem Anstieg diverser Entzündungswerte einher, wie Eisenberger beobachtet hat.[3] Pro-inflammatorische Zytokine – das sind Botenstoffe, die eine Entzündung regelrecht anfeuern – zirkulieren vermehrt im Blut und tragen dazu bei, dass Schmerzreize als noch schmerzhafter wahrgenommen werden. Soziale Nähe, Bindungen und das Gefühl der Sicherheit linderten hingegen den Schmerz. Sobald Versuchsteilnehmer die Hand des Partners halten konnten oder auch nur ein Bild von ihm sahen, taten ihnen die verschiedenen Schmerzreize nicht mehr so weh.

Soziale und körperliche Schmerzen beeinflussen sich offenbar wechselseitig: Bekamen Probanden Paracetamol oder ähnliche Schmerzmittel, empfanden sie die soziale Ausgrenzung und Zurückweisung als längst nicht so massiv wie jene Versuchsteilnehmer, die ein Scheinpräparat schluckten, nachdem sie von der Gruppe, einem Spiel oder anderen angenehmen Situationen ausgeschlossen worden waren.

»Sozialer und physischer Schmerz teilen sich gemeinsame Nervenbahnen und Signalwege«, sagt Eisenberger. »Vermutlich werden Ablehnung und der Verlust von etwas Geliebtem als elementare Bedrohung wahrgenommen.« Während Eisenberger den Überlebensvorteil in der Gruppe, ohne die der Einzelne in Gefahr wäre, als evolutionäre Wurzel für die Nähe von psychischem wie physischem Leid anführt, betont Peter Henningsen die Bedeutung dieser Befunde für die Behandlung in Klinik wie Praxis. »Viele unserer Patienten reagieren auf belastende Lebensereignisse und soziale Ausgrenzung mit vermehrten körperlichen Schmerzen«, sagt der Chef der Psychosomatik an der Technischen Universität München. »Deshalb lindern Psychotherapien, die dazu beitragen, dass sich jemand sozial besser unterstützt fühlt, auch oft die Schmerzen.«

Mediziner und Psychologen aus Großbritannien haben erforscht, welche Kinder besonders anfällig dafür sind, von Gleichaltrigen gemobbt zu werden. Erstaunlicherweise waren es nicht nur die Kinder, die aus einem autoritären, strengen Elternhaus stammten und sich daher vermutlich leichter einschüchtern ließen als andere Kinder, denen mehr Raum zur Entfaltung gelassen wurde. Zusätzlich waren auch jene Kinder eher Opfer von mobbenden Mitschülern, die aus besonders behüteten Familien stammten.[4]

Über die Gründe kann nur spekuliert werden. Vermutlich sind es die Kinder von Eltern, die sie übermäßig beschützen und vor allem Unbill bewahren wollen, einfach nicht gewohnt, sich zur Wehr zu setzen und zu verteidigen. Wem alles von seinen Eltern abgenommen wird, dem wird womöglich auch abtrainiert, allein für seine eigenen Rechte zu kämpfen und standhaft zu bleiben. So etwas merken Gleichaltrige schnell – und sehen in diesen Kindern und Jugendlichen dann leichte Opfer.

Jungs – aggressiv und ängstlich zugleich

Jungs sind das schwache Geschlecht. Sie sind aggressiver als Mädchen – aber auch ängstlicher. Unter Kindern und Jugendlichen mit Aufmerksamkeitsdefizit und Hyperaktivität (ADHS) sind 80 Prozent Jungen. In Förderschulen gibt es mehr Jungs als Mädchen – unter Abiturienten sind sie hingegen in der Minderheit. Jungs sind auch biologisch empfindlicher – ihre Säuglingssterblichkeit ist höher. Jungs sind zumindest in der frühkindlichen Zeit stärker als Mädchen auf emotionale Nähe angewiesen. Ärzte, Psychologen und Biologen wissen um den Zusammenhang von Angst, Aggression und frühkindlicher Bindung. Doch ihr ruppiges Verhalten führt dazu, dass sie oftmals »nicht gesehen« werden.

Frank Dammasch, Professor für psychosoziale Störungen von Kindern und Jugendlichen in Frankfurt, schildert den Fall eines Elfjährigen, der seine Lehrerin terrorisiert. Er wirft Stifte nach ihr; hat er etwas gezeichnet, schmeißt er es in den Papierkorb. Gleichzeitig hat er das Gefühl, gut auf seine alleinerziehende Mutter aufpassen zu müssen. Sie würde sonst sterben, befürchtet er. »Kinder wehren ihre frühen Ängste durch aggressives Verhalten ab und übertönen sie«, sagt Dammasch. Jeder kenne ein solches Verhalten von Kindern, die bei Nachtwanderungen herumschreien und Unfug machen: das berühmte Pfeifen im Walde.

Werden unruhig-aggressive Jungen zu früh in die Selbständigkeit entlassen, tut ihnen das nicht gut. »Sie versuchen sich dann zu Herren einer Situation zu machen, der sie früher schutzlos ausgeliefert waren«, sagt Dammasch. »Das mündet oft in Aggressionen.« Um diese Situationen nicht ausufern zu lassen, sind Dammasch zufolge »rauhe Spielerfahrungen mit dem von der Mutter geliebten Vater nötig«. Nur heftig zu toben reiche nicht aus, die liebevolle Anerkennung durch die Mutter sei dabei wichtig, damit sich eine männliche Identität herausbilden kann. Der Vater diene ebenfalls als Rollenvorbild gegen frühkindliche Ängste der Söhne. Er zeigt seinem Kind ja täglich, dass es gefahrlos möglich ist, sich von der Mutter zu trennen, ohne sie zu verlieren.

Eltern sind zumeist irritiert, wenn sich die Wut ihrer Kinder gegen sie selbst richtet. Schon mit einem Jahr können Kinder ihre Erzeuger hassen. »Es ist doch prima, dass ein Kind als Erstes seine Eltern hasst«, sagt Henri Parens, Psychiater aus Philadelphia. »Wer sonst würde sich liebevoll um jemanden kümmern, von dem er gehasst wird?« Allerdings ist der frühe Hass Parens zufolge auch Grundlage für destruktives Verhalten und Vorurteile. »Das Kind, das wütend auf die Mutter ist, wirft nicht auf sie, sondern auf den, der neben ihr sitzt«, so Parens. So würden Menschen früh lernen, ihren Ärger nicht auf den Verursacher zu richten, sondern auf naheliegende Opfer, was sich auch an politischen Konflikten und rassistischen Ausschreitungen bis hin zu Pogromen zeige.

Destruktivität und Vorurteile sind jedoch keinesfalls angeboren – darüber sind sich Bindungsforscher einig. Der Mechanismus zur Entstehung von Aggression und Zerstörungswut sei zwar in jedem Menschen angelegt. Aktiviert wird er jedoch durch psychisches Leid. »Kinder zu beschämen oder gar zu demütigen ist ungeheuer schmerzhaft für sie«, sagt Parens. »Dadurch werden sie aggressiv und wütend.« Gehen Vernachlässigung oder emotionaler Missbrauch gar auf die Eltern oder Angehörige zurück, ist das noch traumatisierender, als wenn Fremde die Täter sind oder ein Unfall oder ein Naturereignis das Trauma auslöst.

Bei Primaten lässt sich gut nachverfolgen, wie mangelhafte Bindung zur Mutter bei entsprechender Veranlagung zunächst zu Aggression und dann zur sozialen Isolation der männlichen Heranwachsenden führt. Stephen Suomi, Verhaltensforscher am Nationalen Institut für Kindergesundheit und -entwicklung der USA, hat gezeigt, dass ein gestörter Serotonin-Stoffwechsel junge Rhesus-Affen anfällig für auffälliges Verhalten macht.[5] Kann weniger von dem Überträgerstoff im Gehirn gebunden werden, eskaliert das normale Spiel der Tiere schnell zum Kampf.

Die aggressiven männlichen Jungaffen sprechen in Versuchen zudem deutlich stärker dem Alkohol zu.[6] »Diese streitsüchtigen Tiere haben angefangen zu trinken, bis sie umfielen«, sagt Suomi. »Von der Horde werden sie gemobbt, andere Mütter sehen sie als Bedrohung ihres Nachwuchses an.« Soziale Fähigkeiten entwickelten diese isolierten Affen nicht. Sie bringen nicht nur andere, sondern auch sich in Gefahr. »Etwa die Hälfte dieser Affen überlebt diese gefährliche Zeit nicht«, sagt Suomi.

Variationen in der genetischen Ausstattung sind jedoch kein unabänderliches Schicksal. Es kommt auf die Interaktion mit der Umwelt an, ob sich Unterschiede im Erbgut auch im Verhalten ausprägen. Wuchsen Tiere bei ihrer Mutter auf, verhielten sich alle untersuchten Jungaffen ähnlich, erst in der sozialen Isolation wurden manche der Tiere auffällig. »Gute mütterliche Versorgung kann alle genetischen Unterschiede aufwiegen«, sagt Suomi. »Kümmert sich die Mutter nicht oder herrscht starker Stress, wirken sich die Gen-Unterschiede jedoch aus, und die Tiere zeigen die ganze Bandbreite eines psychopathologischen Verhaltens.«

Zwar werden viele prägende Erfahrungen in der frühesten Kindheit vermittelt, in der Jugend sind jedoch nicht nur junge Affen, sondern auch junge Männer besonders verletzlich. »Der größte Unterschied zwischen intellektuellen und emotionalen Fähigkeiten besteht im Alter zwischen 14 und 19 Jahren«, sagt der Psychologe Nick Allen von der Universität Melbourne. »Das zeigt auch die Gehirnentwicklung.« Die seelische Reifung kommt bei männlichen Jugendlichen selten mit der körperlichen Entwicklung mit.[7]

Wichtig für Söhne ist neben mütterlicher Zuwendung aber auch das Vorbild des Vaters. »Väter sind nötig, um aggressives Verhalten zu begrenzen«, sagt Dammasch. Streit und Kampf sind dann durchaus erlaubt, aber eben auch mit klaren Grenzen. »Aber viele Kinder kennen das nicht, sie sind bis zum zehnten

Lebensjahr ja nur von Frauen umgeben – von Müttern, Erzieherinnen, Lehrerinnen.« Dammasch berichtete von einem Jungen, der sich zu Fasching als Ritter verkleiden wollte. Die Schulleiterin erlaubte es – aber nur ohne Schwert.

24 erhellende Einblicke in die Wahrnehmung von Kindern

1. Kinder entwickeln mehr Selbstvertrauen und Stabilität, wenn Eltern, Lehrer und andere Bezugspersonen erkennen, was sie brauchen, wie sie sich fühlen und entwickeln und in welchen Nöten sie sich befinden.

2. Für Kinder ist es ein wichtiges Signal, wenn jemand da ist, der den Ton trifft, den sie gerade brauchen.

3. Viele Eltern wissen, dass ihre Kinder generell Zuwendung brauchen, Sicherheit und Nähe. Aber »ich sehe dich« bedeutet zu erkennen, wer was braucht – und wann.

4. Mit Nähe und Bindung allein ist es nicht getan. Bindung kann auch in verqueren, ja in pathologischen Beziehungen entstehen.

5. Eine tiefe, stärkende Bindung entsteht erst, wenn Eltern auf ihr Kind eingehen und spüren, wann es körperliche Nähe, wann ein Gespräch oder Ruhe braucht. Anwesend zu sein, ohne etwas zu sagen und zu fragen, kann die Bindung vertiefen.

6. Aus der Wahrnehmung, dass jedes Kind anders ist und eine eigene Persönlichkeit hat, wachsen Anerkennung und Respekt. In seiner Autonomie respektiert zu werden ist für Kinder eine Erfahrung, die sie nicht früh genug machen können.

7. Selbstvertrauen kommt von Zutrauen.

8. Allen Kindern ähnlich zu begegnen und sie mit Zärtlichkeit einzudecken, weil es dem eigenen Nähebedürfnis entspricht oder die Angst davor ausdrückt, allein gelassen zu werden, hat nichts mit fürsorglicher Erziehung zu tun.

9. Wer seine Kinder wie eine Glucke bedrängt, ohne darauf zu achten, ob diese Signale von ihnen gewollt und erwidert werden, schafft keine Nähe, sondern Distanz.

10. Wohlstandsverwahrlosten Jugendlichen fehlt es materiell an nichts, sie erscheinen aber leer und bindungslos. Manchmal können sie nicht angemessen auf Angst, Wut, Freude und Glück anderer reagieren, und es fehlt ihnen an Einfühlungsvermögen.

11. Gerade in der Pubertät brauchen Jugendliche das Gefühl, dass sie von ihren Eltern nicht nur getadelt werden, sondern trotz all ihrer Schrullen, Bockigkeiten und Umwege als liebenswert wahrgenommen werden.

12. Von einer Gruppe ausgeschlossen zu werden tut nicht nur seelisch, sondern auch körperlich weh. Soziales und physisches Leid überlappen sich.

13. Soziale Ablehnung geht mit einem Anstieg von Entzündungswerten einher, der dazu beiträgt, dass Schmerzreize als schmerzhafter wahrgenommen werden. Soziale Nähe, Bindungen und das Gefühl der Sicherheit lindern Schmerzen.

14. Anfällig für Mobbing sind Kinder aus strengem Elternhaus, die sich einschüchtern lassen, aber auch Kinder, die aus sehr behüteten Familien stammen. Letztere sind es nicht gewohnt, allein für ihre Rechte zu kämpfen. So etwas merken Gleichaltrige.

15. Jungs sind aggressiver als Mädchen, aber auch ängstlicher. Unter Kindern mit ADHS sind 80 Prozent Jungen. In Förderschulen gibt es mehr Jungs als Mädchen – unter Abiturienten sind sie in der Minderheit.

16. Jungs sind biologisch empfindlicher – ihre Säuglingssterblichkeit ist höher. Jungs sind in der frühkindlichen Zeit stärker als Mädchen auf

emotionale Nähe angewiesen. Doch ihr ruppiges Verhalten führt dazu, dass sie oftmals »nicht gesehen« werden.

17. Jungs wehren ihre frühen Ängste durch aggressives Verhalten ab und übertönen sie: das berühmte Pfeifen im Walde.

18. Werden unruhig-aggressive Jungen zu früh in die Selbständigkeit entlassen, tut ihnen das nicht gut und mündet oft in Aggressionen.

19. Väter sind nötig, um aggressives Verhalten zu begrenzen. Streit und Kampf sind erlaubt, aber mit klaren Grenzen. Viele Jungs kennen das nicht, sie sind bis zum zehnten Lebensjahr ja nur von Frauen umgeben.

20. Rauhe Spielerfahrungen mit dem von der Mutter geliebten Vater sind wichtig, damit sich eine männliche Identität herausbilden kann.

21. Ein Kind hasst als Erstes seine Eltern. Das ist gut so, denn niemand sonst würde sich liebevoll um jemanden kümmern, von dem er gehasst wird.

22. Früher Hass ist Grundlage für destruktives Verhalten und Vorurteile. Das Kind, das wütend auf die Mutter ist, wirft nicht auf sie, sondern auf den, der neben ihr sitzt. So lernen Menschen, ihren Ärger nicht auf den Verursacher zu richten, sondern auf naheliegende Opfer, was sich an vielen Konflikten zeigt.

23. Kinder zu beschämen oder zu demütigen ist schmerzhaft für sie und führt zu Aggressionen und Zerstörungswut.

24. Mangelhafte Bindung zur Mutter führt bei entsprechender Veranlagung zunächst zu Aggressionen und dann zur sozialen Isolation der männlichen Heranwachsenden.

Selbständig werden

Natürlich müssen Autoritäten in Frage gestellt werden, es geht um neue Freiheitsgefühle und neue Ziele, wenn ein Mensch vom Kind zum Erwachsenen wird und dabei mit sich, seiner Akne und täglich neuen Schwärmereien zu kämpfen hat. Nur: Muss das alles so früh passieren? Warum geht es immer häufiger schon bei Acht- oder Neunjährigen los? Und warum erscheinen vielen Eltern die Umbrüche in der Pubertät so vehement? Liegt es am Stress, an der Umwelt oder an der Ernährung, dass Kinder immer früher reif zu werden scheinen?

Mysterium Pubertät: Wegen Umbau geschlossen

Sie sind neben der Spur, verstehen sich selbst und die Welt nicht mehr. Und von anderen fühlen sie sich sowieso nicht verstanden. Die Pubertät ist eine der besonders irritierenden Phasen im Leben, und der Eindruck täuscht nicht: Es geht immer früher los. In den letzten 150 Jahren ist das Pubertätsalter ständig gesunken. Im 19. Jahrhundert bekamen Mädchen ihre erste Blutung im Schnitt zwischen dem 15. und dem 17. Lebensjahr, heute mit etwa zwölf. In den späten 1980er Jahren bemerkten amerikanische Ärzte weitere Veränderungen. Seit den 1960er Jahren hatte gegolten, dass bei Mädchen das Brustwachstum mit ungefähr elf Jahren beginnt, Ende der 1980er aber fiel Ärzten in New York auf, dass immer häufiger acht- und neunjährige Mädchen in ihre Klinik kamen, denen bereits Brüste und Schamhaare wuchsen.

Die Vereinigung der amerikanischen Kinderärzte untersuchte daraufhin 17000 Mädchen – und kam zu dem Ergebnis, dass überall die Pubertät früher einsetzt. Bei weißen Mädchen begann das Brustwachstum bereits mit 9,96 Jahren, bei schwarzen sogar schon mit 8,87. Diese Zahlen wurden in den späten 1990er Jahren veröffentlicht, seitdem nehmen die Diskussionen um die Ursachen und den Umgang mit den frühreifen Kindern kein Ende.

Der Prozess der Pubertät beginnt im Gehirn. Die Nebenniere stimuliert die Nervenzentren in der Hirnanhangsdrüse, dann werden Hormone abgesondert, die auf die Keimdrüsen wirken, Östrogen und andere Geschlechtshormone werden verstärkt freigesetzt. Es dauert nicht lange, und ein Wachstumsschub setzt ein, Scham- und andere Haare sprießen, bei Mädchen wächst die Brust, und sie bekommen ihre erste Regelblutung. Bei Jungen wächst der Kehlkopf, irgendwann wird die Stimme spürbar tiefer.

»Vieles deutet darauf hin, dass es immer früher losgeht«, sagt Martin Reincke, Hormonexperte an der Ludwig-Maximilians-Universität München. »Der Hauptgrund dafür ist die Ernährung – Voraussetzung für die Reproduktion ist nun mal genügend Fettgewebe.« Ein Beleg dafür ist die Magersucht, bei der ist es schließlich genau umgekehrt: Bekommt der Körper nicht mehr genügend Energie und zehrt von der Substanz, stellt er als eine der ersten Sparmaßnahmen die Sexualfunktion ein; Frauen haben dann keinen Zyklus mehr.

Der zweite Grund für die früher einsetzende Pubertät sind für Reincke Belastungen, die mit der Verstädterung zusammenhängen: Lärm, Licht und verkürzte Nachtruhe führen demnach dazu, dass sich die bedrängte Kreatur wenigstens noch in letzter Hast fortpflanzen will, um die Art zu erhalten – und dazu muss sie nun mal schneller reif werden.

Aus gesundheitlichen Gründen ist es von Vorteil, wenn die Pubertät später beginnt. Eine frühe Pubertät erhöht das Risiko für Krankheiten wie Brust- und Prostatakrebs. Der Einfluss ist zwar gering, aber je länger diese Organe den Geschlechtshormonen ausgesetzt sind, desto höher die Wahrscheinlichkeit für Tumore (kommen Frauen spät in die Wechseljahre, erhöht das ebenfalls das Risiko, an Brustkrebs zu erkranken). Außerdem bleiben Frühpubertierende eher klein.

Der Unterschied zwischen körperlicher und seelischer Reife

»Wenn es nur das Körperliche wäre«, sagt Florian Heinen, Entwicklungsexperte am Haunerschen Kinderspital der Universität München, über die immer früher einsetzende Pubertät. »Aber der Rest kommt ja nicht mit, sondern hinkt hinterher. Das ist wie eine aufgeschüttelte Schneekugel, und das dauert, bis sich wieder alles gesetzt hat.« Auch in den Fällen, in denen die Pubertät nicht überraschend früh beginnt, ist die Schere zwischen der sexuellen Reife und der Lebensreife, die den Kindern und Fast-Jugendlichen von der Gesellschaft zugestanden wird, bereits ziemlich groß. Selbständig leben, Geld verdienen, feste Partnerschaften – das alles ist oft erst mit 16 oder 18 Jahren üblich und sozial akzeptiert, bei vielen Menschen sogar erst mit Mitte 20.

Wenn die Pubertät immer früher einsetzt, wird die Differenz zwischen körperlicher und seelisch-geistiger Entwicklung natürlich ständig größer. Noch nie in der Evolution des Menschen war der Unterschied so groß.[8] Und auch die Differenz zwischen der Selbst- und Fremdwahrnehmung klafft immer weiter auseinander: Wenn Mädchen mit elf Jahren voll entwickelt sind, werden sie zwangsläufig auch in einem sexuellen Kontext gesehen – obwohl sie innerlich noch Kinder sind.

»Es ist der Stress«, sagt Jonathan Seckl. Der schottische Hormonexperte von der Universität Edinburgh hat etliche Hinweise dafür gefunden, dass der mütterliche Stress während der Schwangerschaft dazu führt, dass die Pubertät immer früher einsetzt. Haben die Mütter viel Stress, kommen die Kinder früher auf die Welt. Sie holen ihren Wachstumsrückstand dann aber schnell auf und geraten in der Folge auch schneller in die Pubertät.

Je früher es losgeht, desto eher beginnen Eltern sich Sorgen zu machen. Dabei ist die Angst der westlichen Gesellschaften vor einer immer früheren Pubertät ziemlich paradox – schließlich soll doch sonst auch alles immer früher stattfinden und schneller passieren: Kinder werden eher eingeschult, die Schulzeit ist verkürzt, die Studienzeit auch. Viele Länder diskutieren über den Führerschein und das Wahlrecht mit 16. Aber wenn die Periode früher einsetzt und Neunjährigen Brüste wachsen, ist das Anlass für Geschrei. »Die Erwachsenen haben Angst, ihre Kinder früh zu verlieren. Sie wollen nicht, dass die unschuldige Zeit im Paradies so schnell vorbei ist«, sagt Martin Reincke.

Neben der Ernährung und den Umwelteinflüssen gilt auch psychischer Druck als Faktor. Eine Studie der Universität von Arizona ergab: Mädchen pubertieren früher, wenn sie bei der Trennung ihrer Eltern zwischen drei und acht Jahre alt waren und wenn ihre Väter als sozial auffällig gelten, also zum Beispiel Drogen nehmen, gewalttätig sind oder im Gefängnis sitzen. Das gleiche Forscherteam veröffentlichte 2011 weitere Ergebnisse: Erstklässler, die besonders stressempfindlich sind, kommen früher in die Pubertät, wenn sie in schwierigen Elternhäusern aufwachsen.[9] Evolutionspsychologen folgern daraus: Eine unangenehme Kindheit regt den Körper dazu an, früh zu pubertieren.

Umgekehrt ist bekannt, dass Töchter, die ein gutes Verhältnis zu ihrem Vater haben, eher später pubertieren. Insgesamt erlaubt ein geschütztes familiäres Milieu offenbar eine spätere Pubertät. Der Körper muss einfach noch nicht so schnell erwachsen werden. »Junge Frauen brauchen anscheinend eine männliche Verbindung«, sagt Hormonforscher Bruno Allolio von der Universität Würzburg. »Bricht die Vaterfigur weg oder kann nicht ausgefüllt werden, werden sie eher in die Erwachsenenrolle hineingedrängt.«

Es ist ein Teufelskreis. Soziale Probleme können zu einer frühen Pubertät führen, die frühe Pubertät wiederum zu sozialen Problemen. Und das alles schlägt aufs Gemüt: Kinder, die deutlich früher pubertieren als alle anderen, neigen stärker zu Depressionen als ihre Altersgenossen. »Jungen empfinden es als Katastrophe, wenn sie spät dran sind«, sagt Remo Largo, »aber für Mädchen ist es ein Drama, wenn sie zu früh dran sind. Beides kann zu Ausgrenzung führen.«

Bleibt die Frage: Was tun mit Kindern, die sehr früh pubertieren? Wie mit ihnen umgehen? Viele Ärzte raten dazu, die biologischen Abläufe einfach hinzunehmen – und den Kindern vor allem psychologisch zur Seite zu stehen. Natürlich kann man sich auch darum kümmern, dass die Kinder nicht dick werden und sich genügend bewegen, um wenigstens diesen Risikofaktor für eine verfrühte Pubertät zu verringern. Wichtiger aber wäre es wohl, die Kinder ihrem tatsächlichen Alter entsprechend zu behandeln und nicht ihrem Äußeren nach. Eltern könnten ihre Kinder, wie die *New York Times* anmerkte, »gegen eine Kultur verteidigen, die Push-up-Bikinis an siebenjährige Mädchen verkauft«.

Ansonsten plädiert der Schweizer Kinderarzt Remo Largo für Gelassenheit: »Wichtig sind drei Aspekte: 1. Die Ablösung. Der Jugendliche muss Partner finden, die Geborgenheit liefern. Eltern sind da leider nur noch eine Notlösung. 2. Die soziale Anerkennung bei den Gleichaltrigen – auf Gedeih und Verderb. Da können Eltern absolut nichts beitragen. Und 3. der Weg in die Selbständigkeit. Da passieren die eigentlichen Katastrophen. Nach der Pubertät werden junge Menschen oft bis ins Alter von

30 und mehr Jahren abhängig gehalten, wegen existenzieller Unselbständigkeit und Ausbildung!« Gerade da müssen Eltern noch eine Menge lernen. Denn je länger sie junge Erwachsene als Kinder behandeln, umso länger brauchen die, um in die eigene Freiheit zu finden, sich mündig zu fühlen.

Wenn Jugendliche rauchen und trinken

Obwohl auch die genetische Ausstattung das Rauchverhalten und seine Folgen beeinflussen und modulieren kann, sind sich Forscher darin einig, dass es hauptsächlich vom Elternhaus und dem sozialen Umfeld abhängt, ob und wie intensiv jemand raucht. Jugendliche wieder von diesem Laster abzubringen ist allerdings alles andere als einfach. Die üblichen Versuche gehen meistens schief – und je mehr sich Eltern, Lehrer oder andere Erwachsene darüber ärgern und aufregen, desto attraktiver wird es womöglich.

Läuft beispielsweise im Kino vor dem Hauptfilm ein Spot, in dem vor den schädlichen Folgen des Rauchens, vor zu viel Alkohol oder vor Sex ohne Kondome gewarnt wird, ist zumeist Heiterkeit garantiert. Ziemlich bieder kommt die Mehrzahl der Aufklärungsfilmchen daher. Rauchen, saufen und promiskes Verhalten wirken in vielen Kinofilmen hingegen lässig und wecken in etlichen Jugendlichen eher den Wunsch zur Nachahmung, als dass sie abschrecken. Trotzdem ist die Verhaltensforscherin Melanie Wakefield aus Melbourne davon überzeugt, dass auch Medienkampagnen ein gesünderes Verhalten bewirken können – wenn sie denn den richtigen Ton und die Bedürfnisse der Zielgruppe treffen.[10]

Die Verhaltensforscher um Wakefield haben systematisch die Fachliteratur nach Studien durchkämmt, um Hinweise zu finden, in welchen Bereichen Medienkampagnen sinnvoll sein können. Untersuchungen aus verschiedenen Ländern zeigen, dass die Zahl der erwachsenen Raucher zurückgeht, wenn entsprechende Kampagnen gestartet werden. Jugendliche werden erfolgreich davon abgehalten, das Rauchen überhaupt zu beginnen, wenn die Aufklärung in den Medien mit Programmen in Schulen kombiniert wird und Ansprechpartner vor Ort zeigen, was Nikotin mit Herz, Lunge und Gefäßen anstellt.

Werden die negativen Folgen für die Gesundheit sehr drastisch ausgemalt, hält das besonders viele Menschen vom Rauchen ab. Der Nutzen dieser Kampagnen zeigt sich auch darin, dass die Zahl der Raucher wieder zunimmt, wenn die Aktionen beendet sind. Für die Forscher ist dies nicht überraschend, da Tabakwerbung und die positive Darstellung des Rauchens in Film und Fernsehen weiterhin anziehend wirken.

Die Ende der 1990er Jahre von einigen Tabakkonzernen geschalteten Kampagnen und Werbefilme gegen das Rauchen im Teenager-Alter zeigten hingegen kaum Wirkung. Einerseits wurde dort das Rauchen als typische Aktivität von Erwachsenen dargestellt und – als gleichsam »verbotene Frucht« – damit womöglich erst recht attraktiv für die Jugendlichen. Außerdem wurden keine Argumente gegen das Rauchen aufgeführt und die Gesundheitsgefahren nicht erwähnt. Es hieß in den Spots lediglich, dass man als Teenager eben noch zu jung dafür sei.

Kampagnen gegen Alkoholmissbrauch sind hingegen kaum erfolgreich – ebenso wenig wie jene gegen illegale Drogen. In Gesellschaft zu trinken gilt offenbar fast überall auf der Welt als soziale Norm, entsprechendes Verhalten wird in der Werbung wie auch in Filmen und Videos gezeigt und als gesellschaftlich angemessen oder sogar cool empfunden. Zudem erhöht das Suchtpotenzial des Alkohols wie beim Rauchen die Wahrscheinlichkeit, nicht so bald davon loszukommen. Einzig die Aktionen, die davor warnten, nach Alkoholgenuss das Auto zu benutzen, führten zu weniger Unfällen mit alkoholisierten Fahrern.

Gesündere Ernährung und Sport werden seit den 1970er Jahren propagiert. Die Kampagnen erreichten zwar viele Menschen. Das Herz-Kreislauf-Risiko ging bei ihnen jedoch nicht stärker zurück als in der Durchschnittsbevölkerung, die sich nicht an Trainingspläne und Diäten hielt. Womöglich machen permanente Ratschläge, sich gesünder zu ernähren, die Menschen nicht gesünder, sondern kränker, sagt der Epidemiologe Paul Marantz vom Albert Einstein College in New York. »Viele Empfehlungen zur Gesundheitsvorsorge und gesunden Ernährung sind nicht wissenschaftlich fundiert«, bemängelt er. »Solange man keine Beweise hat, dass etwas schädlich oder nützlich ist, besteht der beste Ernährungsratschlag darin, keine Ernährungsratschläge zu befolgen.«

Die Low-Fat-Doktrin habe Menschen beispielsweise glauben lassen, dass sie sich gesund ernähren, wenn sie nur auf fettarme Produkte achten. In der Folge ist der Kohlenhydratanteil in der Nahrung gestiegen; typische Krankheiten waren die Folge. So leiden seit den 1970er Jahren mehr Menschen an Diabetes und Bluthochdruck, was mittelfristig zu mehr Herzinfarkten und Schlaganfällen führt.

Auf einmalige Aktionen wie Impfungen oder Tests zur Krebsfrüherkennung lassen sich die Menschen nach Medienkampagnen eher ein, sagt Wakefield. Die Ernährung umzustellen oder auf gefährliche Gewohnheiten zu verzichten gelingt jedoch nur selten.

Dass Aufklärung etwas bringt, vermutet die Vereinigung amerikanischer Kinderärzte nicht mehr. 2010 verbreitete sie daher eine neue Strategie: Die desillusionierten Pädiater wollen Eltern dazu bringen, dass ihre Kinder Nikotin, Alkohol oder andere Drogen nicht mehr in Film, Fernsehen oder Musikvideos sehen. Der Sog der Werbung und der medialen Vorbilder ist offenbar so stark, dass keine noch so gut gemeinte Aufklärung dagegen ankommt.

22 Erkenntnisse über Selbständigkeit und Pubertät

1. Wenn ein Mensch vom Kind zum Erwachsenen wird, müssen Autoritäten in Frage gestellt werden. Es geht um neue Freiheitsgefühle und neue Ziele.

2. Die Pubertät geht immer früher los. Im 19. Jahrhundert bekamen Mädchen ihre erste Blutung im Schnitt zwischen dem 15. und dem 17. Lebensjahr, heute mit zwölf. Bei weißen Mädchen beginnt das Brustwachstum bereits mit 9,96 Jahren.

3. Der Hauptgrund für die immer frühere Pubertät ist die bessere Ernährung. Der zweite Grund: Lärm, Licht und verkürzte Nachtruhe führen zu einem Stress, der die Reifung beschleunigt.

4. Die Schere zwischen der sexuellen Reife und der Lebensreife, die Kindern und Fast-Jugendlichen von der Gesellschaft zugestanden wird, ist ziemlich groß.

5. Der größte Unterschied zwischen intellektuellen und emotionalen Fähigkeiten besteht bei Jungen im Alter zwischen 14 und 19 Jahren. Die seelische Reifung kommt in dieser Zeit selten mit der übrigen Entwicklung mit.

6. Da die Pubertät immer früher einsetzt, wird die Differenz zwischen körperlicher und seelisch-geistiger Entwicklung ständig größer. Noch nie in der Evolution des Menschen war der Unterschied so groß.

7. Stress während der Schwangerschaft führt dazu, dass die Pubertät früher einsetzt. Haben die Mütter viel Stress, kommen die Kinder früher auf die Welt.

8. Psychischer Druck trägt auch zur früheren Pubertät bei: Mädchen pubertieren früher, wenn sie bei der Trennung ihrer Eltern zwischen drei und acht Jahre alt waren und wenn ihre Väter als sozial auffällig gelten.

9. Erstklässler, die besonders stressempfindlich sind, kommen früher in die Pubertät, wenn sie in schwierigen Elternhäusern aufwachsen: Eine unangenehme Kindheit regt den Körper dazu an, früh zu pubertieren.

10. Umgekehrt erlaubt ein geschütztes familiäres Milieu eine spätere Pubertät. Der Körper muss noch nicht so schnell erwachsen werden.

11. Jugendliche müssen sich während der Pubertät von den Eltern ablösen und Partner finden, die Geborgenheit liefern.

12. Die soziale Anerkennung bei den Gleichaltrigen ist für Pubertierende extrem wichtig. Eltern können dazu absolut nichts beitragen.

13. Junge Menschen werden nach der Pubertät zu lange abhängig gehalten. Aber je länger junge Erwachsene als Kinder behandelt werden, umso länger brauchen die, um in die eigene Freiheit zu finden und sich mündig zu fühlen.

14. Es ist hauptsächlich vom Elternhaus und dem sozialen Umfeld abhängt, ob und wie intensiv jemand raucht und dem Alkohol zugetan ist.

15. Jugendliche vom Rauchen abzubringen ist schwer. Die üblichen Versuche gehen meistens schief – und je mehr sich Erwachsene aufregen, desto attraktiver wird es.

16. Kinospots, in denen vor Folgen des Rauchens, vor zu viel Alkohol oder vor Sex ohne Kondome gewarnt wird, führen eher zu Heiterkeit. Rauchen, Saufen und promiskes Verhalten wirken in vielen Kinofilmen hingegen lässig.

17. Jugendliche werden davon abgehalten, das Rauchen zu beginnen, wenn die Aufklärung in den Medien mit Programmen in Schulen kombiniert wird und Ansprechpartner vor Ort zeigen, was Nikotin mit Herz, Lunge und Gefäßen anstellt.

18. Werden negative Folgen für die Gesundheit drastisch ausgemalt, hält das viele Menschen vom Rauchen ab. Der Nutzen dieser Kampagnen zeigt sich auch darin, dass die Zahl der Raucher zunimmt, wenn die Aktionen beendet sind.

19. Kampagnen gegen Alkoholmissbrauch sind kaum erfolgreich. In Gesellschaft zu trinken gilt als gesellschaftlich angemessen oder cool. Einzig Aktionen, die davor warnen, nach Alkoholgenuss Auto zu fahren, führen zu weniger Unfällen.

20. Kampagnen zur gesunden Ernährung und Sport erreichten viele Menschen. Ihr Infarktrisiko geht aber nicht stärker zurück als in der Durchschnittsbevölkerung, die sich nicht an Trainingspläne und Diäten hielt.

21. Die Low-Fat-Doktrin hat Menschen glauben lassen, dass sie sich gesund ernähren, wenn sie auf fettarme Produkte achten. In der Folge ist der Kohlenhydratanteil in der Nahrung gestiegen, was mittelfristig zu mehr Infarkten und Schlaganfällen führte.

22. Auf einmalige Aktionen wie Impfungen lassen sich Menschen nach Medienkampagnen eher ein. Die Ernährung umzustellen oder auf gefährliche Gewohnheiten zu verzichten gelingt jedoch selten.

III. ERZIEHEN, FORDERN, FÖRDERN

Das Drama mit der Konsequenz

Erziehung ist die ganz normale Katastrophe«, sagt Remo Largo, der erfahrene Kinderarzt von der Universitätskinderklinik Zürich. »Immer treten Konflikte auf, Kinder können ohne Konflikte gar nicht groß werden.« Man darf Eltern daher nicht das Gefühl geben, schuldig oder gleich ein Versager zu sein, wenn das Kind manchmal nicht schläft, nicht isst, häufiger schreit oder ein auffälliges Sozialverhalten zeigt. Das ist natürlich kein Freibrief für Vernachlässigung. »Es ist wichtig, dass Kinder schon ganz früh eine Bezugsperson haben, die verfügbar ist, feinfühlig und verlässlich«, sagt Largo.

Eine vertraute Bezugsperson zu sein bedeutet aber nicht, dass Kinder alles dürfen und keine Grenzen aufgezeigt bekommen. Im Gegenteil. Es ist besonders wichtig und hilfreich für sie, wenn ihnen immer wieder klar und deutlich signalisiert wird, was sie dürfen – und was nicht.

Der Dreijährige ist auf den Esstisch geklettert und greift mit der Hand mitten in die Nudelschüssel. Als er sich gerade eine Nudel genüsslich in den Mund stecken will und die Soße bereits auf den Tisch kleckert, sieht ihn der Vater und ruft ihm streng aus der Küche zu: »Sören, gehst du wohl sofort runter vom Tisch! Wir essen gleich alle zusammen.« Er hat diese zwei Sätze noch nicht fertig ausgesprochen, da fällt ihm schon die Mutter ins Wort und flötet in lieblichem Ton: »Ach, unser kleiner Sören hat schon Hunger. Wie süß! Du hast auch so lange nichts mehr gegessen.«

Sören hält kurz verunsichert inne und weiß offenbar nicht, wie er sich jetzt verhalten soll: Papa hat zwar geschimpft, aber Mama war ja ziemlich freundlich. Dann lächelt Sören ein bisschen und beschließt, zunächst auf dem Tisch sitzen zu bleiben. Er steht ja nicht mehr im Mittelpunkt des Interesses, also kann es so schlimm nicht gewesen sein. Außerdem haben sich seine Eltern längst wieder von ihm abgewendet und sehen stattdessen sich vorwurfsvoll an. Sie haben jetzt genügend mit sich zu tun.

Der Mann beklagt sich, dass seine Frau ihn immer wieder unterbricht, das Gegenteil von dem sagt, was er gerade gesagt hat und seine Erziehungsversuche damit torpediert. »Was soll das, so gehorcht er uns doch nie«, sagt der Vater vorwurfsvoll. »Man muss ihm auch seine Freiräume lassen«, sagt die Mutter. »Ist doch gut, wenn er dann isst, wenn er Hunger hat.« Während sich die Eltern streiten und immer grundsätzlicher die Erziehungsmethoden des anderen kritisieren und sich auch sonst noch an den Kopf werfen, was sie am anderen stört, macht sich Sören weiter über die Nudeln her.

Alle Eltern wollen es, doch kaum ein Paar schafft es tatsächlich: Konsequent in der Erziehung zu sein und den Kindern eine einheitliche Haltung und Meinung zu vermitteln. Aber wie soll das auch gelingen, was für ein enormer Anspruch ist denn das? Männer und Frauen sind sich ja schon selten genug einig, wenn es um ihre eigene Partnerschaft geht. Wie sollen sie dann erst einer Meinung sein, wenn es um die Kinder geht? Auch wenn die Eltern grundsätzlich ähnlicher Meinung in Erziehungsfragen sind und sich ihre Vorstellungen gleichen, wird es immer wieder Situationen geben, in denen sie sich unterscheiden. Die Mutter wird dem Kind etwas erlauben oder verbieten wollen – und der Vater sieht es genau umgekehrt und ist empört.

Und was ist daran so schlimm? Werden die Kinder verstört und irritiert sein und später zu ängstlichen, unsicheren Erwachsenen, wenn sie mitbekommen, dass ihre Eltern ab und zu uneins sind? Wohl kaum. Schließlich kommt es auch im sonstigen Alltag von Kindern – ob in der Schule, beim Sport oder im Freundeskreis – immer wieder vor, dass Uneinigkeit besteht, ohne dass deshalb gleich eine Freundschaft zerbricht, die Fußballmannschaft auseinanderfällt oder die Klassengemeinschaft in Gefahr ist. Es ist sogar wichtig, dass Kinder erleben, wie normal es ist, unterschiedlicher Meinung zu sein. Dabei lernen sie, die eigene Haltung zu vertreten, Kräfte zu messen, Niederlagen einzustecken wie auch die Meinung des anderen zu respektieren.

Heikel wird es allerdings, wenn Kinder spüren, dass ein Elternteil in der Auseinandersetzung mit dem Partner immer nachgibt oder dem anderen nur zustimmt, um andere Ziele zu erreichen. Oder wenn die Kinder sehen, dass einer der Eltern zwar zustimmt, aber in Gestik oder Mimik deutlich macht, dass er eigentlich dagegen ist. Wird jeder noch so kleine Konflikt in Harmoniesoße ertränkt, schadet das sowohl den Partnern als auch den Kindern. Schließlich erkennen Kinder sehr schnell, dass es hier nicht um authentische Wünsche und Bedürfnisse geht, sondern dass ganz andere Ziele auf der Agenda stehen. Das fühlt sich von Anfang an falsch an.

Erleben Kinder es öfter, dass ihre Eltern paradoxe Signale aussenden, wissen sie irgendwann nicht mehr, ob sie einer verbalen Zustimmung (oder Ablehnung) tatsächlich vertrauen können. Ist das überhaupt ernst gemeint, was die Eltern da gerade gesagt haben? In jungen Jahren werden sie dadurch massiv verunsichert, als Jugendliche werden sie die Äußerungen ihrer Eltern schon bald nicht mehr für voll nehmen. Sie sind in einer Double-bind-Situation verstrickt, wie Psychologen und Kommunikationswissenschaftler es nennen, wenn die Antwort selten eindeutig ausfällt. Psychiater vermuten, dass im schlimmsten Fall die Neigung zu psychischen Leiden wie Schizophrenie dadurch verstärkt werden kann. Im günstigeren Fall werden die Opfer einer solchen Kommunikation ein Leben lang hinter jeder Äußerung eine versteckte Agenda wittern und sich auf nichts mehr verlassen können.

Nein heißt nein

Wenn sie ihren lieben Kleinen eine Bitte verwehren und einen Wunsch ablehnen, haben manche Eltern sogleich die Befürchtung, rücksichtslose Egoisten und Rabeneltern zu sein. Ein klares Nein wird oft damit gleichgesetzt, gefühllos und schroff auf die ersten zarten Knospen der Autonomie beim Nachwuchs zu reagieren und die Entfaltung des freien Willens zu unterdrücken. Dabei tut es den meisten Kindern besser, klare Ansagen zu bekommen, statt ein harmoniesüchtiges »Ja, aber« zu hören, bei dem sie nicht wissen, was sie damit anfangen sollen und ob es wirklich so gemeint ist, wie es gesagt wurde.[1] Ein paar Beispiele dafür bieten die folgenden Sätze. Die Kinder haben konkrete Wünsche oder Fragen, die Eltern antworten jedoch ambivalent, ohne dass zu verstehen ist, was sie wirklich meinen und sagen wollen:

»Ich möchte nicht zum Geburtstag von Luis.«

»Aber du spielst doch sonst so gerne mit ihm.«

»Darf ich heute Abend das Champions-League-Spiel sehen, Daniel darf das auch?«

»Was andere Leute machen, interessiert uns nicht.«

»Wann darf ich endlich ein eigenes i-Phone haben?«

»Findest du nicht selbst, dass du dafür noch zu klein bist?«

Solche Antworten geben Eltern häufig. Doch was wollen sie damit eigentlich sagen? Heißt das ja, nein oder vielleicht? Was sollen Kinder damit anfangen, wenn sie so etwas hören?

Viele Eltern meinen es nicht böse, haben in ihrer Kommunikation aber so viele Eventualitäten, Fallstricke und Widersprüche versteckt, dass sich nicht nur die eigenen Kinder schnell darin verheddern. Was solche Eltern sagen, ist nicht klar – und wie sie es sagen, stiftet noch mehr Verwirrung. Es zeigt, dass sie selbst nicht wirklich davon überzeugt und in ihren Bedürfnissen nicht authentisch sind. Auf diese Weise machen Kinder leider die Erfahrung, dass sie sich auf die Äußerungen ihrer Eltern wenig verlassen können – und sie in Zukunft besser gar nicht beachten, um nicht noch mehr durcheinanderzukommen. Wenn die Eltern später dann empört darüber sind, dass ihre Kinder ihnen gar nicht mehr gehorchen, ist das eine mögliche Folge davon.

Ein Ja aus vollem Herzen – oder klare Kante

Wenn Eltern ja sagen, sollten sie auch ja meinen. Möglichst ohne Wenn und Aber und ohne irgendwelche Bedingungen für ein Wohlverhalten ihrer Kinder daran zu knüpfen. Wenn sie aber etwas nicht wollen, sollten sie das auch klar kommunizieren – und zwar so, dass Kinder die Botschaft verstehen. Unterbricht beispielsweise ein Vorschulkind immer wieder seine Mutter, kann diese sagen: »Ich will erst weiter mit Papa reden. Danach spreche ich mit dir.« Stattdessen sagen Eltern oft allgemeine Dinge, die die Kinder nicht auf sich beziehen, etwa den klassischen Satz: »Man unterbricht andere nicht.« Oder: »Man redet nicht dauernd dazwischen.«

Das Gleiche gilt für Situationen, in denen sich die Kinder etwas wünschen und quengeln, die Eltern aber keine Lust haben, den Wunsch zu erfüllen. »Ich will Süßigkeiten«, »Ich will heute länger aufbleiben und den Film sehen« oder »Ich will am Computer spielen« sind typische Sätze von Kindern. Sie drücken dabei nicht nur ihr Bedürfnis aus, sondern dabei geht es auch immer darum, auszuloten, wie weit sie gehen können und wie groß ihr Freiraum ist. Dieses Testen von Grenzen begleitet Eltern, solange die Kinder noch nicht erwachsen sind – und selbst dann geht es gelegentlich noch weiter.

Mit Allgemeinplätzen auf die Wünsche der Kinder zu antworten hilft diesen nicht weiter, denn sie beziehen sie nicht unmittelbar auf sich. Die Aussagen in Sätzen wie »Zu viel Schokolade ist nicht gut für die Zähne« oder »Kinder brauchen mehr Schlaf als Erwachsene, und morgen früh ist wieder Schule« oder »Ihr könnt doch auch mal gemeinsam ein Spiel spielen, anstatt immer nur vor dem Computer zu sitzen« sind zwar nicht falsch. Aber es sind eben unpersönliche allgemeine Äußerungen, die nicht spezifisch auf das Kind eingehen. Solche Phrasen wie auch Sätze, die mit dem Wörtchen »man« beginnen, sollte man im Gespräch mit Kindern daher vermeiden.

Kinder fühlen sich direkt angesprochen und in ihren Bedürfnissen ernst genommen, wenn sich die Sätze eindeutig auf ihre Wünsche beziehen. »Ich will dir keine Süßigkeiten geben. Du hast schon viel davon gegessen« ist viel konkreter als die allgemeine Warnung vor schlechten Zähnen. »Ich möchte nicht, dass du nur so kurze Zeit schläft, außerdem brauche ich jetzt meine Ruhe«, signalisiert dem Kind ebenfalls, welche Haltung und welche Bedürfnisse die Mutter hat. »Wir möchten nicht, dass du jetzt am Computer spielst«, macht dem Kind ebenfalls unmissverständlich klar, dass es jetzt nicht an den PC darf.

Weil sich viele Konflikte mit Kindern wiederholen, verfallen etliche Eltern in stereotype Beschwerden. »Geht das denn nicht mal ohne Streit?«, »Immer wenn nichts auf dem Programm steht, langweilt ihr euch«, »Dein Zimmer sieht aus, als hätte eine Bombe eingeschlagen.« Dass sich die Eltern beklagen, ist nachvollziehbar, aber die Botschaft käme bei den Kindern besser an, wenn sie direkt an sie gerichtet wäre, etwa: »Ich möchte, dass du dein Zimmer aufräumst«, »Euer Streit stört mich, ich möchte, dass ihr eine Lösung findet« sind Ansagen, die die Kinder auf sich beziehen müssen.

Eine persönliche, authentische Sprache zu finden erfordert allerdings eine Umgewöhnung. Sie lohnt sich aber, denn Kinder lernen auf diese Weise, auch mit Verboten und Einschränkungen besser umzugehen. Und ein klares Nein vermittelt Sicherheit und Bestand – ohne dass Eltern den Kindern jedes Mal eine ausgefeilte Argumentationskette für ihre Haltung liefern müssen.

Raus aus der Endlos-Argumentation

Kinder lernen nicht nur in der Schule. Sie lernen besonders nach Vorbildern. Sie ahmen nach, was sie von ihren Eltern oder anderen Menschen mitbekommen, die ihnen nahestehen. Das zeigt sich in ihrem Verhalten, sogar in Gestik und Mimik – und natürlich auch in der Art, wie sie reden. Viele Eltern wollen ihren Kindern gerne erklären, warum sie ihnen etwas nicht erlauben wollen oder wieso sie eine bestimmte Haltung wichtig finden. Natürlich ist es wichtig, mit seinen Kindern zu reden und Erklärungen anzubieten, aber mindestens so wichtig ist das, was sie durch Erfahrung und vorgelebte Beispiele direkt mitbekommen. Sonst kann das Leben zu »verkopft« werden, zu theoretisch und aus jeder noch so kleinen Entscheidung entsteht ein ewig langes Wortgefecht.

Zudem entwickeln manche Kinder mit der Zeit ein ausgeprägtes Gespür für die Lücken in der Argumentation ihrer Eltern und versuchen sie dann in endlosen Gesprächen davon zu überzeugen, dass sie doch recht haben und ihren Willen unbedingt durchsetzen müssen. Das kann interessant, intellektuell fordernd und unterhaltsam sein – manchmal ist es allerdings nur anstrengend, wenn die Frage, ob das Kind im Winter eine Jacke anziehen muss oder das Abendessen tatsächlich gemeinsam begonnen wird, zum Gegenstand ausführlicher Pro-und-Kontra-Erörterungen wird.

Es ist für viele Eltern, die womöglich selbst in schier endlosen Diskussionsrunden in der Schule oder in der Universität (oder gar im eigenen Elternhaus) sozialisiert worden sind, vermutlich eine neue Erfahrung und ein längerer Lernprozess: Auch für sie ist es neu, ihren Kindern mit einem freundlichen, aber bestimmten Basta zu signalisieren, dass jetzt Schluss ist mit dem Wortgefecht und es nicht mehr darum geht, noch ein Argument und noch ein weiteres zu finden. Für manche Diskussionen gibt es schließlich keine eindeutige und »richtige« Antwort, sondern es braucht einfach eine Entscheidung.

Man muss beispielsweise mit seinem Kind nicht über die begrenzten Süßwasservorräte des Planeten und die Verantwortung der Menschheit im Allgemeinen und der eigenen Familie im Besonderen angesichts des globalen Wassermangels und anderer knapper Ressourcen diskutieren, wenn die Badewanne nicht bis zum obersten Rand gefüllt werden soll. Diese Auseinandersetzung kann mit einem entschiedenen »weil ich das so will« beendet werden. In der Erziehung gibt es eine klare Hierarchie zwischen Eltern und Kindern – und an der wird spätestens in der Pubertät schon genügend gerüttelt; sie muss nicht bereits von Zweitklässlern permanent in Frage gestellt werden.

Natürlich fällt es schwer, ruhig, aber bestimmt nein zu sagen, wenn das Kind noch eine weitere Stunde am Computer verbringen will und wie ein Talkshow-Routinier etliche Gründe aufführt, warum das jetzt unbedingt sein muss und keineswegs weiteren Aufschub duldet: Für die Schule sei das wichtig, die Lehrer wollen es schließlich so, der beste Freund sitze noch viel länger am Computer, die feinmotorischen Fähigkeiten, das visuelle Gedächtnis und auch die Reaktionsgeschwindigkeit würden dadurch geschult … Statt laut und aggressiv das Kind anzubrüllen, ob es nicht beim ersten Mal schon die Antwort verstanden hat und es genervt wegzuschicken, reicht eine klare – und möglichst gelassene – Wiederholung des Neins.

Anfangs wird das Kind vermutlich ausdauernd und vehement versuchen, die Eltern umzustimmen und die Entscheidung anzuzweifeln. Das ist anstrengend und erfordert sehr viel Geduld.

Doch mit der Zeit lernt das Kind, dass es sich auf das Wort von Vater oder Mutter verlassen kann – und zwar nicht nur im positiven Sinne, sondern auch wenn eine Entscheidung nicht zu seinen Gunsten ausfällt. Das mag kurzfristig zwar enttäuschend sein, schafft aber langfristig Klarheit und Verlässlichkeit.

Kuss und Schluss – der Abschied im Kindergarten

Sie weinen, schreien, treten und kratzen oder bekommen plötzlich Bauchweh. Sie klammern sich mit Leibeskräften an die Beine der Eltern, wollen plötzlich wieder einen Schnuller oder verfallen in andere, längst vergessen geglaubte Verhaltensweisen: Der erste Tag im Kindergarten ist für manche Kinder eine echte Belastungsprobe – oftmals bedeutet er die früheste Konfrontation mit einem Alltag, in dem die Kinder nicht mehr unmittelbar und permanent auf den Schutz ihrer Eltern vertrauen können. Etwa 25 Prozent der Kinder in den USA haben mit diesem Übergang Probleme, schätzen amerikanische Psychologen zu Beginn des neuen Schuljahrs, für Deutschland gibt es nur wenige Erhebungen darüber, wie groß der Anteil ist.

»Es gibt auch Fälle, in denen die Eltern nicht loslassen können«, sagt Klaus Grossmann, emeritierter Professor für Entwicklungspsychologie an der Universität Regensburg. »Manche denken, dass die Trennung den Kindern schwerfällt und sie ständig ihre Eltern brauchen.« Beim morgendlichen Abschied im Kindergarten eskaliert dann die Situation: Die Eltern wollen oder können die Kinder nicht gehen lassen. Die Kinder spüren dies und sind es zudem gewohnt, dass die Eltern dauernd hinter ihnen stehen. Grossmann hat in seinen Forschungsarbeiten für Deutschland allerdings niedrigere Zahlen ermittelt als die Kollegen in den USA: 15 Prozent der Kinder haben demnach hierzulande Schwierigkeiten. Ob Eltern oder Kinder »schuld« daran seien, ließe sich oft nicht klären. »Es gibt unterschiedliche Grade der Befangenheit auf beiden Seiten«, sagt Grossmann.

Dass gut gemeint nicht immer gut gemacht ist, zeigt sich an einer typischen Reaktion vieler Eltern, wenn sie spüren, dass ihrem Kind der Abschied schwerfällt. Sie sagen dann zu ihrem Kind, dass die Erzieherinnen ja später anrufen können oder sich Mutter oder Vater selbst nach einer gewissen Zeit melden, um mit dem Kind zu reden und es gegebenenfalls zu trösten. Das Kind bekommt durch ein solches Verhalten das irritierende Signal, dass es vielleicht nicht sicher an dem Ort ist, an dem die Eltern es allein zurücklassen wollen. Hat es bisher nur Wut und Ärger darüber gezeigt, dass es ohne sie zurückbleiben soll, kommt nun der Zweifel hinzu, ob die neue Kita, der Kindergarten oder die Grundschule wirklich das Richtige für sie ist und sie dort genügend Schutz und Sicherheit bekommen.

Besser wäre es daher, den Kindern zu vermitteln, dass sie am neuen Ort gut aufgehoben sind und sich darauf freuen können. Und wenn Mutter oder Vater später unbedingt anrufen wollen, aber die Erzieherin gleich Entwarnung gibt, müssen die Eltern nicht unbedingt auch noch mit dem Kind sprechen. Meistens hören die Eltern dann ja den Satz: »Sobald sie aus der Tür waren, hat das Kind gestrahlt und war die ganze Zeit bester Dinge.«

Wichtig ist, dass der Übergang zwischen heimischer Rundumbetreuung und dem neuen Alltag in Kita, Krippe oder Kindergarten gelingt. Eine Eingewöhnungszeit kann dabei helfen. Das haben viele Kindergärten inzwischen erkannt und bieten Schnuppertage für Eltern und ihre Kinder an. Zudem ist es hilfreich, die morgendliche Trennung nicht zu pathetisch zu gestalten. »Beiden Seiten ist oft mehr damit gedient, wenn sich die Eltern kurz, aber herzlich verabschieden und dann schnell verschwinden«, empfiehlt Klaus Grossmann. »Kuss und Schluss« ist eine Formel, die beiden Seiten guttut.

Unsichere Eltern – und ihr übersteigertes Sicherheitsbedürfnis

Es ist nie der richtige Zeitpunkt. Passen tut es eigentlich in keiner Lebensphase. Die Entscheidung, wann in der Gemengelage von Ausbildung, Beruf und persönlicher Entwicklung der richtige Moment für ein Kind gekommen ist, wird deshalb von vielen Eltern akribisch abgewogen. In der Folge hat sich das durchschnittliche Alter, in dem Frauen ihr erstes Kind bekommen, in Deutschland in den letzten Jahrzehnten beständig weiter nach hinten verschoben. Da in Mitteleuropa immer weniger Kinder geboren werden, ist das Leben des Kindes von der Empfängnis bis zu dem Zeitpunkt, da es das »Hotel Mama« verlässt, oft durchgeplant. Kinder sind für viele Paare nicht mehr ebenso selbstverständlich wie nebensächlich, sondern das Wichtigste im Leben.

Vermutlich ist diese Konzentration auf das Wohlergehen des Kindes ein Grund dafür, dass viele Eltern Angst haben, in der Erziehung und Betreuung ihres Nachwuchses etwas falsch zu machen. Es muss die richtige Geburtsklinik sein, der Luxus-Kinderwagen, und die Frühförderung kann gar nicht früh genug beginnen. Diese Sorge und der Anspruch, alles richtig machen zu wollen, setzt sich in der Wahl des Kindergartens, der Schule, aber auch in Freizeitbeschäftigungen wie Sport und Musik fort.

Besonders ausgeprägt ist diese Haltung, wenn es um die Gesundheit der Kinder geht. Für Erwachsene, die in den 1960er und 1970er Jahren aufgewachsen sind, war es ungewöhnlich, wenn sie einen Kinderarzt hatten. Um die üblichen Zipperlein und Wehwehchen hat sich der Hausarzt gekümmert. Kinderärzte sahen die meisten Kinder und Jugendlichen seinerzeit nur, wenn sie in die Kinderklinik mussten, damit die Mandeln entfernt oder der Hodenhochstand korrigiert wurde. Heute ist es eher ungewöhnlich, wenn Eltern mit ihren Kindern *nicht* zu einem Kinderarzt, sondern zu einem Allgemeinmediziner (oder gar nicht zum Arzt) gehen.

Normal ist eher die medizinische Rundumversorgung: Zusätzlich zum Kinderarzt werden von etlichen Eltern noch Homöopathen, Osteopathen und Naturheilkundler konsultiert. Und in der Hausbibliothek finden sich Ratgeber zum fachgerechten Umgang mit Schüßler-Salzen, Bach-Blüten, Akupunkturnadeln und homöopathischen Globuli. Es geht hier nicht darum, dass es für die Wirkung dieser Behandlungsmethoden keinen seriösen, wissenschaftlichen Beleg gibt. Vielmehr zeigt sich an dem ständigen Bemühen um medizinischen Rat, dass Eltern immer öfter das Gefühl haben, gar nicht genug für das Wohlergehen und die Entwicklung ihrer Kinder tun zu können.

Das führt manchmal zu grotesken Auswüchsen. Weil sich viele Menschen nicht gut genug kennen und ihren Körper erst recht nicht, vertrauen sie nicht sich, sondern stattdessen medizinischen und paramedizinischen Heilern, bei denen sie dann beispielsweise atmen lernen, entspannen lernen, verzichten lernen. Und weil sich so viele Menschen nicht richtig trauen, trauen sie auch ihren Kindern und deren Körpern immer weniger zu – und verbergen ihre Zweifel hinter einem übersteigerten Sicherheitsbedürfnis. Eine traurige Folge davon: Der Radius, in dem Kinder sich von ihrem Elternhaus zum Spielen entfernen dürfen, hat sich in den letzten Jahrzehnten um fast 50 Prozent verringert.

Dass Kinder nach der Schule ungezielt und ohne Aufsicht in der Nachbarschaft, in Innenhöfen, in den Feldern oder im Wald herumstromern dürfen und erst wieder bei Einbruch der Dunkelheit nach Hause kommen, war früher üblich, ist heute jedoch eine Rarität. Und welche Kinder treffen sich heute noch »einfach so« zum Spielen auf der Straße? Zudem lassen den meisten Kindern die massiv gestiegenen Anforderungen in der Schule sowie der übrige Terminplan mit Sport und Musik kaum noch Zeit dafür.

Was für einen Kontrast bietet hingegen Erich Kästners Jugendbuch »Emil und die Detektive«. Ja, die Geschichte ist fiktiv. Sie spielt im Berlin der 1920er Jahre, aber niemand schien damals ein Problem damit zu haben, dass sich Neun- oder Zehnjährige den ganzen Tag in der Großstadt herumtreiben. Die Reaktionen auf das Buch spiegelten jedenfalls nicht solche Befürchtungen wider, und im Buch selbst werden sie auch nicht von Erwachsenen geäußert.

Schließlich entsteht kindliches Selbstvertrauen auch dadurch, dass den Kindern von ihren Eltern etwas zugetraut wird und sie ihnen vertrauen, dass sie es schon schaffen werden. Doch sobald die Kinder in ihrer zunehmend eingeengten und durchgeplanten Welt aufbegehren, unruhig oder anderweitig auffällig werden, vertrauen die Eltern immer weniger darauf, dass sie ihr Kind schon schaukeln werden. Sie gehen dann vielmehr zu dem Kinderarzt mit Schwerpunkt Schlafstörungen, in die Schreiambulanz der Klinik oder suchen gleich den ADHS-Experten auf. Wenn einem das Gefühl für sich selbst weitgehend abhandengekommen ist, wie soll man es dann für seine Kinder haben?

Überraschenderweise kommt die Diagnose ADHS bei Kindern türkischer Migranten viel seltener vor als bei den Kindern deutscher Eltern, was sicher nicht daran liegt, dass sie mit Mehmet und Ayshe Atemseminare besucht oder Kurse in anderen Körpererfahrungen belegt haben. Die Toleranz für wildes Toben, für Unruhe und das alltägliche Kinderchaos scheint in diesen Familien größer zu sein, wie auch das Gefühl dafür, was alles in den weitgespannten Rahmen einer kindlichen Entwicklung fällt und schon in Ordnung ist, so wie es ist.

Kein Plan: ein Lob der Langeweile

Wer sich heute den Alltag eines Viertklässlers oder einer Siebtklässlerin anschaut, der wird kaum noch unverplante Lücken darin finden. Nach der Schule sind zunächst die Hausaufgaben dran. Die können in der vierten Klasse auch bei guten Schülern schon mal eineinhalb Stunden dauern, in der Mittelstufe sind eher zwei Stunden die Regel. Je nach Bundesland und Ehrgeiz der Eltern bekommt in den höheren Klassen der Gymnasien bis zu zwei Drittel der Kinder regelmäßig ein- bis zweimal pro Woche Nachhilfe. Zusätzlich ist bei vielen Kindern nachmittags Musikunterricht oder Training dran. Und wenn sie dann von Klavier, Posaune, Fußball, Reiten oder Ballett zurückkommen, ist es auch schon allerhöchste Zeit fürs Abendessen. Am nächsten Tag ist der Terminplan ähnlich vollgepackt.

»Wir institutionalisieren die Kindheit«, sagt der Soziologe Hans Bertram von der Humboldt-Universität in Berlin. »Wir haben Kinder in den letzten Jahren immer stärker in Institutionen eingebunden, weil wir uns davon höhere Leistungen erhoffen.«[2] Bertrams Thesen waren offenbar so treffend, dass ihn am selben Wochenende erst die *FAS* und dann der *Spiegel* interviewte. Kinder würden nicht unbedingt als Kinder gesehen, sondern als Humankapital, in das es zu investieren gelte, damit es später Leistung und Erfolg bringe, so der Wissenschaftler. »Auch unser schulisches Leistungssystem haben wir inzwischen sehr stark daraufhin zugespitzt, dass Kinder möglichst in Deutsch und Mathe besonders gut sind. Ihre soziale Entwicklung spielt in der öffentlichen Debatte kaum eine Rolle. Wir haben einen ganz engen Blick. Und möglicherweise merken die Kinder, dass sie nicht als Person wahrgenommen werden, sondern nur als potenzieller Leistungsträger.«

Nun haben zwar die wenigsten Kinder jeden Tag Sport oder Musikunterricht – mit Ausnahme der bedauernswerten

Geschöpfe, die zu musikalischen Genies oder Spitzenathleten gedrillt werden sollen. Aber auf zwei, drei Termine wöchentlich, die nichts mit der Schule zu tun haben, kommt fast jedes Kind, das in der vierten Klasse oder älter ist. Heute ist es für 14-Jährige Routine, dass sie bereits über etwas verfügen, was vor 20 Jahren höchstens 40-jährige Manager besaßen: einen elektronischen Terminkalender, der gerne auch auf dem eigenen Smartphone verwaltet wird, weil man sonst der vielen Pflichten nicht mehr Herr wird, die jede Woche zu erfüllen sind.

Was es hingegen immer seltener gibt: Langeweile. Nicht verplante Zeit. Stunden, ohne Termine, die langsam verrinnen und in denen nichts passiert. Das war in einer Kindheit in den 1970er und 1980er Jahren noch alltäglich. Die Anforderungen in der Schule waren geringer. Das Gefühl, freie Zeit nutzen zu müssen, noch nicht so verbreitet. Heute werden viele Kinder (und auch viele Eltern) unruhig, wenn nichts auf dem Plan steht. Für Kinder, die einen eng getakteten Wochenrhythmus gewohnt sind, ist es tatsächlich ungewohnt, sich an den Freiraum und die freie Zeit zu gewöhnen.

»Stunden, in denen gar nichts passiert, sind für die Entwicklung unheimlich wichtig«, sagt Florian Heinen, Kinderarzt am Haunerschen Kinderspital der Universität München. »In Wirklichkeit passiert in dieser nicht verplanten Zeit nämlich sehr viel.« Kinder und Jugendliche (und Erwachsene natürlich auch) haben dann Zeit, zu sich zu kommen. Mal ist die Auszeit zwischendurch einfach nur eine Phase, um endlich etwas Ruhe zu finden. Manchmal ist es aber auch eine besonders kreative Zeit: Gerade wenn sie an nichts denken wollen und sollen, kommen Menschen oft auf die originellsten und interessantesten Ideen, sind einfallsreich und offen für Neues. Die Muße ist es, die Körper und Geist neuen Freiraum schafft[3], ohne dass sie deshalb gleich als Strategie zum effektiveren Denken und Arbeiten instrumentalisiert werden soll, die brachliegende Ressourcen freisetzt.

Es geht nämlich nicht darum, auf Knopfdruck in den Erholungsmodus zu schalten und mit Kursangeboten wie »Yoga für Kinder« oder anderen Entspannungsübungen sogar für die Zeiten der Ruhe und Erholung Termine auszumachen und Stunden zu buchen. Das Nichts muss nicht organisiert werden, es ereignet sich einfach so, wenn man ihm nur genügend Zeit und Raum dafür gibt. Es gleicht in dieser Hinsicht dem Glück und der Liebe. Wenn man sie ständig zu erhaschen sucht, bekommt man sie nicht. Fragt man sich beispielsweise, ob man gerade glücklich oder verliebt ist, ist man es schon meistens nicht mehr. Hans-Georg Gadamer, der Heidelberger Philosoph, sprach davon, dass sich Momente der Gesundheit, des Glücks und der Liebe nur im Zustand der »Selbstvergessenheit« ereignen.[4] Das trifft für das »gefühlte Nichts« natürlich erst recht zu.

»Man kann Menschen definitiv ins Unglück stürzen, wenn sie ein Überangebot an Möglichkeiten haben und dann ständig unter Druck gesetzt werden, diese auch zu nutzen«, ist Kinderarzt Heinen überzeugt. »In der Kindheit und Jugend trifft das besonders stark zu, aber auch Erwachsene leiden daran.« Das ständige Gefühl, aus den vielen Chancen, die einem geboten werden, etwas (oder noch mehr) machen zu müssen, erzeugt eine große Unzufriedenheit und das Gefühl, immer wieder zu versagen. Wer theoretisch alles tun könnte, muss unzufrieden werden, weil er praktisch niemals alles tun kann – das schafft schließlich auch der effizienteste Planer mit elektronischem Terminkalender nicht.

Viele Kinder flüchten dann, wenn sie plötzlich Zeit haben und sich eine Lücke in ihrem sonst so straffen Terminplan auftut, in Computerspiele oder schauen fern. Das muss man nicht gleich verteufeln, aber diese Art der Zerstreuung ist nicht damit gemeint, wenn es darum geht, »nichts« zu tun. Als Eltern sollte man es vielmehr aushalten, wenn die Kinder ein Unterhaltungsprogramm einfordern und sich nörgelnd beschweren: »Mir ist langweilig, was soll ich machen?«

Eine Weile werden sich die Kinder in dieser Situation vermutlich unwohl fühlen, und natürlich fällt es auch den Eltern leichter, ihrem Nachwuchs die schnelle Zerstreuung am iPod, vor dem PC oder der Glotze zu gestatten. Aber dann, irgendwann fällt es den Kindern wahrscheinlich selbst auf, wie schön es sein kann, nichts zu tun zu haben. Und wie gut es sich danach wieder anfühlt, wenn die nächste Aufgabe ansteht – und die kommt sowieso früh genug.

24 eindeutige Tatsachen über konsequente Erziehung

1. Kaum ein Paar schafft es, konsequent in der Erziehung zu sein und den Kindern immer eine einheitliche Haltung und Meinung zu vermitteln.

2. Es ist wichtig, dass Kinder erleben, wie normal es ist, unterschiedlicher Meinung zu sein. Dabei lernen sie, eine eigene Haltung zu vertreten, ihre Kräfte zu messen, Niederlagen einzustecken und die Meinung anderer zu respektieren.

3. Wird jeder Konflikt in Harmoniesoße ertränkt, schadet das dem Partner wie den Kindern. Kinder erkennen schnell, wenn es nicht um authentische Bedürfnisse geht, sondern andere Ziele auf der Agenda stehen.

4. Erleben Kinder öfter paradoxe Signale ihrer Eltern, wissen sie irgendwann nicht mehr, ob sie einer verbalen Zustimmung (oder Ablehnung) vertrauen können. In jungen Jahren werden sie verunsichert, als Jugendliche werden sie Äußerungen der Eltern bald nicht mehr für voll nehmen.

5. Kindern tut es gut, klare Ansagen zu bekommen, statt ein harmoniesüchtiges »Ja, aber« zu hören, bei dem sie nicht wissen, ob es wirklich so gemeint ist.

6. Kinder können mit einem eindeutigen Nein gut klarkommen, wenn es persönlich und authentisch an sie gerichtet ist.

7. Viele Eltern haben in ihrer Kommunikation so viele Fallstricke und Widersprüche versteckt, dass sich nicht nur die eigenen Kinder darin verheddern. Es zeigt, dass sie selbst in ihren Bedürfnissen nicht authentisch sind. Auf diese Weise machen Kinder die Erfahrung, dass sie sich auf Äußerungen ihrer Eltern wenig verlassen können.

8. Kinder lernen nach Vorbildern. Natürlich ist es wichtig, mit Kindern zu reden und Erklärungen anzubieten, aber mindestens so wichtig ist das, was sie durch Erfahrung und vorgelebte Beispiele mitbekommen.

9. Für Kinder ist es hilfreich, mit einem freundlichen, aber bestimmten Basta signalisiert zu bekommen, dass jetzt Schluss ist mit dem Wortgefecht und es nicht mehr darum geht, noch ein Argument zu finden. Für manche Diskussionen gibt es keine klare Antwort, sondern es braucht eine Entscheidung.

10. Manche Auseinandersetzung kann mit einem »Weil ich das so will« beendet werden. In der Erziehung gibt es eine klare Hierarchie zwischen Eltern und Kindern – sie muss nicht bereits von Zweitklässlern in Frage gestellt werden.

11. Nein heißt nein: Statt das Kind anzubrüllen, ob es nicht beim ersten Mal verstanden hat, reicht eine ruhige Wiederholung des Neins. Mit der Zeit lernt das Kind, dass es sich auf das Wort der Eltern verlassen kann – auch wenn die Entscheidung nicht zu seinen Gunsten ausfällt.

12. Kindern fällt die Trennung von den Eltern im Kindergarten nur kurze Zeit schwer. Manche Eltern wollen oder können ihre Kinder aber nicht gehen lassen. Kinder spüren dies.

13. Viele Eltern sagen beim Abschied zu ihrem Kind, dass die Erzieherin später anrufen kann oder sie sich melden. Das Kind bekommt dadurch das irritierende Signal, dass es vielleicht nicht sicher an dem Ort ist, an dem die Eltern es zurücklassen.

14. Bei der Trennung von kleinen Kindern in Kita oder Krippe hilft es, ihnen zu vermitteln, dass sie am neuen Ort gut aufgehoben sind. Gibt die Erzieherin später telefonisch Entwarnung, müssen die Eltern nicht auch noch mit dem Kind sprechen.

15. Beiden Seiten ist oft mehr damit gedient, wenn sich die Eltern kurz, aber herzlich von ihren Kindern verabschieden und dann schnell verschwinden: Kuss und Schluss.

16. Viele Eltern haben Angst, in der Erziehung und Betreuung ihres Nachwuchses etwas falsch zu machen. Meistens ist diese Angst unbegründet.

17. Das ständige Bemühen um medizinischen Rat zeigt, dass Eltern oft das Gefühl haben, nicht genug für das Wohlergehen und die Entwicklung ihrer Kinder zu tun.

18. Weil sich viele Menschen nicht richtig trauen, trauen sie auch ihren Kindern immer weniger zu – und verbergen dies hinter einem übersteigerten Sicherheitsbedürfnis. Eine Folge: Der Radius, in dem Kinder sich von ihrem Elternhaus zum Spielen entfernen, hat sich in den letzten Jahrzehnten um fast 50 Prozent verringert.

19. Kindliches Selbstvertrauen entsteht auch dadurch, dass Kindern von ihren Eltern etwas zugetraut wird und sie ihnen vertrauen, dass sie es schon schaffen.

20. Der Alltag eines Viertklässlers oder einer Siebtklässlerin hat kaum noch Lücken, die Kindheit wird institutionalisiert.

21. Kinder werden nicht unbedingt als Kinder gesehen, sondern als Humankapital, in das es zu investieren gilt, damit es später Leistung bringt. Ihre soziale Entwicklung spielt kaum eine Rolle. Womöglich merken Kinder, dass sie hauptsächlich als potenzielle Leistungsträger gesehen werden.

22. Kinder langweilen sich nur noch selten. Wenn freie Zeit vorhanden ist, entsteht schnell das Gefühl, sie auch ausnützen zu müssen.

23. Stunden, in denen vermeintlich gar nichts passiert, sind für die Entwicklung wichtig. In dieser nicht verplanten Zeit passiert viel. Gerade wenn sie an nichts denken wollen und sollen, kommen Menschen oft auf die interessantesten Ideen.

24. Wer ein Überangebot an Möglichkeiten hat und ständig unter Druck gesetzt wird, diese zu nutzen, wird unglücklich. Das ständige Gefühl, aus den vielen Chancen etwas machen zu müssen, erzeugt Unzufriedenheit und das Gefühl, zu versagen.

Übertriebene Förderung und medizinische Exzesse

Die Spannbreite der kindlichen Entwicklung ist groß – was sich wann und wie bei Kindern ausbildet, ist extrem unterschiedlich. Manche Kinder können mit 30 Monaten noch kaum sprechen, andere bilden bereits mit 16 Monaten die ersten kurzen Sätze. Einstein hat angeblich sein erstes Wort erst gesprochen, als er schon drei Jahre alt war. Eltern haben oft Bedenken, dass ihr Kind sich nicht schnell genug entwickelt, sondern zurückbleibt und etwas verpasst. Im Alter zwischen fünf und zwölf Jahren lernen Kinder, die Körpersprache und den Gesichtsausdruck anderer Menschen zu erkennen. Die individuellen Unterschiede sind enorm. Im Alter zwischen drei und sieben Jahren schärfen sich ihr nachahmendes Verhalten und die Orientierung an Vorbildern.

»Wenn Sozialisation und Vorbildfunktion so wichtig sind, müssen wir auch viel mehr über uns Erwachsene reden, nicht nur über Kinder«, sagt Remo Largo. Denn wenn das soziale Lernen zwischen zwei und sechs Jahren am stärksten ausgeprägt sei, könne es wohl nicht richtig sein, dass Mütter mit ihren Kindern in dieser Entwicklungsphase so viel allein zu Hause sind. In der Diskussion um Frühförderung, bindungsschwache Schüler und Eltern, die ihre Kinder missachten, dürfen die Jüngsten nicht vernachlässigt werden. Manchmal geht die Förderung allerdings an den Bedürfnissen der Kinder vorbei.

Optimale Förderung oder zu viel des Guten?

Diese immense Verantwortung, die junge Eltern haben! Jeden Tag bilden sich bei Säuglingen und Kleinkindern Hunderttausende von Synapsen neu. Was man da alles stimulieren, anregen, erwecken und fördern kann, um die umhereilenden Transmitter und die sprießenden Nervenbahnen in die richtigen Bahnen zu lenken. Junge Eltern werden mit vielen Angeboten konfrontiert, ihre Kinder frühzeitig zu fördern. Das Säuglingsschwimmen ist beispielsweise sehr beliebt, um die Motorik, die Wahrnehmung und die Spielfreude des Nachwuchses zu schulen. Die Industrie bietet windelverstärkte Badehosen und Schwimmflügel in der Größe XXS an. Ein authentisches Gefühl und dieses Empfinden, im Wasser natürlicherweise aufgehoben zu sein, werden als Vorteile genannt. Manche Mütter hoffen sogar, bei den Kleinkindern im Chlorwasser das Geborgenheitsgefühl im Fruchtwasser simulieren zu können und sie auf diese Weise stark, sicher und selbstbewusst für den Rest des Lebens zu machen.

Schwer begabt? Das wächst sich noch aus

Ein Wort zu den Eltern von Kindern, die noch nicht Landesmeister im Tennis oder Finalisten bei »Jugend musiziert« geworden sind und die auch nicht jedes Mal eine Eins mit Sternchen aus der Schule nach Hause bringen: So, wie sich Ihr Kind verhält, was es kann und was es leistet, das ist die Regel, das ist der Normalfall. Auch wenn das überhitzte, übertourte Gerede über alle die besonders talentierten Kinder suggeriert, dass es normale, durchschnittliche Kinder gar nicht mehr gibt. Es wimmelt ja überall nur noch von Schwerbegabten, Unterforderten, Teilleistungsgenies und schlummernden Talenten, deren Grandiosität nur noch nicht erkannt worden ist und die nur ein bisschen gezielter gefördert werden müssten, um sich zu einem künftigen Einstein, Mozart oder Leonardo zu mausern.

Jedes Kind ist einzigartig, das stimmt. Aber deswegen kann es in den allermeisten Fällen dennoch die übliche Grundschulklasse, den Sportverein und den Musikunterricht um die Ecke besuchen, wenn es denn Sport und Musik gerne mag. Wer ständig auf der Suche nach Hochbegabungen bei dem eigenen Kind ist, setzt es ziemlich unter Druck, nervt Lehrer, Erzieher, Trainer. Die meisten Menschen, die beruflich oder in der Freizeit mit Ihrem Kind zu tun haben, sind erfahren darin, die seltenen Hochbegabungen zu erkennen und dann auch zu einer entsprechenden Förderung zu raten. Spätestens seit dem »Pisa-Schock« und der Erkenntnis, dass Elite nichts Negatives sein muss, gibt es etliche aufmerksame Pädagogen und Lehrer im Land, die sehen, wenn besondere Talente im Kind schlummern.

Wer hingegen selbst unbeirrt daran festhält, sein Kind zu einem Genie der Teilchenphysik oder einem Maestro an der Geige zu machen, tut wahrscheinlich weder sich noch seinem Nachwuchs einen Gefallen. Das färbt schließlich auch auf das Kind ab: Doch will man diese kleinen Klugscheißer wirklich, denen man mit acht Jahren neben der Chinesisch-für-Fortgeschrittene-CD oder den Schachcomputer höchstens noch Bücher wie »So funktioniert dein Superhirn« unter den Weihnachtsbaum legen kann (dieses Buch gibt es übrigens tatsächlich)?

Lassen Sie sich nicht einschüchtern, und lassen Sie Ihre Kinder, wie sie sind, sonst entwickeln sie sich zu einsamen Eigenbrötlern, die damit rechnen müssen, von den sozial besser vernetzten Kollegen in der Klasse alsbald erlebnispädagogisch an das Thema »So schmerzt ein Super-blauer-Fleck« herangeführt zu werden. Tun Sie Ihren Kindern den Gefallen und fragen Sie nicht bei jedem Elternabend, warum Ihr Maximilian nicht schon den nächsten Folgeband der »Mathe-Stars« durcharbeiten kann. Er wird es Ihnen danken, vielleicht nicht sofort, aber später.

Krank zu sein bedarf es wenig

Viele Eltern sind um ihren Nachwuchs besonders besorgt. Die späte Entscheidung für ein Kind, das in die Familien- und Berufsplanung passen muss, lässt oft eine enorme Anspruchshaltung entstehen. Viele Eltern haben Angst, die Fähigkeiten der Kinder nicht genügend zu fördern. Das hat Folgen: Klassische Musik für Babys im Mutterleib. Kaum ein Säugling, der auf seiner Krabbeldecke mit sich allein gelassen wird. Gestelle mit Rasseln und Figuren über ihm sollen die Sinne schärfen. Eltern, die ihr Kind mit bewusst gesetzten Reizen »gezielt gefördert« haben, klagen später oft über die Reizüberflutung durch die Gesellschaft – besonders die Medien.

Kinder sind daher auch einer besonders intensiven medizinischen Überwachung ausgesetzt. Es gibt keine Gesunden, nur Menschen, die nicht gründlich genug untersucht worden sind. Dieses Motto ist nicht zynisch, sondern ein Grundpfeiler unseres Gesundheitswesens. Das Motto kennt jeder Arzt, mancher macht es sogar zu seiner Geschäftsidee. Was früher als normal galt, wird von der Medizin nun für kontroll- und behandlungsbedürftig erklärt:

- Der Kopf des Fötus ist zu groß.
- Das wird eine Risikoschwangerschaft.
- Wollen Sie den Stillkurs besuchen?
- Wir beraten Eltern mit Schreikindern.
- Kennen Sie den Kinderarzt mit Spezialgebiet Ein- und Durchschlafstörungen?

- Lernt er noch, oder hat er schon ADHS?
- Ist es Sozialphobie oder Asperger, eine milde Form des Autismus?

Durch diesen Parcours der drohenden Diagnosen kommen nur Kinder, deren Eltern sich noch daran erinnern, dass Umwege die Ortskenntnis erhöhen, Lärm, Streit und Durcheinanderplappern ein Erkennungszeichen der 18-Monatigen bis 18-Jährigen sind und dass Lebensläufe nach Norm nur in der Phantasie von Personalchefs vorkommen.

Die Mechanismen der Krankheitserfinder und -dramatisierer funktionieren allerdings erstaunlich gut. Der Gesundheitsmarkt profitiert von einer Dreifaltigkeit der Bedürfnisse: Einer therapiesüchtigen Gesellschaft bietet eine boomende Befindlichkeitsindustrie Leiden und Leidensablass für jede Lebenslage. Pharmafirmen im Verein mit geschäftstüchtigen Ärzten helfen, die Menschen – und besonders die Kinder – krankzureden. Unterschiede in der Entwicklung und Schwankungen der Leistung werden plötzlich als pathologisch definiert. Dieser Vorgang wird als Medikalisierung bezeichnet: Was früher als normal galt, wird von der Medizin neuerdings für abweichend und behandlungsbedürftig erklärt.[5] Der englische Begriff »Disease Mongering« trifft die Entwicklung noch besser; er bedeutet so viel wie »Handeln mit Krankheit«.

Das Perfide daran: Es gibt viele der Leiden tatsächlich. Aber sie treten längst nicht so gravierend oder verbreitet auf, wie von interessierten Kreisen behauptet wird. Oft ist die Diagnose zwar nicht völliger Nonsens, aber eben doch zu großen Teilen ein Geschäftsmodell. Nur wenige Erkrankungen sind komplette Neuerfindungen.

Der Streit um ADHS

Es gibt kaum eine Erkrankung, die in und außerhalb der Fachwelt so umstritten ist wie die Abkürzung, die für Aufmerksamkeitsdefizit und Hyperaktivität steht. Gesellschaftskritik, Medienschelte, Vorwürfe gegen die Pharmaindustrie und Unbehagen am Erziehungsstil mancher Eltern vermischen sich in der Bewertung des Leidens.

»ADHS ist eine argumentative Missbrauchsplattform«, sagt Florian Heinen, Leiter der Kinderneurologie am Haunerschen Kinderspital der Universität München. »Jeder instrumentalisiert das Leiden für seine Interessen.« Lehrer, Ärzte und Psychologen fordern mehr Stellen, Eltern mehr Entlastung, Pharmafirmen wollen mehr Medikamente verkaufen. »Dabei waren immer schon bis zu fünf Prozent der Kinder hyperaktiv«, so Heinen. »Weil sich die Kinder aber in einem immer engeren Leistungskorridor bewegen, werden auch viele von ihnen behandelt, die nicht krank sind, sondern sich nur besonders verhalten.«

Aus diesem Grund ist die medikamentöse Therapie in den vergangenen Jahren sprunghaft gestiegen – Pillen für den Zappelphilipp. 1990 wurden 300 000 Tagesdosen des ADHS-Mittels Ritalin deutschlandweit verschrieben. Das Medikament hat mit 90 Prozent den größten Anteil an der Arzneimitteltherapie des Leidens. Im Jahr 2012 waren es 55 Millionen tägliche Dosierungen – eine fast 200-fache Steigerung. Von 500 000 ADHS-Diagnosen ist in Deutschland die Rede. »Etwa die Hälfte dieser Diagnosen ist wohl nicht belegt«, sagt der Arzneimittelexperte Gerd Glaeske von der Universität Bremen.

Nach Studien des Robert Koch-Instituts leiden 4,8 Prozent aller Kinder an ADHS. Bei ähnlich vielen liegt ein Verdacht vor. Das würde bedeuten, dass ein bis zwei Kinder in jeder Klasse an dem Zappelphilipp-Syndrom leiden. Am häufigsten sind die

Beschwerden im Grundschulalter, in jener Zeit, in der erstmals stärkere Leistungsanforderungen an Kinder gestellt werden. Auch Jugendliche sind von ADHS betroffen, Jungen etwa viermal häufiger als Mädchen.

Vorverurteilungen von Eltern, die ihren Kindern Ritalin geben, helfen allerdings nicht weiter. »Diese Diskriminierung ist ärgerlich«, sagt Heinen. »Es gibt Fälle, in denen Kinder sich viel bewegen, liebevoll in der Familie aufgehoben sind, kaum vor Fernseher und Computer hocken und trotzdem nur mit Hilfe von Medikamenten ihren Alltag geregelt kriegen.«

Manchmal kommt die Diagnose ADHS aber auch eher den Bedürfnissen der Eltern, Psychologen, Ärzte und Erzieher entgegen und nicht den Kindern. Wenn endlich eine medizinische Erklärung für auffälliges Verhalten gefunden wird und sich alle darauf geeinigt haben, dass das Kind krank ist, sind andere Beteiligte entlastet. Familiäre oder schulische Konflikte bleiben dann unbenannt. Und Ärzte müssen nicht mühsam das soziale Geflecht entwirren, in das ein Kind möglicherweise verstrickt ist. »Manchmal haben Eltern eine vorgefasste Meinung, und man spürt, dass sie nur ein Rezept erwarten«, sagt Franz Joseph Freisleder, Ärztlicher Direktor der größten Kinder- und Jugendpsychiatrie Deutschlands, dem Heckscher-Klinikum in München.

Es gibt Hinweise auf psychosoziale Ursachen des Leidens. Stress verschlimmert die Beschwerden. Bei Kindern aus Unterschichtfamilien und von Alleinerziehenden wird häufiger ADHS diagnostiziert. In Migrantenfamilien ist das Leiden hingegen seltener. »Womöglich besteht hier mehr Toleranz gegenüber wild tobenden Kindern«, sagt Gerd Glaeske. »Da das Problem aber nicht nur medizinische, sondern auch gesellschaftliche und schichtenspezifische Wurzeln hat, ist es umso problematischer, gleich und allein zum Medikament zu greifen.«

»Wo sollen denn die Kinder hin, die nicht dem derzeitigen

Anforderungsprofil genügen?«, fragt Entwicklungsexperte Heinen. Impulsive Reaktionen sind selten gefragt. Zumeist ist bedachte Problemlösung erwünscht. Nur Sportler, Showmaster oder sogenannte Kreative haben Vorteile, wenn sie sprunghaft und hyperaktiv sind. »Die Umwelt ist nicht kinderfreundlich, die Zeittaktung der Eltern wird immer enger und der pädagogische Spielraum in Zeiten von Pisa immer kleiner«, sagt Heinen. Kindern mehr Zeit, mehr Sport, mehr Lehrer und mehr Zuwendung zu gönnen, dafür gebe es keine Ressourcen. »Die Pharmaindustrie kümmert sich auf ihre Weise um eine Lösung – und das wird als Weg des geringsten Widerstands von vielen Seiten angenommen.«

Medizin im Exzess: Pillen statt Pausenbrot?

Die Vorsorge kann nicht früh genug beginnen. Das scheint zumindest die Überzeugung des Verbands amerikanischer Kinderärzte zu sein. Die Pädiater haben im Jahr 2008 vorgeschlagen, schon bei Zweijährigen die Cholesterinwerte zu bestimmen. Falls diese erhöht sind, können nach Einschätzung der Mediziner bereits Kindern ab dem Alter von acht Jahren Statine verordnet werden.[6]

Die Kinderärzte hoffen, dass die fettsenkenden Mittel für Grundschüler Herzerkrankungen im Erwachsenenalter vorbeugen. Die Befürworter der Cholesterinsenkung bei Drittklässlern begründen ihre rigorose Empfehlung damit, dass die Rate der frühen Herzinfarkte und Diabeteserkrankungen seit einigen Jahren zunimmt.

Der Verband der US-Kinderärzte hatte bereits früher vorgeschlagen, übergewichtigen Kindern ab zehn Jahren Statine zu verschreiben, wenn sie es nicht schaffen, innerhalb eines Jahres deutlich abzunehmen. »Wir sind mitten in einer Epidemie«, sagt Jatinder Bhatia, Leiter der Neugeborenenabteilung am Medical College of Georgia: »Das Risiko, in jungen Jahren Statine zu geben, ist geringer als der Nutzen, den man davon hat.«

Andere Ärzte sind empört über die Vorschläge der Kinderärzte. Die empfohlene Therapie sei nicht wissenschaftlich belegt. »Ich schäme mich für den Verband der Kinderärzte, der eine medikamentöse Therapie vorschlägt, ohne klare Daten dafür zu haben«, sagt Lawrence Rosen von der Universität New Jersey. »Ich hoffe, sie haben sich auf öffentliche Prügel eingestellt.«

Die Kinderärzte wissen, dass es keine seriösen Ergebnisse über den Nutzen vom Statinen bei Kindern gibt. »Wir extrapolieren Daten von Erwachsenen«, sagt Nicolas Stettler vom Kinderkrankenhaus Philadelphia. Die Mittel seien so sicher, dass es gerechtfertigt sei, sie zu verwenden. Die Kontrollbehörde FDA hat das Statin Pravachol bereits für die Behandlung von Achtjährigen zugelassen. »Ich frage mich, was es für unsere Gesellschaft bedeutet, wenn wir so schnell Medikamente verschreiben, anstatt das Problem mit Sport und Ernährungsberatung anzugehen«, sagt der Kinderarzt David Ludwig aus Boston.

Manchen Eltern bleibt angesichts der aktuellen Vorschläge nur Zynismus. »Ich traue den amerikanischen Ärzten«, schreibt eine Mutter in einem Internetforum. »Zum Frühstück sollten alle Kinder Ritalin, Prozac und Statine bekommen. Aber ist es mit acht Jahren nicht schon viel zu spät dafür?«

15 Tatsachen zu übertriebener Förderung und Exzessen

1. Die Spannbreite der kindlichen Entwicklung ist groß – was sich wann und wie bei Kindern ausbildet, ist extrem unterschiedlich.

2. Junge Eltern werden mit vielen Angeboten konfrontiert, ihre Kinder frühzeitig zu fördern. Vieles davon ist übertrieben und medizinisch unsinnig.

3. Das Gerede über die vielen talentierten Kinder suggeriert, dass es normale, durchschnittliche Kinder gar nicht mehr gibt. Überall nur noch Schwerbegabte, Unterforderte, Teilleistungsgenies.

4. Die meisten Lehrer, Erzieher, Trainer sind erfahren darin, Hochbegabungen zu erkennen und dann zu einer entsprechenden Förderung zu raten.

5. Lassen Sie Ihre Kinder, wie sie sind. Überfordern Sie Ihre Kinder nicht mit eigenen Ansprüchen, sonst entwickeln sie sich zu Eigenbrötlern.

6. Die späte Entscheidung für ein Kind, das in die Familien- und Berufsplanung passen muss, lässt oft eine enorme Anspruchshaltung entstehen. Viele Eltern haben Angst, die Fähigkeiten der Kinder nicht genügend zu fördern.

7. Kinder sind intensiver medizinischer Überwachung ausgesetzt. Schreiambulanzen, Kinderärzte spezialisieren sich auf Schlafstörungen, Teilleistungsschwächen und Schwerbegabungen, testen auf Aufmerksamkeitsdefizit und Hyperaktivität. Was früher als normal galt, wird für kontroll- und behandlungsbedürftig erklärt.

8. Lärm, Streit und Durcheinanderplappern sind ein Erkennungszeichen von Kindern und Jugendlichen. Lebensläufe nach Norm gibt es nicht.

9. Unterschiede in der Entwicklung und Schwankungen der Leistung werden plötzlich als pathologisch definiert. Was früher als normal galt, wird von der Medizin neuerdings für abweichend und behandlungsbedürftig erklärt.

10. Es gibt keine Erkrankung, die so umstritten ist wie Aufmerksamkeitsdefizit und Hyperaktivität. Gesellschaftskritik, Unbehagen am Erziehungsstil mancher Eltern und Vorwürfe gegen die Pharmaindustrie vermischen sich in der Bewertung.

11. Schon immer waren bis zu fünf Prozent der Kinder hyperaktiv. Weil sich Kinder aber in einem immer engeren Leistungskorridor bewegen, werden heute viele von ihnen behandelt, die nicht krank sind, sondern sich nur besonders verhalten.

12. Die medikamentöse Therapie für ADHS ist seit 1990 von 300 000 Tagesdosen Ritalin deutschlandweit auf 55 Millionen tägliche Dosierungen im Jahr 2012 gestiegen – um fast das 200-Fache.

13. Etwa die Hälfte der ADHS-Diagnosen ist wohl nicht medizinisch belegt, vermuten Kritiker.

14. Manche ADHS-Diagnose kommt den Bedürfnissen der Eltern, Psychologen, Ärzte und Erzieher entgegen: Wenn eine medizinische Erklärung für auffälliges Verhalten gefunden wird und sich alle darauf einigen, dass das Kind krank ist, sind andere Beteiligte entlastet.

15. Vorsorge im Exzess: Amerikanische Kinderärzte haben vorgeschlagen, schon bei Zweijährigen die Cholesterinwerte zu bestimmen. Falls diese erhöht sind, sollen ihnen bereits Fettsenker verordnet werden.

IV. SCHLAFEN, SCHREIEN, SCHMERZEN

Schlaf, Kindchen, schlaf

Wie viel Schlaf der Mensch braucht, darüber diskutieren Experten seit Jahrzehnten. Manche Kinder schlafen in der vierten Klasse noch jede Nacht zehn oder elf Stunden lang tief und fest – andere hingegen werden ständig wach, kommen aber trotzdem mit sieben oder acht Stunden aus und brauchen damit nicht viel mehr Nachtruhe als ihre Eltern. Dabei ist die zentrale Frage der Schlafforschung noch gar nicht beantwortet: Warum schlafen wir überhaupt? Der Züricher Experte Alexander Borbély gibt zu, dass dies »eine etwas peinliche Frage« für Schlafforscher sei. Zwar gibt es viele Erklärungsversuche, aber keine eindeutige Antwort.

Warum genügend Schlaf so wichtig ist

Für die richtige Menge Schlaf in der Nacht gibt es viele gute Gründe – auch wenn die Dauer, die Kinder wie Erwachsene benötigen, individuell äußerst verschieden sein kann. »Zu wenig Schlaf beeinträchtigt die Entwicklung – außerdem macht es alt und ruiniert die Gesundheit«, sagt Jürgen Zulley, Schlafforscher aus Regensburg. Denn im Schlaf leistet der Körper zahlreiche Aufbau- und Reparaturarbeiten an den Zellen und Organen. Im Tiefschlaf werden Wachstumshormone ausgeschüttet, die bei Kindern das Längenwachstum und die Organentwicklung anregen.

Auch das Immunsystem rüstet sich im Schlaf für neue Abwehraufgaben gegen feindliche Erreger. So steigt während der Nachtruhe die Konzentration der sogenannten Interleukine an – das sind jene körpereigenen Botenstoffe, die bei Entzündungen vermehrt produziert werden und sie einzudämmen helfen. Und

Schlaf ist notwendig und hilfreich, um die Gedächtnisinhalte des Tages zu speichern.

Wie Kinder besser in den Schlaf finden

Wenn Kinder klein sind und ständig nachts schreien und immer wieder wach werden, raubt der fehlende oder gestörte Schlaf den Eltern oft den letzten Nerv. Jede Nacht meldet sich der Nachwuchs, wenn die Eltern sich gerade im seligsten Schlummer befinden und das Gefühl haben, endlich in einer erholsamen Tiefschlafphase angekommen zu sein. Sie sind übermüdet, angestrengt und oft den ganzen Tag über noch gerädert. In der nächsten Nacht passiert das Gleiche. Viele Eltern, besonders die Mütter, können nach einer Weile schon gar nicht mehr richtig einschlafen, weil sie das Gefühl haben, sowieso gleich wieder geweckt zu werden.

Das kann sich über Monate oder Jahre hinziehen. Wenn Zweijährige noch mehrmals in der Nacht schreiend aufwachen oder Fünfjährige keine Nacht zubringen können, ohne irgendwann ins Bett der Eltern gekuschelt zu kommen, fragen sich viele Paare, was sie nur falsch gemacht haben. Und ob das noch normal ist, was ihr Kind da Nacht für Nacht veranstaltet. Sie schieben sich gegenseitig die Schuld zu – oder halten sich für Versager: Andere Kinder schlafen doch schließlich auch!

Die Medizin hat sich daher seit einigen Jahren des Schlafs bemächtigt und einen jahrtausendelang als selbstverständlich betrachteten Vorgang in seine Bestandteile zerlegt – und pathologisiert. Es gab schon immer Kinder, die schlecht in den Schlaf fanden oder die häufig nachts wach wurden. Bei der Mehrzahl von ihnen hatte das keine medizinischen Gründe und gab sich nach einigen Wochen oder wenigen Monaten wieder. Inzwischen gibt es Kinderärzte, die sich auf Ein- und Durchschlafstörungen spezialisiert haben, und Kliniken bieten Sprechstunden dafür an. Doch handelt es sich hier wirklich um ein medizinisches Problem?

Bevor ein Arzt aufgesucht werden muss, gibt es etliche Möglichkeiten, dass die Kinder selbst in den Schlaf finden. Ein regelmäßiges abendliches Ritual vor dem Zubettgehen hilft dabei. So ist es beispielsweise zu empfehlen, dass Kinder in einem Einteiler schlafen und in einem Babyschlafsack. Dann frieren sie nicht so schnell, auch wenn sie viel strampeln oder sich mit der Zeit im Babybettchen »nach oben arbeiten«. Bekommen sie Schlafanzug und Schlafsack regelmäßig abends angezogen, erkennen sie zudem das Signal: Jetzt ist Schlafenszeit. Außerdem ist es hilfreich, feste Gewohnheiten einzuhalten, etwa jeden Abend ein Lied zu singen, ein Gebet zu sprechen oder die Spieluhr anzustellen. Das sind alles untrügliche Signale für das Baby, dass es jetzt an der Zeit ist, zur Ruhe zu finden.

Auch wenn das Kind noch ganz klein ist, hilft es, sich auch schon vom Säugling abends zur Nachtruhe zu verabschieden. Säuglinge haben noch kein Zeitgefühl, und ihr Tag-Nacht-Rhythmus bildet sich erst langsam aus. Für sie kommt der abendliche Moment, zu dem sie ins Bett gelegt werden, daher noch völlig überraschend, und es dauert eine Weile, bis sie sich allmählich daran gewöhnen. Eine freundliche Verabschiedung hilft ihnen dabei.

Aus Verzweiflung: schreien lassen, Brei geben, ins Auto?

Wenn Eltern von ihren Kindern Nacht für Nacht um den Schlaf gebracht werden, sind sie zu fast allem bereit. Sie werden ebenso erfinderisch wie leichtgläubig, bevor sie verzweifeln.

Ein beliebter Rat lautet, die Kinder schreien zu lassen. Angereichert ist der oft mit allerlei schwarzer Pädagogik: Die Kinder würden nur aus Langeweile schreien, und sie hätten genau durchschaut, dass sie es mit dem Schreien erreichen, dass sich Mutter oder Vater sofort um sie kümmern. Zudem hätte es noch niemandem geschadet, wenn er als Kind eine Zeitlang hätte schreien müssen.

Diese Vermutungen sind allesamt nicht richtig. Der Säugling kann in den ersten Lebensmonaten einfach noch nicht durchschlafen. Sein Tag-Nacht-Rhythmus ist noch nicht ausreichend entwickelt, zudem reicht gerade die Nahrung in den ersten Wochen noch nicht für die ganze Nacht. Die meisten Säuglinge haben in den ersten Lebenswochen auch noch nicht gelernt, sich selbst zu beruhigen, wenn sie wach werden. Wie sie sich am besten ins Bett kuscheln oder den Daumen benutzen, lernen sie erst später. Bisher konnte keine Studie belegen, dass Kinder besser oder gar länger schlafen, wenn die Eltern sie schreien lassen.

Kindern vor dem Einschlafen eine große Portion Brei zu geben lässt sie ebenfalls nicht länger und besser schlafen. Es liegt nicht allein an der Nahrungsmenge, sondern die Schlaf-Wach-Phasen haben sich in den ersten Wochen noch nicht eingependelt. Allerdings dauert es bei gestillten Kindern länger als bei Brei- und Flaschenkindern, bis sie durchschlafen. Das liegt daran, dass Kinder an der Brust im Durchschnitt kleinere Mahlzeiten zu sich nehmen und daher auch schneller wieder Hunger haben.

Viele Eltern machen die Erfahrung, dass ihre Kinder sofort einschlafen, wenn sie im Auto sitzen. Kaum ist der Motor angesprungen, fällt das Kind in tiefen Schlummer. Die gleichmäßige Bewegung und die monotonen Fahrgeräusche tragen sicher dazu bei. Ein-, zweimal mag das hilfreich und richtig sein. Wer das Kind jedoch jedes Mal ins Auto packt, wenn es abends im Bett nicht einschläft, tut sich einen Bärendienst.

Dann gewöhnt er nämlich das Kind an diese Form des Einschlafrituals, und es dauert umso länger, bis es sich daran gewöhnt, ohne Motorengeräusche und Fahrbewegungen im eigenen Bettchen einzuschlafen.

Medikamente wie Schlaf- und Beruhigungsmittel haben übrigens nichts im Babybett zu suchen. Sie beeinträchtigen sogar den Schlaf-Wach-Rhythmus und wirken sich zudem negativ auf die Gehirnentwicklung aus. Vielleicht brauchen die Eltern manchmal ein Schlafmittel. Die Kinder aber sicher nicht.

Schnuller oder nicht?

Schnuller haben Nachteile, das ist unbestritten. Sie stören das Wachstum der Zähne und erhöhen die Neigung der Kinder, an einer Mittelohrentzündung zu erkranken um das 1,2- bis 2-Fache. Zudem erhöhen sie die Wahrscheinlichkeit, dass die Kinder sich nicht stillen lassen. Das schlägt negativ zu Buche. Doch entscheidender für die Nutzen-Schaden-Bilanz der Schnuller ist es, dass der Gebrauch der Nuckelhilfen offenbar das Risiko von Säuglingen erheblich vermindert, an plötzlichem Kindstod zu sterben. Zu diesem Ergebnis kam eine Auswertung der Vereinigung amerikanischer Kinderärzte, deren Erkenntnisse regelmäßig in die Empfehlungen zur Verhütung des plötzlichen Kindstods münden. Eltern werden dies gerne hören – schließlich heißt der Schnuller im Englischen »pacifier«, was so viel wie Friedensbringer oder Beruhigungsmittel bedeutet.

Die Auswertung von sieben größeren Studien hatte ergeben, dass mit der Einschlafhilfe Schnuller das Risiko für plötzlichen Kindstod deutlich reduziert wird.[1] Ein Fall von plötzlichem Kindstod unter 2733 Kindern kann auf diese Weise vermieden werden. Als mögliche Erklärung geben die Wissenschaftler verschiedene Hypothesen an: Erstens könnte ein Schnuller den

Saug- und Atemreflex unterstützen. Zweitens könnte es sein, dass Kinder mit Schnuller eher lernen, durch den Mund zu atmen, auch wenn die Nase verstopft ist. Drittens könnte das Saugen am Schnuller verhindern, dass die Zunge nach hinten rutscht und den Rachen verstopft. Viertens scheinen Kinder, die am Schnuller nuckeln, einen geringeren Weckreiz zu benötigen als Kinder ohne Schnuller.

Das ist von Bedeutung, da bei Atemnot, Herzrhythmusstörungen und anderen Komplikationen, die mit dem plötzlichen Kindstod in Verbindung gebracht werden, Todesfälle oftmals mit einer hohen Weckschwelle einhergingen. Außerdem liegen Kinder, die »schnullern«, häufiger auf dem Rücken, was nachweislich das Risiko für plötzlichen Kindstod senkt. Welche Erklärung auch immer zutrifft: Schnuller wirken sich offenbar positiv auf die Überlebenswahrscheinlichkeit der Kinder aus, auch wenn drei Viertel der Kinder den Schnuller weniger als eine Stunde pro Nacht im Mund behält.

Natürlich gibt es trotzdem Empfehlungen, den Einsatz von Schnullern zu begrenzen: Die Schnuller sollten nie tagsüber und frühestens nach vier Wochen verwendet werden, wenn die Kinder sich an das regelmäßige Stillen gewöhnt haben. Der Schnuller wird auch nur zum Einschlafen empfohlen – er soll nicht wieder eingestöpselt werden, wenn er dem Kleinkind im Schlaf einmal aus dem Mund gefallen ist. Und im Alter von einem Jahr sollte er dem Kind wieder abgewöhnt werden. Denn nach Vollendung des ersten Lebensjahrs ist das Risiko für plötzlichen Kindstod deutlich gesunken, und die möglichen Schäden durch Zahnfehlstellungen und erhöhte Infektionsneigung überwiegen.

Kinder mit Schnuller nuckeln übrigens auch nicht länger am Finger als Kinder ohne Nuckelhilfe. Das wäre zwar naheliegend, weil diese Kinder ja bereits an das Saugen gewöhnt sind. Es ist aber nicht so. Denn die meisten Kinder gewöhnen sich nicht das Daumenlutschen an, nachdem sie einmal vom Schnuller entwöhnt sind. Und sie saugen insgesamt kürzere Zeit. Die meisten Kinder hören nämlich vor Beginn des dritten Lebensjahrs damit auf, den Schnuller zu benutzen. Sie lutschen dann auch nicht am Daumen. Nur ein Prozent der Kinder, die schon fünf Jahre oder älter sind, hat noch einen Schnuller. Demgegenüber behalten von den Kindern, die am Daumen lutschen, noch 50 Prozent diese Angewohnheit im Alter von sechs Jahren bei. Sechs Prozent dieser Kinder nuckeln sogar noch im Alter von neun Jahren.

Das Buch unter dem Kopfkissen

Es ist eine schöne Vorstellung: Abends, vor einer Klassenarbeit legen sich die Kinder noch schnell das Heft unter das Kopfkissen – und am nächsten Morgen können sie den ganzen Lernstoff problemlos herunterbeten. Keine lästige Paukerei mehr, keine Tränen wegen schlechter Noten oder akuter Versetzungsgefahr. Zwar dürfte sich der Traum, im Schlaf Vokabeln, mathematische Formeln und Sonstiges zu lernen, so bald nicht erfüllen: »Es bringt nichts, wenn man im Schlaf mit Informationen berieselt wird«, so Jan Born, Schlafforscher an der Universität Lübeck. Aber immerhin: Bei der Nachtruhe wird das Gedächtnis gebildet. »Man muss sich das als aktives Durcharbeiten und Verdauen der Inhalte vorstellen, die man am Tag aufgenommen hat«, so Born.

Born und seine Mitarbeiter haben in verblüffenden Versuchen festgestellt: Tiefere Einsichten stellen sich oft erst dann ein, wenn man geschlafen hat. Die Forscher ließen Probanden Zahlenreihen ergänzen, die bestimmten Regeln folgten. Zwei der Regeln waren offensichtlich, die dritte »versteckt«. Nach dem ersten Test pausierten die Probanden. Eine Gruppe durfte über Nacht schlafen, eine musste die Nacht durch wach bleiben, eine dritte blieb tagsüber wach. Fast 60 Prozent derjenigen, die schliefen, erkannten die versteckte Regel am nächsten Tag, in den anderen Gruppen gelang das nur rund 20 Prozent.[2]

»Durch den Schlaf gewinnen wir eine neue Sicht auf Probleme. Das führt zu schnelleren Lösungen«, sagt Born. Wenn wir wach sind, so die Vermutung, werden die Gedächtnisinhalte zunächst im Hippocampus abgelegt. In dieser Region im Mittelhirn befinden sie sich in einer Art Zwischenspeicher. Erst im Schlaf werden sie dort reaktiviert und an die bereits bestehenden langfristigen Gedächtnisinhalte in der Großhirnrinde angepasst. »Der Hippocampus hält die Kopie bereit, die im Langzeitgedächtnis verankert wird«, so Born.

Diese Form der Gedächtnisübertragung findet hauptsächlich im Tiefschlaf statt. Wird der Schlaf verkürzt, leidet das Gedächtnis. »Schlafmangel macht müde und dumm«, sagt Jürgen Zulley deswegen. Bei Erwachsenen und älteren Jugendlichen lässt sich das deutlich zeigen: Wird ihr Schlaf von vier auf acht Stunden gesteigert, verbesserte sich das Gedächtnis der Probanden kontinuierlich. Praktisch bedeutet das: Wenn man am Tag vor einer Prüfung lange lernt, um sich möglichst viel einzuprägen, so Borns Rat, »ist es wichtig, genügend zu schlafen, damit man am nächsten Tag keine Abrufschwierigkeiten bekommt«.

Zu wenig Schlaf führt aber nicht nur zu Erinnerungslücken, sondern auch zur Umstellung des Stoffwechsels: Die Zuckerverwertung wird beeinträchtigt. Menschen mit chronischem Schlafdefizit entwickeln daher häufiger einen Diabetes. Sie neigen zu Übergewicht, Bluthochdruck, vermehrter Kortisolproduktion und Herzleiden. »Auch wenn kurzfristig die psychische Belastung durch Schlafentzug überwiegt, sind langfristig die körperlichen Folgen gravierender«, so Zulley. Wo die kritische Grenze zum Schlafmangel liegt, können Forscher aber nicht sagen. Von Versuchsratten weiß man, dass sie an komplettem Schlafentzug genauso schnell sterben wie bei Nahrungsentzug.

Doch auch zu viel Schlaf könnte schädlich sein. Bisher hat sich die Forschung zwar hauptsächlich mit Schlafmangel und Schlafstörungen beschäftigt. Langschläfer wurden weniger untersucht. Dabei gibt es viele Hinweise, dass zu langes Schlafen der Gesundheit schaden kann. Sterblichkeit und Anfälligkeit für Krankheiten ist bei jenen erhöht, die täglich länger als acht Stunden schlafen.[3] Daniel Kripke von der University of California in San Diego zieht sogar den Vergleich: »Mit dem Schlafen ist es wie mit der Ernährung – auch hier ist weniger mehr.«

Durch den Wandel von körperlich anstrengenden Tätigkeiten in früheren Jahrhunderten hin zum sitzenden Lebensstil heute sei der Kalorienbedarf ebenso wie das Schlafbedürfnis gesunken. Länger lebe daher, wer weniger isst – und womöglich, wer weniger schläft. Befragungen von insgesamt mehreren Millionen Testpersonen belegen die Annahme, dass ausdauernde Langschläfer sich wenig Gutes tun. Demnach ist die Sterblichkeit bei Frauen, die länger als siebeneinhalb Stunden schlafen, sogar größer als die von Frauen, die nachts nur zwischen dreieinhalb und viereinhalb Stunden in den Schlaf sinken. Von einem kausalen Zusammenhang ist Zulley aber noch nicht überzeugt: »In den Studien konnte man nicht unterscheiden, ob die Leute länger schliefen, weil sie krank waren, oder ob sie krank wurden, weil sie lange schliefen.«

Zur Erklärung gibt es verschiedene Ansätze. Einerseits steigt in den letzten Wochen und Monaten des Lebens das Schlafbedürfnis. Bei älteren Menschen könnte eine Erhöhung der Schlafdauer dafür sprechen, dass sie nicht mehr lange zu leben haben. Ein anderes Modell geht davon aus, dass Menschen nur dann regelmäßig mehr als acht Stunden im Bett bleiben, wenn ihr Schlaf öfter für längere Zeit unterbrochen wird. Dieser fragmentierte Schlaf ist ebenfalls ein Zeichen für einen schlechten Gesundheitszustand.

Das Gefühl von Abgeschlagenheit, das Langschläfer kennen, mindert zudem die allgemeine Widerstandsfähigkeit gegen Stress und Krankheiten. Wer lange in den Kissen bleibt, ist noch dazu nicht nur nicht gesünder – es gibt auch keinen Beleg dafür, dass Langschläfer bessere Laune oder mehr Lebensfreude haben als jene, die sich früh aus den Federn quälen. Im Gegenteil: Langschläfer leiden häufiger unter Stimmungsschwankungen und psychischen Krankheiten.

Schlafforscher warnen aber davor, in die andere Richtung zu übertreiben und den Schlaf drastisch zu verkürzen – womit nicht nur Napoleon und Edison kokettierten. Kurzschläfer gelten schließlich als effizient und leistungsbereit, Langschläfer als antriebsarm und weniger lebenstüchtig. Die ehemalige Talk-Lady Christiansen hatte eine ihrer Sendungen unter das Thema »Deutschland vor dem Untergang – verschlafen wir die Zukunft?« gestellt. Zu Beginn verblüffte sie mit dem Bekenntnis: »Die Deutschen schlafen zu lange. Eine Kuh beispielsweise kommt mit drei bis vier Stunden Schlaf am Tag aus. Ich auch.«

Weder Kissen noch Kuscheltier – Risiken für plötzlichen Kindstod

Die wichtigste Empfehlung lautet immer noch »Back to sleep«. Das Wortspiel, das die Begriffe »Rückenlage« und »zurück« beinhaltet, soll Eltern zeigen, wie sie das Risiko für plötzlichen Kindstod verringern können: Indem sie Kinder im ersten Lebensjahr konsequent flach auf dem Rücken schlafen lassen.

»Seit sich immer mehr Eltern daran halten, sind die Fälle von plötzlichem Kindstod stark zurückgegangen«, sagt Florian Heinen, Professor für Nervenerkrankungen am Haunerschen

Kinderspital der Universität München. Gab es 1990 in Deutschland laut Statistischem Bundesamt noch 1283 Fälle von plötzlichem Kindstod (ein Fall auf 705 Lebendgeborene), sank die Zahl nach den ersten Empfehlungen der Rückenlage zu Beginn der 1990er Jahre kontinuierlich bis auf 323 im Jahr 2005 ab (ein Fall auf 2184 Lebendgeborene). Danach hat die Zahl der Fälle international leider stagniert und ist nicht mehr wesentlich zurückgegangen.

Die Vereinigung der amerikanischen Kinderärzte stellt regelmäßig Empfehlungen vor, die helfen sollen, dass der plötzliche Kindstod noch seltener vorkommt.[4] Überraschend ist dabei, dass die Kinderärzte in den letzten Jahren den Schnuller lobten. Die Auswertung neuerer Studien hatte nämlich ergeben, dass mit dieser Art Einschlafhilfe ein Fall von plötzlichem Kindstod unter 2733 Kindern vermieden werden kann. Neu ist auch, dass kleine Kinder nicht mit den Eltern im Bett schlafen sollten. Besser ist das Bett im Elternschlafzimmer oder nebenan. Noch vor wenigen Jahren hatten Ärzte vermutet, dass der Herzschlag der Eltern das Kind beruhigen würde und das elterliche Bett daher angeraten sei.

Neben Einzelbett, Schnuller und Rückenlage wird empfohlen, kleine Kinder auf festen Matratzen und nicht auf weichem Untergrund schlafen zu lassen. Auch sonst sollten es Kinder – aus Gesundheitsgründen – möglichst ungemütlich haben, wenn sie schlafen: Schaffelle, große Schmusetiere, Kissen und andere Kuschelutensilien gehören nicht in die Betten von Kindern unter einem Jahr. Denn viele Studien haben ergeben, dass Kinder, die überraschend im Bett starben, auf dem Bauch lagen, das Gesicht in weiche Polster vergraben. Zwar ist die genaue Ursache für plötzlichen Kindstod noch immer unklar. Vermutet wird aber, dass die Kinder in der Mehrzahl der Fälle nicht genügend Luft bekamen, und nicht, dass unerkannte Infektionen oder Ersticken an Erbrochenem der Grund sind.

Das Risiko für plötzlichen Kindstod wird ebenfalls verringert, wenn die Mutter während der Schwangerschaft nicht raucht und die Eltern auch nach der Geburt nicht rauchen. Das Kinderschlafzimmer sollte nicht überhitzt sein und das Kind auch nicht zu warm »eingepackt«. Als Temperaturempfehlung gilt, dass sich ein leicht bekleideter Erwachsener in dem Raum wohl fühlen sollte.

Dass immer mehr Eltern ihre Kinder mittlerweile auf den Rücken legen, hat nicht nur die Fälle von plötzlichem Kindstod verringert. »Die motorische Entwicklung der Kinder ist durch die Rückenlage etwas verspätet«, sagt Florian Heinen. »In der Bauchlage werden die Kinder dazu animiert, mehr zu strampeln und sich früher zu bewegen.« Die leichte Entwicklungsverzögerung habe aber keine klinische Konsequenzen, sagt Heinen. Nur die Lehrbücher, in denen Zeitangaben für typische Entwicklungsschritte angegeben werden, müsse man künftig umschreiben.

Eine weitere Empfehlung der Kinderärzte könnte aus praktischen Gründen scheitern. Um eine Abflachung des Hinterkopfs in Rückenlage zu verhindern, raten Mediziner, Kinder eine Woche den Kopf nach rechts legen zu lassen, eine Woche nach links.

Obwohl sich spätestens seit 1990 die Erkenntnis weitgehend durchgesetzt hat, dass die Rückenlage der Bauchlage unbedingt vorzuziehen ist, wird die Empfehlung längst nicht immer und überall befolgt. Fachleute schätzen, dass allein in Großbritannien etwa 10000 Fälle und in Europa und den USA mehr als 50000 Fälle von plötzlichem Kindstod verhindert hätten werden können, wenn Kinder spätestens seit Beginn der 1970er Jahre konsequent auf dem Rücken zum Schlafen gelegt worden wären und dies auch von den Ärzten und in der populären Literatur propagiert worden wäre.[5]

Diese erschütternden Ergebnisse veranlassten die Herausgeber der angesehenen Fachzeitschrift *Lancet* dazu, den Umgang mit Fachartikeln zu diskutieren. Sie forderten, solche wichtigen Studienergebnisse besser zu präsentieren, und kündigten an, zukünftig für jeden Artikel, der in den von ihnen betreuten Zeitschriften erscheint, eine Zusammenfassung des bisherigen Forschungsstands einzufordern, sowie Angaben darüber, inwiefern der Artikel über den bisherigen Forschungsstand hinausgeht.[6]

Ausreichend Schlaf in der Pubertät?

Eine schlechte Nacht bereuen manche Menschen ihr Leben lang. Meist geht es dabei um die falsche Gesellschaft zur falschen Zeit. Eine schlechte Nacht kann aber auch andere unangenehme Folgen haben – und zwar für die Gesundheit. Ein Ärzteteam von der Universität Leiden hat gezeigt, dass Schlafmangel die Neigung zu Diabetes mellitus verstärken kann.[7] »Die Schlafdauer hat sich in den westlichen Gesellschaften in den vergangenen Jahren immer mehr verkürzt, und Diabetes wie auch eine erhöhte Insulinresistenz sind häufiger geworden«, sagt der leitende Forscher. »Womöglich ist es daher kein Zufall, dass die beiden Phänomene zusammenkommen.«

Die niederländischen Wissenschaftler hatten an gesunden Freiwilligen untersucht, wie sich ein Schlafdefizit auf den Zuckerhaushalt auswirkt. In der ersten Phase des Versuchs schliefen die Teilnehmer nachts die üblichen acht Stunden. In der zweiten Phase bekamen sie hingegen nur vier Stunden Schlaf. Zur Überraschung der Forscher genügte eine einzige Nacht mit Schlafmangel, um die Insulinresistenz der Betroffenen gleich um 19 bis 25 Prozent zu erhöhen.[8] Insulin ist ein Hormon aus der Bauchspeicheldrüse, das die Aufnahme des Zuckers aus dem Blut in die Zellen anregt. In der Vorphase einer Diabeteserkrankung und erst recht beim manifesten Leiden ist die Insulinresistenz erhöht. Der Glukosespiegel im Blut steigt, aber der Zucker gelangt kaum noch in die Zellen.

»Unsere Untersuchung zeigt, dass die Insulinsensitivität auch bei Gesunden offenbar nicht eindeutig festgelegt ist, sondern auch von der Schlafdauer in der vorausgegangenen Nacht abhängt«, sagt Erik Donga, der die Untersuchung geleitet hat. »Wir finden sogar die Spekulation reizvoll, dass sich die Folgen eines chronischen Schlafmangels in nur einer Nacht – zumindest teilweise – reproduzieren lassen.«

Dass sich ein gestörter und verkürzter Schlaf negativ auf den Zuckerstoffwechsel und damit auch auf eine Neigung zu Diabetes und Übergewicht auswirken kann, gilt mittlerweile als gesichert.[9] 2009 hatte Naresh Punjabi von der Johns Hopkins University in Baltimore den Zusammenhang von Schlaf, Blutzucker und Insulin beschrieben. Demnach ist der Schlaf nicht nur ein Zustand des passiven Stoffwechsels, sondern ein wichtiges Regulativ für ausgeglichene Hormonspiegel und andere physiologische Vorgänge. Im Wachzustand ist beispielsweise der Transport des Zuckers aus dem Blut in die Zellen am stärksten ausgeprägt, während des Schlafs ist er am niedrigsten.

»Etliche Hormone wie Kortisol und das Wachstumshormon weisen ebenfalls einen Tagesrhythmus auf«, sagt Felix Beuschlein, Hormonexperte an der Ludwig-Maximilians-Universität München. »Ein gestörter Schlaf kann die fein abgestimmte Regulation der verschiedenen Hormone empfindlich stören.« Kortisol und Wachstumshormon erhöhen den Blutzuckerspiegel. Im Schlaf ist die Konzentration der beiden Hormone erniedrigt, am frühen Morgen sowie zu jeder Zeit nach dem Wecken steigt sie an – und davon abhängig erhöht sich die Zuckerkonzentration im Blut und damit ebenfalls die potenzielle Diabetesneigung.

»Nach einem Transatlantikflug oder einem Nachtdienst dauert es mehrere Tage, bis sich der übliche Rhythmus der Hormone wieder eingependelt hat«, sagt Beuschlein. Der Endokrinologe hält die Ergebnisse aus den Niederlanden für plausibel, auch wenn der kausale Zusammenhang und die molekularen Mechanismen den Forschern noch unklar sind. »Der Umkehrschluss für den Zusammenhang zwischen Schlafmangel und Blutzuckeranstieg gilt allerdings keineswegs – mit einer Schlaftablette kann man keinen Diabetes heilen«, sagt Beuschlein.

Womöglich bietet ein geruhsamer und ausreichender Schlaf jedoch ein wenig Hoffnung für jene Menschen, die Probleme mit ihrer Figur haben. Verschiedene Untersuchungen haben immer wieder gezeigt, dass gesunde Freiwillige vor allem morgens mehr essen, wenn sie weniger geschlafen haben als sonst. Auch hier sind es vermutlich aus der Balance geratene Konzentrationen der Hormone, die den Appetit anregen und die Energiezufuhr steigern. Während belegt ist, dass zu wenig Schlaf dick machen kann, spricht leider wenig dafür, dass sich Fettleibige mit ausreichend Schlaf eine Diät sparen könnten – auch wenn populäre Ratgeber wie »Schlank im Schlaf« anderes suggerieren.

Gesunder Schlaf vor Mitternacht?

Die Einschätzung, dass der Schlaf vor Mitternacht der gesündeste sei, wird seit Generationen von Eltern an Kinder und Kindeskinder weitergegeben, besonders wenn sie in der Pubertät abends zu lange wegbleiben. Dabei scheint es sich aber weniger um eine medizinische Weisheit als um ein probates Mittel zu handeln, Kinder oder jugendliche Nachtschwärmer früher ins Bett zu bekommen. Womöglich rührt diese Vermutung daher, dass die ersten zwei, drei Stunden des Schlafs am tiefsten sind. Und je tiefer der Schlaf, desto größer ist gemeinhin die Erholung.

Wer früh ins Bett geht, etwa um 21 oder 22 Uhr, erlebt die Phase des erholsamsten Schlafs vor Mitternacht, und ein Abweichen von diesem Rhythmus führt zum bleiernen Gefühl am Morgen danach. Wer allerdings daran gewöhnt ist, um 1 Uhr ins Bett zu gehen, hat seine tiefste Schlafphase dann eben zwischen 1 und 3 Uhr in der Nacht. Und die ist genauso gesund wie die vor Mitternacht, wenn dies der regelmäßige Schlafrhythmus ist, auf den man sich und seinen Körper eingestellt hat.

Allerdings können sich die meisten Kinder und Jugendlichen keinen Schlafrhythmus nach Wunsch erlauben – und die meisten Erwachsenen auch nicht. Auch wenn Schlafmediziner überzeugt sind, dass es gesünder und effektiver wäre, wenn der Unterricht erst um 9 Uhr oder 9.30 Uhr beginnen würde, müssen die meisten Kinder in Deutschland schon um 8 Uhr oder noch früher antreten. Daher ist es theoretisch zwar unschädlich, einen Schlafrhythmus von 1 Uhr in der Nacht bis morgens um 9 Uhr zu pflegen – in der Praxis lässt sich das aber nicht durchhalten. Daher ist an der Aufforderung schon etwas dran: Ab morgen geht es früher ins Bett.

36 ausgeschlafene Tatsachen über richtige Ruhezeiten

1. Manche Kinder schlafen in der vierten Klasse noch jede Nacht zehn oder elf Stunden tief und fest – andere kommen mit sieben oder acht Stunden aus.

2. Zu wenig Schlaf beeinträchtigt die Entwicklung, macht alt und ruiniert die Gesundheit. Im Schlaf leistet der Körper Aufbau- und Reparaturarbeiten an Zellen und Organen. Im Tiefschlaf werden Wachstumshormone ausgeschüttet, die das Längenwachstum und die Organentwicklung anregen.

3. Das Immunsystem rüstet sich im Schlaf für neue Abwehraufgaben. Nachts steigt die Konzentration körpereigener Botenstoffe, die Entzündungen eindämmen helfen.

4. Schlaf ist notwendig und hilfreich, um die Gedächtnisinhalte des Tages zu speichern.

5. Es gab schon immer Kinder, die schlecht in den Schlaf fanden oder nachts oft wach wurden. Inzwischen gibt es Kinderärzte, die sich auf Ein- und Durchschlafstörungen spezialisiert haben, Kliniken bieten Sprechstunden an.

6. Ein regelmäßiges abendliches Ritual hilft beim Einschlafen. Feste Gewohnheiten, etwa jeden Abend ein Lied, ein Gebet oder die Spieluhr, sind untrügliche Signale für das Baby, dass es jetzt an der Zeit ist, zur Ruhe zu finden.

7. Kinder im Einteiler schlafen lassen und im Babyschlafsack. Dann frieren sie nicht so schnell, auch wenn sie viel strampeln. Und sie schlafen besser durch.

8. Verabschieden Sie sich vom Säugling abends zur Nachtruhe. Säuglinge haben noch kein Zeitgefühl, und ihr Tag-Nacht-Rhythmus bildet sich erst langsam aus.

9. Kinder schreien zu lassen führt nicht dazu, dass sie besser einschlafen. Ihr Tag-Nacht-Rhythmus ist noch nicht entwickelt, zudem reicht die Nahrung noch nicht für die ganze Nacht. Säuglinge können sich noch nicht selbst beruhigen.

10. Kindern vor dem Einschlafen Brei zu geben lässt sie weder länger noch besser schlafen. Bei gestillten Kindern dauert es länger als bei Brei- und Flaschenkindern, bis sie durchschlafen.

11. Wer das Kind ins Auto packt, wenn es nicht einschläft, tut sich nichts Gutes. Es dauert dann umso länger, bis es sich daran gewöhnt, ohne Motorengeräusche und Fahrbewegungen im eigenen Bett einzuschlafen.

12. Medikamente wie Schlaf- und Beruhigungsmittel gehören nicht ins Babybettchen.

13. Schnuller stören das Wachstum der Zähne und erhöhen die Neigung zu Mittelohrentzündung. Zudem erhöhen sie die Wahrscheinlichkeit, dass Kinder sich nicht stillen lassen.

14. Allerdings vermindern Schnuller das Risiko von Säuglingen, an plötzlichem Kindstod zu sterben.

15. Ein Fall von plötzlichem Kindstod unter 2733 Kindern kann durch einen Schnuller vermieden werden.

16. Kinder, die »schnullern«, liegen öfter auf dem Rücken, was ihr Risiko für plötzlichen Kindstod senkt.

17. Schnuller wirken sich positiv auf die Überlebenswahrscheinlichkeit der Kinder aus, auch wenn drei Viertel der Kinder den Schnuller weniger als eine Stunde pro Nacht im Mund behält.

18. Schnuller sollten nie tagsüber und frühestens nach vier Wochen verwendet werden, wenn die Kinder sich an das regelmäßige Stillen gewöhnt haben.

19. Der Schnuller wird nur zum Einschlafen empfohlen – er soll nicht eingestöpselt werden, wenn er im Schlaf aus dem Mund gefallen ist. Im Alter von einem Jahr sollte er dem Kind abgewöhnt werden. Danach ist das Risiko für plötzlichen Kindstod gesunken, Schäden durch Zahnfehlstellung und Infektionsneigung überwiegen.

20. Kinder mit Schnuller nuckeln nicht länger am Finger als Kinder ohne Nuckelhilfe. Denn die meisten Kinder gewöhnen sich nicht das Daumenlutschen an, nachdem sie einmal vom Schnuller entwöhnt sind.

21. Während der Nachtruhe wird das Gedächtnis gebildet. Tiefere Einsichten stellen sich oft erst ein, wenn man geschlafen hat. Durch den Schlaf gewinnen wir eine neue Sicht auf Probleme. Das führt zu schnelleren Lösungen.

22. Im Tiefschlaf wird die Kopie des Erfahrenen oder Erlernten im Langzeitgedächtnis verankert. Wird der Schlaf verkürzt, leidet das Gedächtnis. Deshalb macht Schlafmangel müde und dumm.

23. Wird der Schlaf Jugendlicher von vier auf acht Stunden gesteigert, verbessert sich ihr Gedächtnis kontinuierlich. Lernt man am Tag vor einer Prüfung lange, um sich viel einzuprägen, ist es wichtig, genug zu schlafen, damit man am nächsten Tag alles abrufen kann.

24. Zu wenig Schlaf führt zur Umstellung des Stoffwechsels: Die Zuckerverwertung wird beeinträchtigt. Menschen mit chronischem Schlafdefizit entwickeln öfter Diabetes. Sie neigen zu Übergewicht, Bluthochdruck und Herzleiden.

25. Auch zu viel Schlaf kann schädlich sein. Sterblichkeit und Anfälligkeit für Krankheiten sind bei jenen erhöht, die täglich länger als acht Stunden schlafen.

26. Wer lange in den Kissen bleibt, ist nicht nur nicht gesünder – es gibt auch keinen Beleg dafür, dass Langschläfer bessere Laune oder mehr Lebensfreude haben als jene, die sich früh aus den Federn quälen.

27. Eltern können das Risiko für plötzlichen Kindstod verringern, indem sie Kinder im ersten Lebensjahr konsequent flach auf dem Rücken schlafen lassen.

28. Kleine Kinder sollten nicht mit den Eltern im Bett schlafen. Besser ist das Bett im Elternschlafzimmer oder nebenan.

29. Kleine Kinder sollten auf festen Matratzen und nicht auf weichem Untergrund schlafen. Schaffelle, Schmusetiere, Kissen und Kuschelutensilien gehören nicht in Betten von Kindern unter einem Jahr. Viele Kinder, die plötzlich im Bett starben, lagen auf dem Bauch, das Gesicht in weiche Polster vergraben.

30. Das Kinderschlafzimmer sollte nicht überhitzt sein und das Kind nicht zu warm »eingepackt«. Als Temperaturempfehlung gilt, dass sich ein leicht bekleideter Erwachsener in dem Raum wohl fühlen sollte.

31. Um eine Abflachung des Hinterkopfs in Rückenlage zu verhindern, raten Mediziner, Kinder eine Woche den Kopf nach rechts legen zu lassen, eine Woche nach links.

32. Gesunde essen morgens mehr, wenn sie weniger geschlafen haben als sonst. Eine aus der Balance geratene Konzentration der Hormone regt den Appetit an. Zwar kann zu wenig Schlaf dick machen, aber es stimmt nicht, dass Fettleibige mit ausreichend Schlaf eine Diät sparen könnten.

33. Die ersten zwei, drei Stunden des Schlafs sind am tiefsten. Und je tiefer der Schlaf, desto größer ist die Erholung.

34. Wer früh ins Bett geht, erlebt die Phase des erholsamsten Schlafs vor Mitternacht, und ein Abweichen von diesem Rhythmus führt zum bleiernen Gefühl am Morgen.

35. Wer daran gewöhnt ist, um 1 Uhr ins Bett zu gehen, hat seine tiefste Schlafphase zwischen 1 und 3 Uhr nachts. Die ist genauso gesund wie die vor Mitternacht, wenn dies der Schlafrhythmus ist, auf den sich der Körper eingestellt hat.

36. Schlafmediziner wissen, dass es gesünder und effektiver wäre, wenn der Unterricht erst um 9 Uhr beginnen würde. Die meisten Kinder in Deutschland müssen um 8 Uhr oder früher antreten. Daher ist es zwar unschädlich, von 1 Uhr in der Nacht bis morgens um 9 Uhr zu schlafen – in der Praxis lässt sich das aber nicht durchhalten.

Schreien und schreien lassen

Die erste Lautäußerung eines Kindes, das auf die Welt kommt, ist ein gellender Schrei. Schreit ein Kind direkt nach der Geburt nicht, sind die Hebamme und andere Geburtshelfer beunruhigt und die Eltern gleich in großer Sorge. Während alle Beteiligten zufrieden sind, wenn das Kind mit einem kräftigen Schrei auf die Welt kommt, kehrt sich das Verhältnis bald darauf wieder um: Schreien Kinder in ihren ersten Lebenstagen und -wochen laut und häufig, zehrt das nicht nur an den Nerven der Eltern, sie sind dann auch besorgt, ob mit ihnen alles in Ordnung ist. Doch für die meisten Schreiattacken in den ersten Lebensmonaten lässt sich gar kein medizinischer Grund finden. Sie sind harmlos und bedürfen keiner ärztlichen Abklärung. In den ersten Wochen ist es vielmehr normal, dass Kinder schreien, schließlich ist das Leben außerhalb des Mutterleibs noch völlig neu und fremd für sie, und sie müssen sich erst daran gewöhnen.

Die Schreiattacken der Kinder häufen sich besonders am Nachmittag und am frühen Abend. Viele Eltern sind dann der Verzweiflung nahe. Sie fürchten, etwas falsch gemacht zu haben, und sind verunsichert. Manche Frauen stillen dann entgegen ihrem ursprünglichen Wunsch bereits ab oder stellen anderweitig die Ernährung des Babys um. Sie wechseln die Schlafumgebung für das Kind, vertrauen allerlei seltsamen Hausrezepten oder rennen von Arzt zu Arzt. Viele Kliniken haben inzwischen Schreiambulanzen oder spezielle Sprechstunden eingerichtet. In den allermeisten Fällen steckt aber keine medizinische Ursache dahinter. Und zum Trost der Eltern gibt sich die Schreierei nach drei oder vier Monaten zwar nicht vollständig; sie wird aber zumindest deutlich weniger.

Auf der Suche nach der Ursache

Eltern wollen wissen, warum ihr Kind schreit. Das lässt sich allerdings längst nicht immer herausfinden, häufig weinen Säuglinge ohne ersichtlichen Grund. Und ohne dass Ärzte es erklären könnten, nimmt die Dauer, die Kinder täglich schreien, in den Wochen nach der Geburt sogar kontinuierlich zu. Sind es in den ersten Lebenstagen zwischen einer halben Stunde und zwei Stunden am Tag, die Kinder schreien, liegt die Dauer des täglichen Geschreis in der sechsten und siebten Lebenswoche sogar zwischen eineinhalb und drei Stunden. Danach schreien die Kinder wieder weniger, mit zwölf bis 14 Wochen sind es aber immer noch zwischen einer halben und einer Stunde am Tag. Für etwa 95 Prozent aller Kinder erfasst die genannte Zeitspanne die Dauer, die sie täglich schreien. Bei den übrigen Kindern ist es entweder etwas weniger – oder sie schreien zum Leidwesen der Eltern sogar noch mehr.

Bei Frühgeborenen ist die Phase des intensivsten Geschreis übrigens nach hinten verschoben. Sie errechnet sich nämlich nicht nach dem tatsächlichen Geburtstermin, sondern nach dem erwarteten Termin der Entbindung. Während also Kinder, die um ihren errechneten Geburtstag zur Welt kommen, in der sechsten und siebten Lebenswoche am meisten schreien, wird sich diese Phase bei einem acht Wochen zu früh geborenen Kind bis in die 14. oder 15. Lebenswoche verlagern.

Viele Eigenheiten der Neugeborenen und ihre noch ungewohnten Lebensumstände können dazu beitragen, dass sie häufig schreien. Hunger ist ein naheliegender Grund – und der stellt sich beim Säugling alle zwei bis vier Stunden ein. Je nachdem, wie ausführlich die vorherige Mahlzeit ausfiel, kommt der Hunger früher oder später wieder. Je älter die Kinder werden, desto größer werden die Abstände, in denen sie erneut Essen brauchen.

Natürlich schreien Kinder, wenn sie über Schmerzen klagen. Allerdings sind Säuglinge noch nicht so schmerzempfindlich wie ältere Kleinkinder. Ihre Reaktion auf Schmerzen erfolgt verlangsamt. Das heißt aber nicht, dass sie unempfindlich sind gegen Schmerzen, wie es in alten Vorurteilen vermutet wurde. Stuhlgang und Wasserlassen bereiten Kleinkindern ebenfalls einen Moment des Unbehagens, der sich in Weinen und Schreien äußern kann. Direkt danach folgt aber ein wohliges Gefühl der Befriedigung, das sich in einem zufriedenen Gesichtsausdruck zeigt.

Die volle Windel stört einige Kinder immens, anderen ist sie hingegen nahezu egal. Die Eltern sollten auch hier ihren Erfahrungen vertrauen und nicht jedes Mal, wenn das Kind schreit und sich beschwert, sofort die Windel wechseln. Durch das umständliche Ausziehen und den Windelwechsel wird es nämlich erst recht unruhig und belästigt.

Nach einem ereignisreichen Tag sind Kinder oft übermüdet und schreien. Sie haben noch nicht die Fähigkeit, sich selbst zu beruhigen und in den Schlaf zu finden. Sie würden gerne zur Ruhe kommen, schaffen es aber noch nicht allein. Das Gleiche gilt, wenn Kinder tagsüber zahlreichen neuen Reizen ausgesetzt sind. Diese Form der Überanstrengung und Überreizung kommt häufig vor – denn am Anfang ist ja fast jede Erfahrung für den Säugling neu. Ihn dann mit allerlei Kinderspielzeug, Spieluhren und bimmelnden Stofftieren abzulenken, damit er einschläft, führt selten zur Ruhe. Besser ist es stattdessen, das Kind mit ruhigen Worten und sanften Bewegungen in den Schlaf zu bringen.

Manche Kinder schreien auch aus Langeweile. Sie haben es ja noch nicht gelernt, sich mit sich selbst zu beschäftigen. Sie wollen zur Beruhigung ein bekanntes Gesicht sehen, den vertrauten Geruch und die Nähe der Eltern spüren. Passiert das nicht, schreien sie. Der umgekehrte Fall kann natürlich auch ein

Grund dafür sein, dass Säuglinge schreien: Wenn ihnen ein unbekannter, fremder Mensch gegenübertritt und sie die Umgebung, den womöglich anderen Geruch und die Stimme noch nicht kennen. Ähnliches gilt für unbekannte Geräusche und die Intensität des Lichts, die sie womöglich nicht gewohnt sind.

Das Schmerzempfinden von Föten, Neugeborenen und Kleinkindern

Zieht das Ungeborene im letzten Drittel der Schwangerschaft nicht die Knie, den Po und die Ellenbogen ein – oder womit es sonst den Bauch der Schwangeren von innen ausbeult? Wann immer der Druck durch die Bauchdecke erwidert und zurückgekniffen wird, scheint das Kind darauf zu reagieren. Doch niemand weiß genau, was Föten und Neugeborene tatsächlich empfinden.

Wenig ist über die Wahrnehmung Ungeborener im Mutterleib bekannt. Aristoteles hat der vorgeburtlichen Entwicklung des Menschen drei Phasen zugeordnet: Im ersten Stadium habe die Leibesfrucht die Seelenverfassung einer Pflanze, im zweiten die eines Tieres, erst im dritten erlange sie die spezifisch menschliche – geistige – Seelenverfassung. Seitdem streiten Gläubige und Gelehrte darüber, wann das Gehirn zu welchen Leistungen fähig ist.

Es gibt zahlreiche Erkenntnisse über die Entwicklung des Nervensystems vor der Geburt. Kinderärzte, Anästhesisten und Neurowissenschaftler der University of California sind nach der Auswertung Hunderter Studien und Versuche zu dem Fazit gekommen: Föten können vermutlich bis zur 29. Schwangerschaftswoche noch keinen Schmerz empfinden, die entsprechende Wahrnehmung setzt demnach erst im letzten Drittel der Schwangerschaft ein.[10]

Die Ärzte aus Kalifornien führen zahlreiche Indizien an, die für eine weitgehende Gefühllosigkeit bis zur 29. Woche sprechen: Damit Schmerz wahrgenommen werden kann, brauche es Bewusstsein. Für die bewusste Wahrnehmung von Schmerz entscheidend ist eine Kontroll- und Filterstelle für Reize im Mittelhirn: der Thalamus. Hier werden im Gehirn ankommende Stimuli bearbeitet und – nach Prüfung – zur Großhirnrinde geleitet und dort registriert.

Anatomisch bilden sich Verbindungen zwischen Thalamus und Großhirnrinde ab der 23. Schwangerschaftswoche. Ableitungen der Hirnströme von Frühgeburten in der 24. und 27. Woche zeigen jedoch, dass diese Nervenbahnen noch nicht richtig funktionieren und erst ab der 29. Woche zu synchronen Erregungsmustern fähig sind. Aus diesen EEG-Befunden folgern die Mediziner, dass der Schmerz vorher noch nicht bis zum Großhirn und damit ins Bewusstsein gelangt, auch wenn andere Hirnforscher der Meinung sind, dass ab der 22. Schwangerschaftswoche Schmerzreize bis zum Gehirn vordringen.[11]

Auch die fötalen Reaktionen während der Schwangerschaft sprechen nicht unbedingt für ein bewusstes Schmerzempfinden. Denn Reflexe funktionieren unbewusst: Eine sensible Nervenendung leitet den Reiz zum Rückenmark weiter. Dort wird der Impuls an einen motorischen Nerv weitergegeben, der bewirkt, dass sich der gepiesackte Muskel zusammenzieht und die Gliedmaße zurückweicht. Zudem sind bei Föten vor der 29. Woche nur geringe Veränderungen der Stresshormone im Blut und eine erhöhte Toleranzschwelle für Schmerzreize zu beobachten.

Bis Ende der 1980er Jahre dachten Ärzte und Wissenschaftler sogar, dass Neugeborene noch keine Schmerzen empfinden können. Viele Kleinkinder und Säuglinge haben daher etliche peinigende Prozeduren in Kliniken über sich ergehen lassen müssen. Erst genauere Untersuchungen der Nervenbahnen und der körpereigenen Stressreaktionen haben Mediziner vom Gegenteil überzeugt.

Allerdings sagt der Gesichtsausdruck wenig darüber aus, wie intensiv der Schmerz ist, den die Neugeborenen empfinden, auch wenn in Kliniken die Mimik oft als Kriterium für das Ausmaß der Schmerzen herangezogen wird. Offenbar sind die Bewegungen der Augen und der Augenbrauen ähnlich ausgeprägt, unabhängig davon, wie stark der Schmerz ist. Der Mund ist hingegen weiter geöffnet, wenn die Schmerzen stärker sind.[12]

Inzwischen sind sich Ärzte einig, dass Neugeborene und Kleinkinder mit schmerzstillenden und lokal betäubenden Mitteln behandelt werden sollten, auch wenn es sich nur um kleinere, aber häufige Injektionen handelt. Massage und Körperkontakt können das Schmerzempfinden lindern. Sind Kinder in ihren ersten Lebenstagen häufig Schmerzreizen ausgesetzt, können sie dauerhaft eine erhöhte Stressreaktion zeigen. Wie sich die Schmerzen der Kinder stärker äußern – ob in ihrem Verhalten oder eher durch Messungen von Stresshormonen und anderen Faktoren –, ist allerdings noch umstritten.[13]

Dreimonatskoliken und andere Bauchschmerzen

Wenn Kinder im Alter von drei oder vier Monaten häufig schreien und sich vor Schmerzen winden, ist für viele Eltern und Ärzte die Diagnose klar: Das müssen diese Dreimonatskoliken sein. Damit ist das Problem benannt – aber noch nicht erklärt. Denn bisher ist Ärzten noch kein Mechanismus bekannt, der verständlich machen könnte, warum so viele Kinder in diesem Alter Bauchschmerzen zu bekommen scheinen. Weder stellt sich in dieser Zeit die Verdauung entscheidend um, noch gibt es Magensäfte, Enzyme oder andere Bestandteile des Magen-Darm-

Trakts, die noch nicht ausgereift sind und daher Beschwerden verursachen.

Bei Kindern, die mit drei Monaten oft und intensiv schreien, ist meistens der Bauch gebläht. Kein Wunder, dass sie schreien, wenn der Bauch so angespannt ist, lautet dann die populäre Erklärung. Hier werden allerdings vermutlich Ursache und Wirkung verwechselt: Weil sie viel schreien und dabei immer wieder Luft schlucken, bläht sich der Kinderbauch und schreit nach Entlastung – und nicht umgekehrt.

Wenn der Bauch immer wieder weh tut

Kinder merken oft als Erstes in der Magengegend, wenn es ihnen nicht gutgeht – auch wenn sie kurz darauf an einer Erkältung, einem Harnwegsinfekt oder an einer Mittelohrentzündung leiden.[14] Angst und Ärger spüren Kinder häufig ebenfalls im Bauch. Bis zu 20 Prozent aller Kinder tut der Bauch weh, ohne dass sich eine Ursache finden lässt. Bis zum Ende der Grundschulzeit fangen die meisten Beschwerden diffus im Bauch an, erst danach sind die Beschwerden spezifischer für die einzelnen Organe.

Zu erkennen, ob sich die Beschwerden gleich wieder legen oder ob ein Arzt aufgesucht werden muss, ist nicht immer einfach. Eltern kennen ihre Kinder am besten und haben meist ein – genau: Bauchgefühl, ob es sich gerade um eine Unpässlichkeit handelt oder tatsächlich Schlimmeres dahintersteckt. Bei Kopfschmerzen gilt, dass es ein bedrohliches Zeichen ist, wenn sie immer stärker werden, wenn Sehstörungen, Übelkeit oder Schwindel neu hinzukommen. Bei den meisten anderen Beschwerden ist ebenfalls die Entwicklung entscheidend.

Bauchschmerzen können einen ganz unterschiedlichen Verlauf nehmen. Bei einem verdorbenen Magen oder einem Magen-Darm-Infekt nehmen die Beschwerden auch zu, und zwar meist so lange, bis sich der Inhalt aus einer Körperöffnung entleert. Das kann sich zwar über Stunden bis zu wenigen Tagen hinziehen, doch meistens werden die Beschwerden nicht schlimmer, sondern langsam besser, und das Ganze ist und bleibt harmlos, wenn der Flüssigkeitsverlust nicht zu groß wird.

In der Medizin gibt es zudem die banal klingende Faustregel, wonach Häufiges häufig und Seltenes selten ist. Das heißt, dass man als Eltern zunächst einen banalen Infekt, eine Magenverstimmung und ein leichtes Schädelbrummen vermuten sollte, wenn Kinder über Schmerzen klagen, und nicht die exotischen Leiden, die man womöglich bei einer panischen Internetrecherche entdeckt hat. Sind die Kinder allerdings apathisch und ihre Beschwerden verschlimmern sich, ist es höchste Zeit, einen Arzt aufzusuchen.

Magen-Darm-Experten haben übrigens gezeigt, wie sich Kinder mit Hilfe ihrer eigenen Vorstellungskraft von lästigen Bauchschmerzen befreien können, wenn keine ernstere Ursache dahintersteckt.[15] Sie wurden mit Hilfe einer von Ärzten entwickelten CD dazu angeregt, an entspannende, angenehme Bilder zu denken. Mit Phantasie können Kinder ihr Bauchweh selbst lindern.

Die Kinder waren zwischen sechs und 15 Jahre alt und litten immer wieder an Bauchschmerzen unklarer Ursache. Die Hälfte von ihnen nahm an einem achtwöchigen Kurs teil, in denen sie sich beispielsweise vorstellen sollten, auf einer Wolke zu schweben und sich zu entspannen. In einer anderen Sitzung stellten sich die Kinder ein warmes, leuchtendes Objekt vor, das in ihrer Hand schmelzen würde. Anschließend legten sie sich die Hand auf den Bauch, der auf diese Weise vor Schmerzen und anderen Störungen geschützt sein sollte.

Den Kindern machte es Spaß, mit Hilfe der CD ihr Bauchweh zu kurieren. Nach eigenen Angaben verminderten sich bei

73 Prozent der Teilnehmer die Schmerzen um die Hälfte. In der Gruppe, die medikamentös behandelt wurde, berichteten nur 27 Prozent der Kinder von einer Linderung. Lernten auch jene Kinder ihre Vorstellungskraft gegen Bauchweh einzusetzen, erlebten 58 Prozent eine Besserung ihrer Symptome.

Ein halbes Jahr nach Ende des Trainings ging es zwei Drittel der Kinder immer noch besser. »Das Spannende an unserer Studie ist, dass die Kinder selbst dazu beitragen können, weniger Bauchweh zu haben«, sagt die Leiterin. »Die Methode hilft besser als die konventionelle Behandlung und ist zudem sehr kostengünstig.« Entspannungsübungen wie Autogenes Training und Hypnose bedienen sich ähnlicher Techniken. »Wir müssen mehr darüber wissen«, sagt der britische Magen-Darm-Experte David Candy, der Kinder erfolgreich mit Hypnose behandelt hat. »Das Problem Bauchschmerzen ist schließlich sehr häufig, und viele Kinder können deshalb nicht in die Schule gehen.«

Was tun, wenn das Kind schreit?

Nicht jeder Säugling, der schreit, hat Hunger. Beim ersten Laut gleich die Brust zum Stillen oder eine Flasche mit Brei herauszuholen hilft daher meistens nicht weiter. Die Eltern spüren schnell, dass das Kind dann nur ein paar Schlucke trinkt, weil ihm etwas angeboten wird, aber nicht, weil es Hunger hat.

Kinder schreien weniger, wenn sie tagsüber immer wieder getragen werden und wenn sich die Eltern viel mit ihnen beschäftigen und spielen, wenn sie wach sind. Es hilft den Kindern beim Einschlafen, und sie beruhigen sich schneller, wenn sie dann ebenfalls hochgenommen und getragen werden. Die elterliche Hand auf dem Bauch beruhigt viele Kinder. Den Säugling bäuchlings auf dem Unterarm zu tragen und leicht zu schaukeln, kann daher für viele Babys eine Position sein, in der sie aufhören zu schreien und bald einschlafen. Sie an den Armen oder den Beinen zu halten, wenn sie im Bett liegen, und dabei ein Lied zu singen, ist für Kinder ebenfalls ein beliebtes Beruhigungsritual. Manche Kinder mögen es zudem, wenn sie zur Beruhigung den Finger der Eltern zum Saugen bekommen oder ihnen ein Schnuller gegeben wird.

Wenn Eltern ein schreiendes Kind beruhigen wollen, sollten sie leise, aber zugewandt mit ihm sprechen und es dabei ansehen. Feste Tagesabläufe mit regelmäßigen Rhythmen von Essen, Wachen und Schlafen und feste Rituale vor dem Einschlafen tragen zudem dazu bei, dass Kinder weniger schreien.

Alle diese Hinweise sind allgemeine Empfehlungen, die etlichen Kindern helfen und geholfen haben und mit denen Paare gute Erfahrungen gemacht haben. Eltern kennen ihre eigenen Kinder jedoch am besten und wissen daher mit der Zeit selbst, was für ihr Kind die optimale Methode ist, um es zu beruhigen, so dass aus dem eben noch empörten Schreien ein seliges Lächeln wird.

18 schmerzhafte Tatsachen zum Empfinden von Kindern

1. Für die meisten Schreiattacken in den ersten Lebensmonaten gibt es keinen medizinischen Grund. Sie sind harmlos, aber lästig.

2. Schreiattacken der Kinder häufen sich am Nachmittag und am frühen Abend.

3. Kinder schreien am meisten in der sechsten und siebten Lebenswoche – und zwar zwischen eineinhalb und drei Stunden. Nach drei, vier Monaten wird es weniger.

4. Bei Frühgeborenen ist die Phase des intensiven Geschreis nach hinten verschoben. Sie errechnet sich nicht nach dem Geburtstermin, sondern nach dem erwarteten Termin der Entbindung – plus sechs oder sieben Wochen.

5. Hunger ist ein Grund für Geschrei. Je nachdem, wie ausführlich die letzte Mahlzeit ausfiel, kommt der Hunger beim Säugling nach zwei bis vier Stunden wieder.

6. Stuhlgang und Wasserlassen können Schmerzen bereiten, die volle Windel ebenfalls.

7. Babys schreien, wenn sie übermüdet und überreizt sind, sie können sich noch nicht selbst beruhigen.

8. Laute Spieluhren und bimmelnde Stofftiere eignen sich nicht so gut zum Einschlafen wie ruhige Worte und sanfte Bewegungen.

9. Manche Kinder schreien aus Langeweile – oder wenn ihnen ein Mensch oder die Umgebung fremd ist.

10. Föten können vermutlich bis zur 29. Schwangerschaftswoche keinen Schmerz empfinden, die Wahrnehmung setzt im letzten Drittel der Schwangerschaft ein.

11. Bis Ende der 80er Jahre dachten Ärzte, dass Neugeborene keine Schmerzen empfinden. Das ist falsch, sie sind sehr wohl schmerzempfindlich, wenn auch ihr Gesichtsausdruck wenig darüber verrät, wie intensiv der Schmerz ist.

12. Der Grund von Dreimonatskoliken ist unklar. Weil sie viel schreien und Luft schlucken, bläht sich der Bauch von Kindern – und nicht umgekehrt.

13. Kinder merken bis zum Alter von acht, neun Jahren oft zuerst in der Magengegend, wenn es ihnen nicht gutgeht. Angst und Ärger spüren Kinder auch im Bauch.

14. Kinder können sich mit ihrer eigenen Vorstellungskraft von Bauchschmerzen befreien, wenn keine ernstere Ursache dahintersteckt.

15. Nicht jeder Säugling, der schreit, hat Hunger. Beim ersten Laut gleich die Brust oder eine Flasche Brei zu geben hilft daher meist nicht weiter.

16. Kinder schreien weniger, wenn sie viel getragen werden und sich die Eltern mit ihnen beschäftigen.

17. Die Hand auf dem Bauch beruhigt. Im Arm wiegen ebenfalls. Sie an Armen oder Beinen zu halten und dabei ein Lied zu singen ist ein gutes Beruhigungsritual. Manche Kinder mögen zur Beruhigung den Finger der Eltern oder einen Schnuller.

18. Leise, aber zugewandt mit dem Kind sprechen und es ansehen. Feste Tagesabläufe mit regelmäßigen Rhythmen von Essen, Wachen und Schlafen und feste Rituale vor dem Einschlafen tragen dazu bei, dass Kinder weniger schreien.

V. BEWEGEN LERNEN, BEWEGEN LASSEN

Haltung bewahren

Kinder sind unterschiedlich. Das gilt zwar auch für Erwachsene, doch bei Kindern bereitet es vielen Erwachsenen Kopfzerbrechen. Sofort befürchten Eltern bleibende Defizite und Nachteile, wenn der eigene Nachwuchs sich Zeit damit lässt, laufen zu lernen, sprechen zu lernen oder das erste Mal auf einem Fahrrad sitzen zu bleiben.

Natürlich ist es manchmal ein Konkurrenzkampf zwischen Eltern, wenn sie triumphal verkünden: »Meiner robbt schon«, während der Gleichaltrige der Nachbarn sich noch gar nicht fortbewegen will. Der Blick auf die Entwicklungstabellen und die große zeitliche Spannbreite, die daran deutlich wird, mag viele Eltern jedoch entspannen.

So läuft ein kleiner Teil der Kinder bereits mit zehn Monaten, andere beginnen erst mit 18 Monaten damit (im Mittel sind die Kinder zwischen zwölf und 14 Monate alt, wenn sie damit beginnen). Rad fahren lernen manche Kinder schon mit drei Jahren, andere können es erst mit sechs. Kinder, die sich hier später entwickeln, können trotzdem noch zum Leichtathleten oder Radrennfahrer werden. Schließlich zeigen sich nicht nur die motorischen Fähigkeiten in einem unterschiedlichen Alter, auch der Bewegungsdrang variiert von Kind zu Kind stark – und außerdem hat nicht jedes Kind im gleichen Alter die Bereitschaft, sich auf neue Schritte einzulassen und sie zu wagen.

Im Vorschul- und Schulalter der Kinder gibt es ebenfalls viele Vorurteile, wie sie sich zu halten und zu bewegen haben – was ihnen und ihrer Motorik guttut und was nicht. Einige davon werden auf den folgenden Seiten behandelt.

Gesundes Lümmeln

Das Liegen wurde über Jahrhunderte reglementiert und diszipliniert. Besonders für Kinder und Jugendliche gab es strenge Empfehlungen. Mal galt es als ausgemacht, dass es gesünder war, auf dem Rücken zu ruhen, dann wurde die Seite favorisiert oder der Bauch. Die Hände sollten bitte schön auf der Decke liegen, damit die Kinder sich nicht selbst berührten.

Die meisten dieser Versuche waren allerdings vergeblich und zumeist auch widersinnig bis absurd. So hat sich beispielsweise die Hypothese des Anatomen Andreas Vesalius, Leibarzt von Karl V., trotz einer gewissen Popularität nicht bewahrheitet, wonach die Deutschen angeblich deshalb so einen platten Hinterkopf hätten, weil die Kinder im strengen Germanien in den ersten Monaten strikt auf dem Rücken schlafen müssten. Der angeblich besonders lange Kopf der Belgier resultierte hingegen Vesalius zufolge daraus, dass der Nachwuchs dort hauptsächlich auf der Seite gelagert werde. Auch diese Annahme konnte bisher nicht wissenschaftlich bestätigt werden.

Frühere Streck- und Richtverfahren, die oftmals an Folterinstrumente erinnern, dienten allenfalls der Disziplinierung einer ungezogenen Jugend und sollten deren sittliche Verwahrlosung verhindern. Besonders der Leipziger Arzt Daniel Gottlob Moritz Schreber (1808–1861) hat sich hier hervorgetan und seine wie auch viele Kinder nachfolgender Generationen mit den von ihm ersonnenen »Geradhaltern« und »Kinnbändern« traktiert, die Kindern eine unnatürliche kerzengerade, stramme Haltung aufzwangen und eher zur militärischen Abrichtung denn zur Erziehung eines Kindes dienten.

Inzwischen wissen Ärzte jedoch: Die optimale Sitzhaltung in Schule wie Büro ist weder aus orthopädischen Gründen noch zur Schmerzvermeidung das aufrechte Sitzen mit stramm durchgedrücktem Rücken, wie es Lehrer womöglich verzückt, die eher in die »Feuerzangenbowle« passen würden als in die heutige Zeit. Eine völlig aufrechte Sitzposition belastet die Wirbelsäule sogar stärker als Körperhaltungen, bei denen der Oberkörper weiter zurückgeneigt wird. Vielmehr ist das halb sitzende, halb liegende Herumlümmeln die gesündeste Position, auch wenn sie jeder besorgten Mutter den Ausruf: »Setz dich mal anständig hin«, entlocken würde.

Der kanadische Radiologe Amir Bashir hat diese Erkenntnisse während der Jahrestagung der nordamerikanischen Radiologen vorgestellt. Demnach ist eine Haltung im Winkel von 135 Grad zwischen Oberkörper und Oberschenkeln – und damit eine Position zwischen Sitzen und Liegen – die beste Lage, um Rückenleiden vorzubeugen. Dadurch werden die Muskulatur wie auch die Bandscheiben entspannt, und man hat gute Aussichten, möglichst lange ohne Hexenschuss oder andere Pein im Kreuz den Alltag zu bewältigen.

Gefährliches Vorbeugen – Babys droht Atemnot im Kindersitz

Die Babys waren bereits blau angelaufen und schlaff in sich zusammengesackt. Einige schienen schon nicht mehr zu atmen. Die Eltern kamen gerade noch rechtzeitig zurück, zwei der Kinder mussten sogar per Mund-zu-Mund-Beatmung gerettet werden. Vier Kinder waren mehrere Stunden lang schlaff und nicht ansprechbar. Außer ihrem lebensbedrohlichen Zustand hatten die Säuglinge gemeinsam, dass sie in Kinderautositzen eingeschlafen und eine Weile unbeobachtet geblieben waren. Ein Team von neuseeländischen Kinderärzten um Shirley Tonkin hat die Fälle untersucht und die gebeugte Kopfhaltung der Kinder in den Sitzen als Ursache für die dramatische Atemnot identifiziert. Die Mediziner aus Auckland haben versucht, die

Zwischenfälle nachzustellen, um die Gefahr zukünftig zu vermeiden.[1]

»Kindersitze im Auto sind lebenswichtig, um vor schweren Verletzungen zu schützen«, sagt Tonkin. »Allerdings kann die gebeugte Haltung in den Sitzen im Schlaf auch gefährlich werden.« Tonkin ist Mitglied einer Arbeitsgruppe, die den Hintergründen von plötzlichem Kindstod nachgeht. Von 43 Kindern, die sie untersuchte, nachdem sie eine lebensbedrohliche Situatione überlebt hatten, waren neun zuvor in ihrem Autositz eingeschlafen und ohne Aufsicht geblieben.

Um die Ereignisse zu rekonstruieren, ließen die Mediziner die Kinder in ihren gewohnten Kindersitzen schlafen. Der Sitz entsprach der Größe der Kinder, und die Kinder waren in dem Sitz auch richtig angeschnallt. Sofort nach dem Einschlafen sackte ihr Kopf allerdings nach vorne, und der Unterkiefer presste sich auf den Brustkorb. »Durch diesen Druck wird die Einatmung erheblich behindert, zusätzlich verengen sich durch die gekrümmte Haltung die Atemwege im Rachen«, schreiben die Autoren.

Die betroffenen Kinder waren allesamt jünger als sechs Monate. In diesem Alter funktioniert die Kopfkontrolle noch nicht richtig, das ist erst mit ungefähr einem Jahr der Fall. Der verhältnismäßig große Hinterkopf der Babys führt zudem dazu, dass ihr Kopf schnell nach vorne sackt. Diese Sitzhaltung engt die Atemwege der Kinder bereits stark ein. Zudem erschlaffen im Schlaf die Rachenmuskeln, wodurch die Luftzufuhr weiter eingeschränkt wird.

Die wichtigste Empfehlung für Eltern besteht darin, schlafende Kinder nicht unbeaufsichtigt in ihrem Sitz zurückzulassen (was im Sommer schon auf Grund der Gefahr durch Überhitzung sehr gefährlich ist). Dies bezieht sich aber nicht nur auf die Situation im Auto – viele Eltern tragen ihr Kleinkind im Sitz in die Wohnung und lassen es dort weiterschlafen. Kindersitze, die mehr Platz für den Hinterkopf lassen, können verhindern, dass der Kopf nach vorne sackt. Zudem ist es wichtig, dass die Position der Kindersitze nicht zu aufrecht und nicht zu gebeugt eingestellt ist, damit das Zusammensacken verhindert wird.

Geschüttelt und gekrümmt – Kinder im Fahrradanhänger

Für den Freiburger Stil- und Gastrokritiker Wolfgang Abel sind sie sowieso eine Plage, jene »RTL-farbenen Fahrrad-Rikschas, in denen Mütter ihren Nachwuchs mit überlegenem Bewusstsein in Auspuffhöhe durch die Stadt kutschieren«. Für viele Eltern sind die quietschbunten Fahrradanhänger hingegen ein bequemes und ökologisch korrektes Mittel, um Kinder, die kaum laufen können, ohne Auto zu transportieren. Doch womöglich ist der Freiluftverkehr im Anhänger für die Kinder mit einigen gesundheitlichen Risiken verbunden. Der Bewegungswissenschaftler Jürgen Freiwald von der Bergischen Universität Wuppertal hat jedenfalls festgestellt, dass bei rasanter Fahrt starke Erschütterungen auf die Kinder einwirken können.

Die Idee zu seiner Untersuchung kam Freiwald beim Joggen: »Ich lief im Wald hinter einem Fahrradanhänger her, der ständig über die Wurzeln holperte, und dachte: Was passiert wohl mit den Kindern darin?« Freiwald hat daraufhin einen Anhänger der gehobenen Preiskategorie auf unterschiedlichen Belägen und bei unterschiedlichen Geschwindigkeiten getestet. Auf alten Pflastersteinstraßen wurde bei 15 Kilometern pro Stunde der Spitzenwert einer zehnfachen Erdbeschleunigung auf dem Anhängersitz gemessen – Physiker sprechen von zehn g. Das bedeutet, dass auf die Wirbelsäule eines 20 Kilogramm schweren Kindes immerhin 200 Kilogramm einwirken würden.

Das Team um Freiwald testete auf Asphalt, auf Pflaster,

Beton, Schotter und Feldwegen bei Geschwindigkeiten zwischen zehn und 20 Kilometern pro Stunde. Bei der Mehrzahl der Testfahrten wurden Schwerkräfte gemessen, die wenigstens drei oder vier g betrugen. Zum Vergleich: Ein Formel-1-Fahrer muss in der Kurve fünf und beim Bremsen sieben g aushalten; ein Jagdflieger kommt auf zwölf g. »Diese Kräfte wirken aber längerfristig ein, im Fahrradanhänger handelt es sich um kurzfristige Spitzen«, sagt Freiwald.

»Über die Folgen für die Kinder kann man nur spekulieren«, sagt Florian Heinen, Experte für Nerven- und Muskelkrankheiten am Haunerschen Kinderspital der Universität München. »Kindern in der Entwicklung hilft es, wenn sie voraussehen können, welche Bewegungen erforderlich sind. Im Anhänger passiert aber das Gegenteil – es ist ja wie eine Art Achterbahnfahrt im Dunkeln.« Denn anders als die Erwachsenen, die das Fahrrad lenken, können die Kinder im Anhänger sich nicht auf eine Unebenheit durch Ausweichbewegungen oder Muskelanspannungen vorbereiten. Zudem verfügen die meisten Anhänger – im Gegensatz zu vielen Fahrradsätteln – über keine Federung, so dass die Kinder den Stößen ungeschützt ausgesetzt sind.

Ein weiteres Gesundheitsproblem ist die Haltung der Kinder. Meist sitzen sie gekrümmt im Anhänger. In dieser Position können Wirbelsäule und Bandscheiben die Stöße nicht so gut abdämpfen. »Es ist trivial, dass man mehr durchgeschüttelt wird, wenn man über Kopfsteinpflaster oder Bordsteinkanten fährt«, sagt Jan Scotland vom Allgemeinen Deutschen Fahrrad-Club. »Das ist kein Unterschied zu den Kindersitzen auf dem Rad, doch im Vergleich zu denen ist die Unfallgefahr im Anhänger deutlich geringer.«

Jürgen Freiwald möchte seine Untersuchung auch keinesfalls als Argument verstanden wissen, von den Anhängern abzuraten. Bewegung und frische Luft seien für Kinder wichtig. »Den meisten Eltern ist aber gar nicht bewusst, welchen Kräften sie ihre Kinder aussetzen und dass sie vielleicht ihren Fahrstil überdenken sollten.« Das gilt besonders, wenn sie auf unebenem Gelände unterwegs sind und der Anhänger hoppelt und rumpelt, dass es kracht.

Mobiles Lernen

Wer Sport treibt, fördert damit auch seine schulischen Leistungen. Stimmt eigentlich das alte Klischee von dem Streber, der nur Einsen schreibt, aber so unsportlich ist, dass er beim Fußball immer als Letzter in die Mannschaft gewählt wird und sich auch sonst kaum rühren kann? Schließen sich Bewegungstalent und gute Schulleistungen tatsächlich aus, wie die Interviews mancher Spitzensportler nahelegen? Wissenschaftler haben doch immer wieder behauptet, dass Sport die geistige Leistungsfähigkeit verbessert – und dass ein gesunder Geist nur in einem gesunden Körper wohnt, wussten angeblich sogar schon die alten Römer.

Forscher aus den Niederlanden haben gezeigt, dass Kinder und Jugendliche in der Schule besser abschneiden, wenn sie sich viel bewegen.[2] Das Team um Amika Singh von der Vrije Universiteit Amsterdam hat die zwischen 1990 und 2010 erschienenen Fachartikel zum Thema ausgewertet. In den ausgewählten Studien, in denen mehr als 50 000 Kinder untersucht worden waren, fanden sich mehrheitlich Hinweise dafür, dass Bewegung den Notendurchschnitt anhebt. Zwar hatte in zwei großen Untersuchungen mit jeweils mehreren tausend Teilnehmern das Ausmaß der körperlichen Betätigung positive Auswirkungen auf die schulischen Leistungen, allerdings gab es auch Studien, in denen Schüler, die viel Basketball und American Football spielten, schlechter in Mathematik waren und ein dürftiges Leseverständnis aufwiesen.

»Ziehen wir die besten verfügbaren wissenschaftlichen Erkenntnisse zu Rate, gibt es einen deutlichen Zusammenhang zwischen mehr körperlicher Betätigung und besseren schulischen Leistungen«, schreiben die Autoren um Amika Singh. Naheliegend ist dieses Fazit, denn Sport führt unter anderem dazu, dass mehr Blut und mehr Sauerstoff zum Gehirn gelangen. Zudem führen die bei körperlicher Tätigkeit vermehrt ausgeschütteten Hormone Noradrenalin sowie die Endorphine dazu, dass die Aufmerksamkeit steigt und das subjektive Stressempfinden abnimmt – alles gute Bedingungen, um besser zu lernen.

Allerdings ist bisher ungeklärt, von welcher Dosis Sport an die Schulleistungen steigert – und ab wann eine Überdosis droht, die den intellektuellen Erfolg eher behindert, als ihn zu fördern. Bei Leistungssportlern scheint die Dosis jedenfalls oft zu hoch zu liegen.

Wenn der Schuh drückt

Für Kinder die richtigen Schuhe zu finden ist nicht einfach. Im Vorschulalter können sie noch nicht sagen, ob und wenn ja, wo der Schuh drückt. Später entscheidet das Design und nicht die Passform. Thomas Horstmann von der Uniklinik Tübingen und sein Team haben bundesweit die Füße von fast 3000 Kindern untersucht. In ihrer Studie haben die Ärzte festgestellt, dass ein Drittel der Kinder in Deutschland zu kleine Schuhe trägt. Schuhverkäufer drücken zwar bei der Anprobe mit dem Daumen auf dem großen Zeh herum und testen so, ob der Schuh passt. Doch dabei krallen die meisten Kinder ihre Zehen zusammen, so dass eine falsche Größe vermutet wird. Besser ist daher ein Pappfuß – die Kinder stellen sich auf den Karton, und der Verkäufer malt den Umriss ab. Es hilft auch, die Größe zu bestimmen, wenn man die Innensohle herausnehmen kann.

Sogar die Größenangaben zur Orientierung sind häufig falsch, denn Größe 33 entspricht oft nicht Größe 33, hat Horstmann festgestellt. Das ist von Modell zu Modell und von Hersteller zu Hersteller verschieden. Die bisherigen Messsysteme erfassen nicht den Schuh-Innenraum und damit nicht den Platz, den ein Kinderfuß tatsächlich braucht.

Die Hersteller könnten einiges verbessern: Dazu müssten sie, erstens, Schuhe in der Größe herstellen, die auf dem Karton steht. Zweitens: Leisten, also die Passformen, und Schuhe verbessern. Das hören die Hersteller nicht gerne: Aber die Vorgaben, nach denen die meisten Schuhe produziert werden, wurden in den vergangenen 40 Jahren kaum verändert. Und die alten Leisten entsprechen nun mal nicht den Bedürfnissen der Kinderfüße. Hersteller haben sich damals auf das WMS-System – weit, mittel, schmal – geeinigt. Das reicht nicht.

Kein Kind muss von seinen Eltern Maßschuhe bekommen. Das Team um Horstmann hat Ballenbreite, Fersenbreite, Spannhöhe, Ballenwinkel und Ballenlänge erfasst. Daraus ergaben sich drei Typen[3]: Der voluminöse Fuß – breit, kurze Zehen, hoher Spann. Der schlanke Fuß – schmal, flacher Spann, lange Zehen. Und der lange spitze Fuß – kurze Zehen, lange Ballen, spitzer Ballenwinkel. Schuhhersteller könnten ihre Leisten daher problemlos umstellen.

Nur Länge und Weite zu berücksichtigen reicht nicht, denn die Sohlengeometrie ist auch wichtig: Häufig entspricht sie nicht dem Abrollverhalten des Fußes. Die flexibelste Zone des Schuhs sitzt oft zu weit vorn oder hinten, manchmal gibt es sie gar nicht. Sie sollte unter dem Ballen sitzen. Übrigens können Kinder durchaus Schuhe von älteren Geschwistern oder Freunden vererbt bekommen. Wenn sie gut und nicht völlig abgelatscht sind, spricht nichts dagegen. Barfußlaufen ist optimal für die Fußentwicklung, Schuhe schützen allerdings vor Verletzungen und Infektionen.

»Korrekturschuhe« kommen zwar immer wieder in Mode, und für sie wird – je nach Trend – mit abgesenkter Ferse, eigenen Zehenpolstern oder Stabilisatoren für die Innen- oder Außenseite geworben. Gesunde Kinder brauchen so etwas nicht. Nur bei ausgeprägten Verformungen oder nach Unfällen ist die Unterstützung durch orthopädische Spezialschuhe wichtig und sinnvoll – das sind dann aber handwerklich hochwertige Anfertigungen und nicht der neueste Schrei der Mode.[4]

Wichtig ist vielmehr, dass Kinderschuhe für den Alltag den Füßen genug Bewegungsfreiheit lassen. Flexible, weichere Schuhe sind daher starren, festen Schuhen vorzuziehen, wenn es sich nicht gerade um Wanderschuhe handeln soll.[5] Sind die Schuhe zu fest, können sie Zehenfehlbildungen wie Hallux valgus oder Plattfüße begünstigen. Zudem schränken sie die Beweglichkeit ein.

Doch auch wer nicht die optimalen Schuhe getragen hat und unter leichten Fehlstellungen leidet, sollte nicht verzweifeln: Denn dass auch Füße, die keine optimalen Haltungsnoten bekommen würden, etwas taugen können, bewies eine Illustrierte vor Jahren eindrucksvoll. Auf einer Doppelseite zeigte sie Dutzende Füße in Nahaufnahme. Darunter die jeweiligen Kurzdiagnosen, die von Knickfuß, Senkfuß, Spreizfuß bis zu ausgefalleneren Fehlstellungen reichten. Auf der nächsten Doppelseite waren die Köpfe zu den Füßen zu sehen. Es handelte sich ausnahmslos um Fußballnationalspieler und andere Spitzensportler.

20 entspannte Tatsachen über die angemessene Haltung

1. Die optimale Sitzhaltung ist weder aus orthopädischen Gründen noch zur Schmerzvermeidung das aufrechte Sitzen mit durchgedrücktem Rücken. Eine völlig aufrechte Sitzposition belastet die Wirbelsäule sogar stärker als Körperhaltungen, bei denen der Oberkörper zurückgeneigt wird.

2. Vielmehr ist das halb sitzende, halb liegende Herumlümmeln die gesündeste Position. Dadurch werden die Muskulatur wie auch die Bandscheiben entspannt, und man hat gute Chancen, lange ohne Pein im Kreuz den Alltag zu bewältigen.

3. Die gebeugte Kopfhaltung kleiner Kinder in Autokindersitzen kann im Schlaf zu dramatischer Atemnot führen. Nach dem Einschlafen sackt ihr Kopf nach vorne, und der Unterkiefer presst sich auf den Brustkorb. Durch diesen Druck wird die Einatmung erheblich behindert.

4. Im Alter von weniger als sechs Monaten funktioniert die Kopfkontrolle noch nicht richtig. Der verhältnismäßig große Hinterkopf der Babys führt zudem dazu, dass ihr Kopf schnell nach vorne sackt.

5. Die wichtigste Empfehlung für Eltern besteht darin, schlafende Kinder nicht unbeaufsichtigt in ihrem Sitz zurückzulassen. Dies bezieht sich nicht nur auf das Auto – sondern auch darauf, wenn das Kleinkind im Sitz in der Wohnung weiterschläft.

6. Die Position der Kindersitze sollte nicht zu aufrecht und nicht zu gebeugt eingestellt sein, damit das Zusammensacken verhindert wird.

7. Bei rasanter Fahrt im Fahrradanhänger können starke Erschütterungen auf die Kinder einwirken. Auf alten Pflastersteinstraßen wurde bei 15 Ki-

lometern pro Stunde der Spitzenwert einer zehnfachen Erdbeschleunigung auf dem Anhängersitz gemessen. Das bedeutet, dass auf die Wirbelsäule eines 20 Kilogramm schweren Kindes immerhin 200 Kilogramm einwirken würden.

8. Kindern in der Entwicklung hilft es, wenn sie voraussehen können, welche Bewegungen erforderlich sind. Im Anhänger passiert das Gegenteil – es ist ja wie eine Art Achterbahnfahrt im Dunkeln. Auf eine Unebenheit können sie sich nicht durch Ausweichbewegungen oder Muskelanspannungen vorbereiten.

9. Die Haltung der Kinder im Anhänger ist meist gekrümmt. In dieser Position können Wirbelsäule und Bandscheiben die Stöße nicht gut abdämpfen.

10. Wer Sport treibt, fördert damit auch seine schulischen Leistungen. Kinder und Jugendliche schneiden in der Schule besser ab, wenn sie sich viel bewegen.

11. Sport führt dazu, dass mehr Blut und Sauerstoff zum Gehirn gelangen. Zudem führen die bei körperlicher Tätigkeit vermehrt ausgeschütteten Hormone dazu, dass die Aufmerksamkeit steigt und das Stressempfinden abnimmt – gute Bedingungen, um besser zu lernen.

12. Richtige Schuhe für Kinder zu finden ist schwer: Im Vorschulalter können Kinder noch nicht sagen, ob und wenn ja, wo der Schuh drückt. Später entscheidet das Design und nicht die Passform.

13. Ein Drittel der Kinder in Deutschland trägt zu kleine Schuhe. Schuhverkäufer drücken zwar bei der Anprobe auf den großen Zeh. Doch dabei krallen Kinder ihre Zehen zusammen, so dass eine falsche Größe vermutet wird. Besser ist ein Pappfuß – die Kinder stellen sich auf den Karton, und der Verkäufer malt den Umriss ab.

14. Größenangaben sind häufig falsch und von Modell zu Modell und von Hersteller zu Hersteller verschieden.

15. Die Hersteller müssten Schuhe in der Größe herstellen, die auf dem Karton steht, sowie die Leisten, also die Passformen verbessern. Die alten Leisten entsprechen nicht den Bedürfnissen der Kinderfüße.

16. Nur Länge und Weite zu berücksichtigen reicht nicht für passgerechte Schuhe. Auch die Sohlengeometrie entspricht oft nicht dem Abrollverhalten des Fußes.

17. Wenn sie nicht völlig abgelatscht sind, spricht nichts dagegen, gebrauchte Schuhe von Geschwistern oder Freunden zu benutzen.

18. Barfußlaufen ist optimal für die Fußentwicklung, Schuhe schützen allerdings vor Verletzungen und Infektionen.

19. Gesunde Kinder brauchen keine »Korrekturschuhe« mit abgesenkter Ferse, Zehenpolstern oder Stabilisatoren für die Innen- oder Außenseiten.

20. Kinderschuhe müssen den Füßen Bewegungsfreiheit lassen. Flexible Schuhe sind starren Schuhen vorzuziehen, denn feste Schuhe begünstigen Fehlbildungen wie Hallux valgus oder Plattfüße.

VI. ESSEN UND TRINKEN

Auf den Geschmack kommen

Stillen oder Brei?

Empfehlungen zum Essen und der kindlichen Ernährung sind häufig mit einer gehörigen Portion Weltanschauung und Ideologie überfrachtet. Wie lange soll gestillt werden? Was brauchen Kinder, um sich vollwertig und gesund zu ernähren? Haben sie tatsächlich alles auf ihrem Speiseplan, was sie brauchen?

Kaum sind Kinder geboren, bekommen ihre Eltern Ratschläge, was die beste Ernährung für sie ist – und was sie auf keinen Fall zu sich nehmen sollten. Später dann werden viele Lebensmittel verdammt und verteufelt, Pommes, Burger und Cola gelten als schlimme Sünden, Vitamintabletten hingegen als Allheilmittel gegen Zivilisationsleiden aller Art. Gegen Mythen und Vorurteile hilft es, sich anzuschauen, welche Ratschläge zur Ernährung tatsächlich belegt und bewiesen sind – und welche nicht. Und es gilt, Ängste und Sorgen rund um die Ernährungsempfehlungen abzubauen. Schlankheitswahn und übertriebene Diätvorstellungen haben schon viel Unglück über junge Menschen gebracht. Der Zwang, sich immer bewusster und enthaltsamer zu ernähren, ist nach Einschätzung mancher Ernährungsexperten inzwischen bedrohlicher als die angebliche Gefahr durch Überernährung und Übergewicht.

Werden kleine Kinder gestillt, hat das viele Vorteile gegenüber der Ernährung mit Brei und Kuhmilch. Muttermilch ist optimal auf die Bedürfnisse des Säuglings abgestimmt, sie enthält die richtige Energiemenge und die Nährstoffe, die das Kleinkind braucht. Der Darm des Kindes kommt besser mit Muttermilch als mit Kuhmilch zurecht, denn die Verdauung des Säuglings ist in den ersten Lebenswochen noch etwas beeinträchtigt. Zudem enthält Muttermilch diverse Abwehrstoffe gegen Krankheitserreger, so dass der Säugling optimal gegen Infektionen geschützt ist. Kinder, die gestillt werden, entwickeln zudem seltener Allergien.

Andere Vorteile der Muttermilch liegen auf der Hand: Sie ist immer und überall verfügbar, sie muss nicht erhitzt werden, sondern ist auf natürliche Weise temperiert. Kostenlos ist sie auch, so dass auch aus praktischen Gründen viel dafür spricht, ein Kind zu stillen. Neben den medizinischen Vorteilen wurde in den vergangenen Jahren auch immer wieder die wichtige Rolle des Stillens für eine enge Mutter-Kind-Bindung betont.

Trotz dieser unbestrittenen Vorteile sollte das Stillen nicht ideologisiert werden. Es gibt Frauen, die wollen oder können nicht stillen – und deswegen sind sie noch lange keine schlechteren Mütter und ihre Kinder nicht gleich von Siechtum und Vereinsamung bedroht. Kinder können auch mit Milch und Brei vollwertig ernährt werden, und auch das liebevolle Füttern ohne die Mutterbrust kann zu einer innigen Beziehung zwischen den Eltern und dem Kind führen. Es gibt keine Belege dafür, dass Kinder sich schlechter entwickeln oder psychologische Defizite aufweisen, wenn sie nicht gestillt werden. Nicht nur aus diesen Gründen gibt es daher keine Veranlassung, dass Mütter sich minderwertiger fühlen oder Schuldgefühle entwickeln, wenn sie ihr Kind nicht stillen.

Genauso unangebracht sind Versagensgefühle, wenn Frauen ihr Kind nach drei oder vier Monaten nicht mehr allein aus der Brust ernähren können. Die empfohlene Stillzeit entspricht derzeit zwischen vier und sechs Monaten. (Hier gab es ebenfalls modische Schwankungen: Mal wurde der Nutzen so überbetont, dass bis zu einem Jahr Stillen als optimal galt. Mal wurden die Belastungen der Muttermilch durch Umweltgifte als so dramatisch dargestellt, dass allenfalls vier Monate angeraten zu sein schienen.)

Bei vielen Frauen reicht die Milch nach ein paar Monaten nicht mehr aus. Dann ist es keine persönliche Niederlage und erst recht keine Schande, langsam Fertigmilch oder Breinahrungen dazuzufüttern. Dem Kind tut das gut, und dem Verhältnis zur Mutter wird es keinen Abbruch tun.

Speikinder sind Gedeihkinder

Viel Wahres ist an diesem Spruch schon dran. Gemeinhin überschätzen die meisten Eltern, wie groß die Menge der Nahrung ist, die den Kindern verloren geht, wenn sie öfter »spucken« müssen. Denn der Großteil der Muttermilch oder der sonstigen Babynahrung bleibt zumeist im Körper, auch wenn sich die Kleinkinder mehrmals am Tag übergeben müssen und ein größerer Fleck auf Lätzchen oder Fußboden landet.

Allerdings kann sich hinter dem ständigen Speien auch eine gesundheitliche Störung verbergen, die man als gastroösophagealen Reflux (GÖR) bezeichnet. Darunter verstehen Mediziner, dass der saure Mageninhalt nicht im Magen bleibt, sondern in die Speiseröhre aufsteigt. Dies reizt zum Erbrechen und kann im Extremfall in Flachlage sogar den Kehlkopfbereich und die Atemwege angreifen und behindern. Hinweise dafür sind, wenn das Baby schon kurze Zeit nach den Mahlzeiten in Flachlage wieder schreit, aber mit erhöhtem Oberkörper (etwa in der Wippe oder im Kindersitz) schnell wieder zufrieden ist und einschläft.

Kleine Kinder verschlucken sich zwar oft. Bei kleinen Säuglingen, die jünger als ein halbes Jahr alt sind, ist das jedoch noch kein Problem – und daher auch kein Grund zur Sorge. Die können in diesem Alter beispielsweise gleichzeitig an der Brust trinken, ohne abzusetzen, und dabei atmen – und das, ohne sich zu verschlucken. Der Grund dafür liegt in ihrer Anatomie. Denn der Kehlkopf des Säuglings wird vom Kehldeckel noch so geschützt, dass keine Flüssigkeit hineingelangen kann, aber gleichzeitig die Luftröhre für die Atmung frei bleibt. Mit zunehmendem Alter sitzen Kehlkopf und Kehldeckel etwas tiefer, und die Gefahr des Verschluckens steigt.

Trinken auf Obst oder nach einem Eis

Dass Kinder Bauchweh bekommen, wenn sie etwas trinken, nachdem sie ein Eis gelutscht haben, war früher ein verbreiteter Glaube. Er rührt daher, dass Eis früher häufig eine Quelle für verschiedene Erreger war. Die Hygiene bei der Herstellung der kühlen Köstlichkeit war lange Zeit sehr schwankend. Im Anschluss an den Eisgenuss kam es daher häufig zu Bauchschmerzen. Da diese aber nie sofort einsetzten, sondern zumeist erst mehrere Stunden später, wurde nach dem Eis und vor den Bauchschmerzen oft noch etwas getrunken. Wenn dann später der Magen drückte, wurde aus der nahen Abfolge von Eis, Getränk und Bauchweh Ursache und Folge gemacht.

Dass ein Getränk auf Steinobst zu Bauchweh führt, ist ebenfalls ein oft gehörtes Ammenmärchen. Es stammt aus einer Zeit, als das Trinkwasser nicht immer den heutigen Hygieneanforderungen genügte. Bei Kirschen gibt es jedoch eine vernünftige Grundlage für diese Großmutterlegende. Es kommt allerdings auf die Menge der verzehrten Kirschen an. Wird beispielsweise in kurzer Zeit mehr als ein halbes Kilo Kirschen verzehrt, kann das in der Tat zu Bauchweh und Blähungen führen – auch ohne Wasser zu trinken. Denn in und auf den Schalen der meisten Steinobstfrüchte sind viele Hefekeime vorhanden. Im Magen können sie zu einer Vergärung von Zucker führen, und dieser chemische Prozess kann mit Drücken und Grummeln einhergehen. Die Magensäure ist bei großen Mengen Kirschen jedenfalls nicht immer in der Lage, den Gärprozess abzupuffern. Wird Wasser dazu getrunken, ist die Magensäure zusätzlich verdünnt und kann die Hefebazillen noch weniger an ihrer Gärleistung hindern. Wenn das Wasser – wie es früher häufiger vorkam – zudem noch verunreinigt ist und selbst einige Hefekeime enthält, können der Gärprozess und die entsprechenden Beschwerden natürlich erst recht gefördert werden.

Multivitamintabletten – oft mehr Schaden als Nutzen

Vitamintabletten sind so wohltuend! Eingenommen nach Pommes, Sahnetorte oder anderen vermeintlichen Diätsünden, beruhigen sie das schlechte Gewissen sofort und erleichtern den inneren Ablasshandel. Viele Eltern geben sie ihren Kindern regelmäßig, um sie stark und widerstandsfähig für den Alltag zu machen. Schon kleine Kinder werden damit in den Kindergarten oder die Schule geschickt.

Kein Wunder, dass mehr als ein Drittel der Menschen in wohlhabenden Ländern regelmäßig Vitamin- oder andere Ergänzungspräparate nimmt und damit einen Milliardenmarkt bedient. Nötig wäre das nicht, denn die Menschen in den Industrienationen sind mit Vitaminen längst überversorgt, so dass Ärzte schon Hypervitaminosen diagnostizieren – das Leiden an der Überdosis.

Vitamine aus der Dose sind nicht nur überflüssig, sie können sogar die Gesundheit angreifen. Etliche große Studien zeigen, dass die Pillen und Brausetabletten mehr schaden als nützen. Da es sich dabei meist um langfristige Untersuchungen handelt, sind Kinder nicht einbezogen. Werden ihnen jedoch schon früh die vermeintlich gesunden Pillen gegeben, sind die Langzeitfolgen bei ihnen womöglich noch gravierender.

Von 40000 älteren Frauen, deren Lebensgewohnheiten mehr als 20 Jahre lang unter die Lupe genommen wurden, starben beispielsweise jene häufiger an Krebs und Herz-Kreislauf-Leiden, die regelmäßig Multivitaminpräparate oder Mineralstoffe zu sich genommen haben.[1] Unter Männern, die regelmäßig Vitamin-E-Präparate nehmen, ist Prostatakrebs um 17 Prozent häufiger.[2]

»Der verbreitete Gebrauch von Nahrungsergänzungsmitteln ist medizinisch nicht zu rechtfertigen«, sagt Jaakko Mursu von der Universität Ostfinnland, der die Studie mit den älteren Damen geleitet hat. »Nur bei Beschwerden durch Mangelzustände sind solche Präparate zu empfehlen.« Urologe Eric Klein, der die Prostatastudie geleitet hat, warnt ebenfalls vor den Mitteln: »Auch scheinbar harmlose Substanzen wie Vitaminzusätze können schaden. Verbraucher sollten skeptisch sein, wenn der Gesundheitsnutzen frei verkäuflicher Mittel angepriesen, aber nicht bewiesen wird.«

Zur Klarstellung: Vitamine in Obst, Gemüse, Getreide und Fleisch sind lebenswichtig. Der Körper kann Vitamine nicht herstellen, er muss sie zugeführt bekommen. Vitamine härten Knochen, stärken die Sehkraft, regulieren die Blutgerinnung, stimulieren Längen- wie Spermienwachstum. Ohne Vitamine liefe im Körper nichts. Diese Wirkungen entfalten aber nur jene Vitamine, die in pflanzlichen oder tierischen Produkten enthalten sind. Warum das Original aus der Natur wirkt, Substanzen aus der Packung hingegen eher schaden, können Forscher nicht erklären. In einem Apfel sind ungefähr 1000 Substanzen enthalten, viele davon sind noch unbekannt. Das Vitaminpräparat ist nur ein Stoff. Der Körper braucht offenbar das Zusammenspiel aller oder zumindest vieler Stoffe.

Für eine ausgewogene Ernährung sind Brausetabletten kein

Ersatz. Gesunden hat es in Studien nie genutzt, Vitaminzusätze zu nehmen – auch dann nicht, wenn sie sich nicht gesund ernährten. »Früher sollten Vitaminpräparate Mangelzustände ausgleichen, heute werden damit Wohlbefinden und Gesundheitsvorsorge versprochen«, sagt Goran Bjelakovic von der Uni Kopenhagen, der 2007 und 2008 erstmals in großen Studien auf die potenziellen Schäden durch die Ergänzungsmittel hingewiesen hatte.[3]

11 appetitanregende Inhaltsstoffe

1. Empfehlungen zur kindlichen Ernährung sind häufig mit Weltanschauung und Ideologie überfrachtet.

2. Muttermilch ist optimal für die Bedürfnisse des Säuglings. Sie enthält Abwehrstoffe gegen Krankheitserreger, so dass der Säugling gegen Infektionen geschützt ist. Kinder, die gestillt werden, entwickeln zudem seltener Allergien.

3. Muttermilch ist überall verfügbar und stärkt die Mutter-Kind-Bindung.

4. Kinder können aber auch mit Kuhmilch und Brei vollwertig ernährt werden. Es gibt keine Belege dafür, dass Kinder sich schlechter entwickeln oder psychologische Defizite aufweisen, wenn sie nicht gestillt werden.

5. Die empfohlene Stillzeit entspricht zwischen vier und sechs Monaten. Bei vielen Frauen reicht die Milch aber nicht so lange.

6. Der Großteil der Muttermilch oder der Babynahrung bleibt im Körper, auch wenn sich die Kleinkinder mehrmals am Tag übergeben müssen.

7. Kleine Kinder, die jünger als ein halbes Jahr sind, können gleichzeitig an der Brust trinken, ohne abzusetzen, und dabei atmen – und das, ohne sich zu verschlucken.

8. Kinder bekommen nicht automatisch Bauchweh, wenn sie etwas trinken, nachdem sie ein Eis gelutscht oder Obst gegessen haben.

9. Viele Kinder bekommen von ihren Eltern Vitamin- oder Ergänzungspräparate. Nötig wäre das nicht, denn Menschen in den Industrienationen sind mit Vitaminen überversorgt.

10. Vitamine aus der Dose können die Gesundheit angreifen. Etliche große Studien zeigen, dass die Pillen und Brausetabletten mehr schaden als nützen.

11. Vitamine in Obst, Gemüse, Getreide und Fleisch sind lebenswichtig. Ohne Vitamine liefe im Körper nichts. Diese Wirkungen entfalten aber nur jene Vitamine, die in pflanzlichen oder tierischen Produkten enthalten sind – und nicht Brausetabletten. Gesunden hat es in Studien nie genützt, Vitaminzusätze zu nehmen.

Essen, was auf den Tisch kommt?

Fast jedes Kind macht diese Phase einmal durch: Der einst so artige Esser mag irgendwann im Grundschulalter plötzlich nicht mehr das, was die Eltern ihm auftischen und doch für so gesund halten. Es muss nicht immer die notorische Abneigung gegen Spinat oder Brokkoli sein, manche Kinder mögen plötzlich keine Kartoffeln mehr, verschmähen Butter oder Reis. Sie ernähren sich einseitig, mögen nur noch Nudeln, Nutella oder Gummibärchen. Um ein paar Bissen Gemüse, Obst oder Vollkorn in den Mund des Kindes zu bekommen, helfen kein gutes Zureden, keine Aussicht auf Belohnung – und erst recht kein Zwang. Die Verzweiflung darüber mag noch so groß sein. Aber meistens gibt sich die Aversion nach einigen Monaten oder wenigen Jahren von allein wieder, oder sie bleibt auf ein, zwei Gerichte beschränkt, die ein Leben lang Widerwillen hervorrufen.

Zudem ist manche plötzliche Unlust beim Essen auch medizinisch begründet. Obst mag für die meisten Menschen noch so gesund sein, bei einigen Kindern und Jugendlichen rufen Äpfel, Birnen oder auch Zitrusfrüchte unangenehme Darmreaktionen hervor, weil sie die Säure oder den Fruchtzucker nicht so gut vertragen. Nicht jeder Stoffwechsel funktioniert auf die gleiche Weise. Für die Verträglichkeit von Gemüse gilt dasselbe. Nur, weil es für die meisten Menschen schmackhaft und gesund ist, heißt das noch lange nicht, dass Gemüse nicht bei manchen Menschen Blähungen, Magendrücken und anhaltendes Unwohlsein hervorrufen kann.

Wichtiger, als die Kinder dazu zu bringen, tatsächlich alles zu essen, was ihnen vorgesetzt wird, ist es, ihren Geschmack zu schulen und sie selbst spüren zu lassen, was ihnen schmeckt, worauf sie Appetit haben und wann ihr Sättigungsgefühl eintritt. Wer mit Kindern verschiedene Gerichte ausprobiert, sie selbst kochen oder zumindest die Speisen auswählen lässt, die zubereitet werden, weckt ihre Experimentierfreude und die Lust daran, Neues zu versuchen. Auf diese Weise werden gleichsam nebenbei vielfältige Speisen ausprobiert – und diese Abwechslung auf dem Teller ist allemal die gesündeste Form der Ernährung.

Beim Essen nicht gierig alles in sich hineinzuschlingen, sondern in Ruhe und mit Freude zu essen und zwischendurch auch mal innezuhalten, ist nicht nur eine Frage der Manieren, sondern ebenfalls eine wichtige Erfahrung, die man Kindern mit auf den Weg geben kann. Erstens macht Essen auf diese Weise viel mehr Spaß, zweitens lernen Kinder dann, auf ihren Appetit wie auf ihr Sättigungsgefühl zu hören. Das verhindert, dass sie als Erwachsene maßlos reinschaufeln und sich »überfressen«, obwohl sie eigentlich längst satt sind.

Gemeinsam zu essen und dabei Rituale einzuhalten kann für die spätere Ernährung ebenfalls wichtiger sein als die Frage, ob das Kind nun tatsächlich keinen Kohlrabi und keinen Grünkohl mag oder nur gerade auf Oppositionskurs gegen die Eltern ist. Mit dem Beginn des Essens aufeinander zu warten, sich »Guten Appetit« zu wünschen, nicht mit vollem Mund zu sprechen und erst vom Tisch aufzustehen, wenn alle ihre Mahlzeit beendet haben, ist keine spießbürgerliche Attitüde aus veralteten Knigge-Ratgebern. Vielmehr schafft diese Form des Essens – noch dazu wenn die Essenszeiten ungefähr eingehalten werden – feste Strukturen im Tagesablauf der Kinder, die für sie hilfreich und wichtig sind.

Leider findet das gemeinsame Essen immer seltener statt. In vielen Familien machen sich die Eltern wie die Jugendlichen schnell etwas warm, wenn sie nach Hause kommen, und nehmen das Essen dann mit in ihre Zimmer oder vor den Fernseher. Die wenige Zeit, die eine Familie im Alltag tatsächlich gemeinsam verbringt, wird dann noch geringer.

Wer hingegen schon als Kind gemeinsame Tafelrunden und das lustvolle Essen in munterer Gesellschaft kennengelernt hat, dem wird später Essen aus Frust kaum ein Ersatz für fehlende Freude oder eine Belohnung nach Ärger und Enttäuschungen sein. Dabei trägt genau dieses einsame Essen als Liebes- und Lustersatz nach Kränkungen (und um sich überhaupt etwas Gutes zu tun) erheblich zu Essstörungen wie Fettleibigkeit, aber auch Magersucht bei.

Entlastung für die Pausen-Pommes

Die Verlockung durch Süßigkeiten, Softdrinks und Hamburger ist groß, besonders für Kinder und Jugendliche. Die Schnellbrätereien üben eine magische Anziehungskraft auf sie aus. Auf das Gewicht von Jugendlichen hat es offenbar trotzdem keinen Einfluss, wenn in ihrer Schule Fastfood angeboten wird. Auch in jenen Schulen, in denen die schnell verfügbaren Lebensmittel zu kaufen sind, steigt der Anteil der Übergewichtigen nicht an. An Schulen mit Fastfood ist der Anteil dicker Kinder also keineswegs größer. Zu diesem überraschenden Ergebnis kommt die amerikanische Soziologin und Demographin Jennifer Van Hook.[4]

Ihr Forschungsteam von der Pennsylvania State University hatte 20 000 repräsentativ ausgewählte Schüler in den USA vom Ende der Kindergartenzeit bis in die achte Klasse begleitet. In der fünften Klasse hatten 59 Prozent der Kinder in der Schule Zugang zu Fastfood; in der achten Klasse waren es bereits 86 Prozent. Doch obwohl die Versuchung in diesen drei Schuljahren deutlich wuchs, wurden die Kinder nicht dicker. Im Gegenteil, der Anteil der übergewichtigen Schüler sank von 39,1 auf 35,4 Prozent. »Es wird viel Aufhebens darum gemacht, wie Schulen sich bereichern, indem sie Fastfood verkaufen, und wie wichtig ihre Rolle im Kampf gegen Übergewicht ist«, sagt Van Hook. »Deswegen haben wir erwartet, dass der Anteil der Übergewichtigen von der fünften bis zur achten Klasse ansteigt.«

Van Hook empfiehlt, dass Strategien gegen Übergewicht bei Kindern stärker auf die familiäre Umgebung und das sonstige Umfeld konzentriert werden. »Die Schule stellt ja nur einen kleinen Ausschnitt der Lebensmittelangebote für Kinder dar«, sagt die Forscherin. »Kinder sind in der Schule sehr beschäftigt, sie müssen manchmal schnell den Raum wechseln und können nur zu bestimmten Zeiten essen. Sie haben gar nicht so viele Möglichkeiten, in der Schule endlos zu futtern.« Ob in der Schule Junkfood angeboten werde, spiele daher keine so große Rolle, ist die Forscherin überzeugt. Wichtiger sei es vielmehr, sich auf die frühe Entwicklung zu konzentrieren. »Viele Studien belegen, dass das Ernährungsverhalten in der Vorschulzeit geprägt wird – die mittlere Schulzeit ist dafür gar nicht so wichtig«, sagt Van Hook.

Daten aus den USA zeigen außerdem, dass dort zwar immer noch viele Menschen sehr dick sind, ihr Anteil aber nicht weiter steigt. Im Jahre 2012 berichteten Forscherinnen der Nationalen Gesundheitsinstitute, dass der Anteil der übergewichtigen Kinder und Jugendlichen bei 31,8 Prozent liegt, davon galten 16,9 Prozent als fettleibig.[5] Unter den Erwachsenen waren demnach 68,8 Prozent übergewichtig, davon galten 35,7 Prozent als fettleibig. »Der Anteil der Übergewichtigen hat sich in den vergangenen zwölf Jahren kaum verändert«, schreiben die Autorinnen. »Seit dem starken Anstieg in den 1980er und 1990er Jahren gab es Prognosen, dass 2030 bis zu 30 Prozent der Kinder fettleibig wären. Der Anteil verharrt aber recht konstant bei ungefähr 17 Prozent.« Wenig ist das nicht. Aber eben auch nicht so viel, wie die Horrormeldungen von einer angeblichen Epidemie der Fettleibigkeit unterstellen.

Hamburger sind besser als ihr Ruf – wenn Regeln beachtet werden

Gesundheitsapostel und Besseresser haben die kulinarische Achse des Bösen schon lange identifiziert: Für sie sind Fastfood-Restaurants und Frittenbuden des Teufels, und die Handbewegung, mit der man sich einen Burger oder ein paar Pommes in den Mund schiebt, kann durchaus damit verglichen werden, sich eine Pistole an die Schläfe zu halten. Der Exitus tritt im Gegensatz zum Schuss in den Kopf zwar nicht sofort ein, dafür bringt das Junkfood den Tod auf Raten, und den gesellschaftlichen Abstieg schon zuvor.

Dabei – und diese Einschätzung wird vielen Bewusst-Essern gar nicht schmecken – sind die viel geschmähten Hamburger deutlich besser als ihr Ruf. Diese Einschätzung stammt nicht etwa von industrieabhängigen Wissenschaftlern, sondern von der angesehenen Stiftung Warentest: Die strengen Prüfer haben vor einiger Zeit 19 Burger aus Fastfood-Restaurants und den Gefriertruhen der Supermärkte genauer unter die Lupe genommen. Die Testergebnisse, die sie in ihrer Zeitschrift veröffentlicht haben, sind erstaunlich positiv ausgefallen: Acht der Frikadellenbrötchen wurden sogar als »gut« eingestuft, zehn immerhin als »befriedigend«, und nur eines erhielt die Note »ausreichend«.[6] Wenn sie nicht täglich verzehrt werden oder gleich mehrere auf einmal, seien die Burger »ordentliche Produkte, auf keinen Fall schlechte Lebensmittel«, betont Birgit Rehlender von der Stiftung Warentest.

»Das überrascht mich nicht«, sagt beispielsweise Gunda Backes vom Deutschen Institut für Ernährungsforschung in Potsdam-Rehbrücke zu den Ergebnissen. »Man kann eben nicht generell sagen, dass ein Lebensmittel schlecht oder ungesund ist. Das gilt auch für Hamburger.« Um Krankheiten vorzubeugen, sei es viel wichtiger, dass die Ernährung insgesamt ausgewogen sei und genügend Vitamine, Mineralstoffe, Spurenelemente und Ballaststoffe darin enthalten sind. Was die Gefahr des Übergewichts angeht, gilt laut Backes, dass es – wie so oft, wenn es um die Gesundheit geht – auf die Dosis ankomme: »Wenn ich nicht mehr Energie zu mir nehme, als ich brauche, kann ich auch Hamburger essen.«

Doch nicht alle Ernährungsexperten sind so undogmatisch. Für manche bleiben McDonald's, Burger King & Co. das Feindbild Nummer eins und die Hauptverantwortlichen für etliche Zivilisationsleiden – wie auch dafür, dass die Kinder angeblich immer molliger und unsportlicher werden. Aber drohen tatsächlich vorzeitiger Herzinfarkt, Übergewicht und Zuckerkrankheit, wenn man regelmäßig zu den Pappbrötchen mit dem eingeklemmten Fleischbrät greift? Und was heißt überhaupt regelmäßig?

Der Film »Super Size Me« hat im Jahre 2004 ebenso drastisch wie übertrieben vor Augen geführt, wohin die ausschließliche Fastfood-Mast angeblich führen kann. Hauptdarsteller Matt Spurlock unterwarf sich einem Selbstversuch und legte im Zuge seiner vierwöchigen 5000-Kilokalorien-Diät, in der er ausschließlich Burger, Pommes und Co. zu sich nahm, nicht nur erheblich an Gewicht zu. Er litt nach eigenen Angaben zudem an einer Fettleber, an Kurzatmigkeit und Impotenz, sodass die Ärzte ihm rieten, die einseitige Ernährung schleunigst abzubrechen. Werden derartige Fallberichte mit einem Teilnehmer in der medizinischen Fachliteratur veröffentlicht, gelten sie als ziemlich unzuverlässig. Zudem ist fragwürdig, ob sich die geschilderten Symptome tatsächlich in so kurzer Zeit entwickeln können.

Die Warentester schränken ihre überraschend positive Burger-Wertung allerdings auch selbst ein. Sie sollte keineswegs ein Persilschein für die Branche der Schnellbräter sein. Die gute Einschätzung einzelner Hamburger gelte sowieso nur dann, wenn auf die üblichen Beilagen verzichtet wird. »Burger mit Pommes sind kein gutes Menü. Wer sich dazu noch eine Extraportion Majo bestellt, isst zu viel«, heißt es im Heft.

Doch das, was die Stiftung Warentest empfiehlt, befolgen nur die wenigstens Esser: Wer isst seinen Burger schon ohne Beilagen oder wählt dazu lediglich eine Apfelschorle und Salat? Die meisten Kunden entscheiden sich für die – zumeist auch deutlich günstigeren – Menüangebote: Der Burger zusammen mit Pommes frites und einem Softdrink ist oft wenig teurer als ein Burger allein. Gerade die Kombinationen aber haben es in sich und lassen den Besuch im Schnellrestaurant schnell zur Völlerei werden. Super-Size-Portionen machen zweifelsohne dick. Ein doppelter Burger mit großer Cola und Pommes liefert mehr als 1200 Kilokalorien. Das ist bereits der halbe Tagesbedarf eines 14-Jährigen. Eine Hauptmahlzeit in diesem Alter sollte Ernährungsexperten zufolge aber 600 bis 700 Kilokalorien nicht übersteigen.

Deshalb ist es wichtig, gerade Kinder vor den Riesenportionen zu bewahren, die noch dazu als Schnäppchen und Dauerniedrigangebote beworben werden. Immer wieder fordern angebliche Verbraucherschutzpolitiker, die an Kinder gerichtete Werbung für ungesunde Nahrungsmittel zu verbieten, wenn sich die Industrie schon keine Selbstbeschränkung auferlegt. Die Lebensmittelanbieter stehen dem angeblich aufgeschlossen gegenüber, getan hat sich allerdings bisher wenig. Zu eng sind die Verbindungen etlicher Landwirtschafts- und Verbraucherschutzminister mit der Lebensmittelindustrie und den Konzernen der Fastfood- und Ernährungsbranche.

Eine Selbstbeschränkung der Esser, die man natürlich auch fordern könnte, ist hingegen schon aus biologischen Gründen schwierig. »Wir Menschen sind leider nur schlecht dazu in der Lage, Nahrung mit einem sehr hohen Energiegehalt zu erkennen und unsere Essensmenge entsprechend zu reduzieren«, sagt

Arne Astrup, Ernährungswissenschaftler an der Universität Kopenhagen. Über Jahrtausende war der Mensch sogar froh, wenn er zwischen den kargen Körnern und struppigen Pflanzen, die sein Nahrungsangebot üblicherweise bestimmten, ein paar reife Früchte oder gar saftiges Fleisch mit einem hohen Energiegehalt finden konnte, die ihm das Überleben etwas länger sicherten. Leider sind sowohl der Appetit als auch das Hungergefühl noch immer nach diesen evolutionären Mustern programmiert: Lebensmittel, die viel Zucker und viel Fett beinhalten, schmecken besonders gut und verschaffen obendrein noch Lustgefühle. Sie stimulieren die Ausschüttung von Serotonin und anderen körpereigenen Hormonen und Hormonvorstufen, die eine wohlige Stimmung auslösen und einerseits schnelle Befriedigung verschaffen – aber auch den Wunsch nach mehr stimulieren.

Kein Wunder, dass die Restaurantketten das Prinzip größer, fetter, energiereicher in den vergangenen Jahren deshalb unvermindert ausgebaut haben. Zwar kann man bei McDonald's und anderen Schnellrestaurants die Tabellen mit Kalorien- und Nährwertangaben auf der Rückseite der Tablettauflage einsehen. Fast alle großen Ketten veröffentlichen die entsprechenden Werte längst im Internet. Doch der Trend zur Megalomanie ist unverkennbar: In den vergangenen 50 Jahren ist die Größe der Portionen in den Schnellrestaurants um das Zwei- bis Fünffache gestiegen.

Auch der Energiegehalt der Mahlzeiten nahm erheblich zu: Mittlerweile liegt er in einem Fastfood-Restaurant bei durchschnittlich 263 Kilokalorien pro 100 Gramm, die aufs Tablett kommen. Die Nahrung, die der durchschnittliche Mitteleuropäer zu sich nimmt, hat im Mittel hingegen nur einen Energiegehalt von 160 Kilokalorien pro 100 Gramm. Empfohlen wird sogar nur ein Nährwert von 125 Kilokalorien pro 100 Gramm.

Selbstauferlegte Maßnahmen der Firmen, die Größe und Energiegehalt der Portionen verringern sollen, werden nur sehr zögerlich umgesetzt. Auch wenn einzelne Anbieter neuerdings auch gesündere Produkte im Programm haben, sind kleinere Portionsgrößen, Burger mit magerem Fleisch sowie Vollkornprodukte und Obst oder Gemüse bei den Fastfood-Ketten immer noch die Ausnahme oder werden nicht an der Haupttheke angeboten. Von den Kunden werden sie auch nur in geringem Ausmaß nachgefragt. Wer zu McDonald's oder Burger King geht, möchte sich zumeist ja nicht wie in einem Vollwertrestaurant vorkommen.

Dass einzelne, positiv bewertete Hamburger noch kein Freibrief für die Ernährung in Fastfood-Ketten sind, bestätigen immer wieder Langzeitstudien.[7] So hatten amerikanische Wissenschaftler 15 Jahre lang die Daten von mehr als 3000 jungen Erwachsenen in den USA gesammelt. Das Ergebnis war eindeutig und bestätigte die Erfahrungen aus kürzer laufenden Untersuchungen: Wer mehr als zweimal die Woche ein Fastfood-Restaurant aufsuchte, nahm um vier bis fünf Kilo mehr zu als jene Gleichaltrige, die nur selten dort aßen. Die Liebhaber der Big Macs und Doppelwhopper hatten außerdem eine um das Zweifache erhöhte Insulinresistenz. Diese ist ein Maß für die Zuckerverwertung im Körper. Erhöhte Werte gehen mit einem deutlich erhöhten Risiko einher, an Diabetes zu erkranken.

»Es ist aber nicht das Essen von Fastfood allein, das zur Gewichtserhöhung beiträgt«, sagt der dänische Ernährungsexperte Astrup. Schließlich wisse man, dass regelmäßige Besucher von Schnellrestaurants generell weniger auf ihre Gesundheit achten. Sie gehören zu einer niedrigeren sozialen Schicht und verdienen im Mittel weniger. Sie trinken auch mehr Alkohol, essen insgesamt fetter und süßer, nehmen seltener Obst, Gemüse und Vollkornprodukte zu sich und bewegen sich auch weniger. »Dauergast bei den Burger-Anbietern zu sein ist einfach ein generelles Zeichen für ungesunden Lebensstil«, so Astrup.[8] Vermutlich findet sich hier eine Erklärung für den ungesunden Ruf, in dem Fastfood steht. Nicht das Essen an sich macht krank und fördert die Neigung zu Übergewicht und Bewegungsmangel, sondern es ist umgekehrt: Wer bestimmte riskante Verhaltensmuster zeigt und sich wenig um seine Gesundheit kümmert, ist auch häufiger in Schnellrestaurants anzutreffen.

Brötchen und Toast statt Graubrot?

Vielen Menschen wird das Frühstück verleidet, weil sie irgendeinen Gesundheitsapostel mit am Tisch sitzen haben, der ihnen partout das Toastbrot oder die Brötchen missgönnt und dafür lieber Graubrot auftischen will. Weil Toast und Brötchen angeblich nicht gesund sind. Weil Graubrot angeblich viel besser für die Zähne und den übrigen Körper ist. Produkte aus Weißmehl gelten als schädlich und gefährlich – obwohl fast alle Bewohner des Mittelmeerraums und die Menschen in vielen anderen Gegenden der Welt Weißbrot, Fladenbrot, Baguette und Co. zu sich nehmen und sogar (zumindest was Frankreich, Teile Spaniens und Portugals angeht) eine höhere Lebenserwartung haben als die Menschen in Deutschland.

Dabei sind sowohl Toast, Brötchen und Baguette als auch das handelsübliche Grau- oder Mischbrot aus Auszugsmehlen gebacken, in denen die Randschicht der Getreidekörner nicht mehr enthalten ist – und in dieser Randschicht sitzen nun mal die Vitamine und Mineralstoffe. Wer gesund essen will, muss daher schon zu Vollkornprodukten greifen. Die enthalten alles aus dem Getreide, was besonders gut ist. Ansonsten ist aber gegen ein paar Scheiben helles Brot zum Salat oder zur Suppe nichts zu sagen – genauso wenig wie gegen die Weißmehlprodukte zu einem kleinen Frühstück.

Ohne Frühstück in die Schule?

Morgens wie ein Kaiser, mittags wie ein König, abends wie ein Bettler. Diese Volksweisheit möchten viele Eltern jenen Kindern mitgeben, die am Frühstückstisch sitzen und noch gar nicht richtig wach sind. Bis sie dann gemerkt haben, dass sie sich schleunigst auf den Schulweg machen müssen, haben sie kaum etwas gegessen und allenfalls einen Schluck Tee oder Milch getrunken.

Die Empfehlung, morgens möglichst viel zu essen, ist allerdings unsinnig, wichtig ist die Gesamtmenge an Kalorien, die man über den Tag zu sich nimmt. Es ist egal, wann das ist. Es gibt auch keine Tages- oder Nachtzeit, zu der das Essen besonders ansetzt. Anschaulich wird das auch am Essverhalten in den Mittelmeerländern. Die Menschen in Italien und Frankreich essen abends besonders viel und frühstücken kaum. Und dennoch sind sie im Durchschnitt schlanker als die Deutschen.

Dennoch kann es sinnvoll sein, Kinder manchmal zu etwas mehr Nahrungsaufnahme am Morgen zu überreden. Denn oft können sie noch nicht richtig abschätzen, wann sie wieder etwas brauchen – und wenn sie dann zwei Unterrichtsstunden Sport oder einen Wandertag vor sich haben und auch dann »vergessen« zu essen, können sie während der körperlichen Betätigung ganz schön schlapp sein.

Trinken vor dem Essen

Wenn man vor dem Essen etwas trinkt, hat man keinen Hunger mehr, warnen viele Eltern ihre Kinder. Es gibt sogar Familien, in denen es verboten ist, eine halbe Stunde vor dem Essen noch etwas zu trinken. Früher setzten Eltern diese vermeintliche Essbremse angeblich sogar gezielt ein, wenn die Nahrung knapp war. Die Idee dahinter: Wenn der Bauch voll mit Flüssigkeit ist, passt weniger Essen hinein.

Theoretisch ist das einleuchtend. In der Praxis funktioniert die flüssige Appetitbremse dennoch nicht richtig. Das liegt an der kurzen Verweildauer der Getränke im Magen von einigen Sekunden bis wenigen Minuten. Bis dann ein paar Bissen hinabgelangt sind, ist der Magen meist schon wieder leer. Und der Magen ist nun einmal das Organ, das dem Gehirn ein Hungergefühl meldet.

Weil es nichts ausmacht, vor dem Essen etwas zu trinken, sollte allerdings nicht permanent etwas getrunken werden. Die unsinnige Aufforderung, dass man trinken soll, bevor der Durst kommt, hat breite Bevölkerungsschichten erfasst. Seit einigen Jahren schon laufen insbesondere junge Frauen mit zuvor nie gesehenen Nuckelflaschen herum. Jede Mineralwasser- oder Energy-Drink-Flasche wird von einem Plastikaufsatz gekrönt, der ein bisschen an eine Schnabeltasse erinnert. Die jungen Damen hätten ja auf dem Weg zu ihrer Verabredung oder während der Bahnfahrt verdursten können. Die uralte Klage besorgter Mütter: »Du trinkst zu wenig«, scheint endlich vom Nachwuchs erhört zu werden, und Lehrer wie Uni-Dozenten beschweren sich schon, dass in jeder Stunde die Hälfte der Anwesenden ein Getränk aus der Tasche kramt.

Bei Sportlern ist es etwas anderes. Jeder gelegentliche Hobbyläufer wusste auch schon vor der Mode mit den Nuckelflaschen von dem Ratschlag, vor und während einer Ausdauerbelastung ausreichend zu trinken. Ganz wichtig schien es, bereits zu trinken, bevor das Durstgefühl einsetzt. Angeblich sei es für den Flüssigkeitsausgleich bereits zu spät, wenn man erst zu Flasche oder Trinkbecher greift, sobald der Durst da ist. Komisch hätte einem dieser Rat schon vorkommen können. Wozu sollte der Körper Gefühle wie Durst und Hunger signalisieren, wenn nicht als Alarmsignal, dass es jetzt langsam an der Zeit ist, ihn mit Flüssigkeit oder Nahrung zu versorgen? Und wieso sollte man dem vorgreifen?

Obwohl unklar bleibt, woher diese skurrile Empfehlung kommt – einleuchtend schien sie zu sein. Bisher hatte sich Wissenschaftler allerdings kaum die Mühe gemacht, dieses Läuferdogma gründlicher zu untersuchen. Die Studien, die es gab, beobachteten entweder nur sehr wenige Läufer oder sie konzentrierten sich auf die Spitzengruppe der Athleten. Forscher der Harvard University haben sich den Mythos angeschaut. Dazu untersuchten sie 766 Teilnehmer des wohl berühmtesten Rennens über die 42,195-Kilometer-Distanz – des Boston-Marathons.[9] Sie wählten einen Lauf aus, bei dem es bedauerlicherweise sogar zu einem Todesfall kam – eine 28-Jährige kollabierte kurz nach dem Zieleinlauf.

Die Läufer mussten über ihren Flüssigkeitsverbrauch während des Laufs genau Protokoll führen, ihre Getränkeaufnahme sollten sie ebenso abschätzen wie ihre Ausscheidung. Nach dem Ziel wurde ihnen eine Blutprobe entnommen. Immerhin 13 Prozent der Teilnehmer wiesen nach dem Rennen eine Hyponatriämie auf, das heißt, die Kochsalzkonzentration in ihrem Blut war spürbar verringert, ihr Blut war schlicht zu stark verdünnt – bei 22 Prozent aller Frauen und acht Prozent der Männer war dies der Fall. Bei 0,6 Prozent der Läufer (das heißt bei drei Läufern) war die Salzmenge im Blut sogar so bedrohlich erniedrigt, dass Bewusstseinstrübungen, Schwindel und Krämpfe die Folge waren.

Die Analyse ergab, dass besonders jene Hobbyläufer, die nicht zur Spitzengruppe gehörten, anfällig dafür sind, eine Hyponatriämie zu entwickeln: Wer für die 42,195 Kilometer länger als vier Stunden brauchte, wer mehr als drei Liter Flüssigkeit während des Laufs zu sich genommen hatte und deswegen starken Gewichtsschwankungen unterlag, war besonders gefährdet. Frauen und Läufer, die »isotonische« Getränke zu sich nahmen, waren häufiger betroffen, denn die Kochsalzkonzentration in Sportgetränken beträgt nur rund ein Fünftel der Salzkonzentration im Körper.

Die Hyponatriämie ist für viele Läufer ein Problem. Hochgerechnet auf die 15 000 Teilnehmer des Boston-Marathons, die den Lauf im Untersuchungsjahr beendeten, wäre bei 1900 von ihnen von einer geringgradigen Hyponatriämie auszugehen, bei 90 sogar von einer schweren Salzverluststörung. Allgemeine Empfehlungen zur Trinkmenge kann es nicht geben, da die Läufer unterschiedlich viel schwitzen und der Flüssigkeitsverlust bei jedem unterschiedlich ist. Als relativ einfache Vorbeugung empfehlen die Harvard-Wissenschaftler, dass sich die Läufer vor und nach dem Training wiegen. Wer hinterher deutlich mehr wiegt als vorher, sollte seinen Flüssigkeitskonsum während des Laufs künftig besser einschränken, um unangenehme oder gar gefährliche Nebenwirkungen zu vermeiden.

20 nahrhafte Tatsachen über die angemessene Ernährung

1. Fast jedes Kind mag im Grundschulalter plötzlich nicht mehr das, was die Eltern ihm auftischen und für gesund halten. Meistens gibt sich die Aversion nach einigen Monaten oder Jahren wieder, oder sie bleibt auf ein, zwei Gerichte beschränkt, die ein Leben lang Widerwillen hervorrufen.

2. Manchmal ist die plötzliche Unlust beim Essen medizinisch begründet. Äpfel, Birnen oder auch Zitrusfrüchte können bei einigen Kindern und Jugendlichen unangenehme Darmreaktionen hervorrufen. Für die Verträglichkeit von Gemüse gilt das Gleiche.

3. Den Geschmack der Kinder zu schulen und sie spüren zu lassen, was ihnen schmeckt und wann ihr Sättigungsgefühl eintritt, ist wichtig. Wer mit Kindern Gerichte ausprobiert, sie selbst kochen oder die Speisen auswählen lässt, die zubereitet werden, weckt ihre Experimentierfreude und die Lust, Neues auszuprobieren.

4. In Ruhe und mit Freude in Gemeinschaft zu essen, ist eine wichtige Erfahrung für Kinder. Sie lernen dann, auf ihren Appetit wie auf ihr Sättigungsgefühl zu hören. Das verhindert, dass sie als Erwachsene maßlos reinschaufeln und sich »überfressen«, obwohl sie satt sind.

5. Mit dem Beginn des Essens aufeinander zu warten, sich »Guten Appetit« zu wünschen, nicht mit vollem Mund zu essen und erst vom Tisch aufzustehen, wenn alle ihre Mahlzeit beendet haben, ist keine spießbürgerliche Attitüde, sondern schafft Strukturen im Tagesablauf der Kinder, die für sie hilfreich sind.

6. Wer als Kind das lustvolle Essen in Gesellschaft kennengerlernt hat, dem wird später Essen aus Frust kaum eine Belohnung nach Ärger und Ent-

täuschungen sein. Dabei trägt dieses einsame Essen als Liebes- und Lustersatz nach Kränkungen erheblich zu Essstörungen bei.

7. Die viel geschmähten Hamburger sind besser als ihr Ruf, sagt die Stiftung Warentest. Wenn sie nicht täglich verzehrt werden oder gleich mehrere auf einmal, seien die Burger »ordentliche Produkte, auf keinen Fall schlechte Lebensmittel«.

8. Man kann nicht generell sagen, dass ein Lebensmittel schlecht oder ungesund ist. Das gilt auch für Hamburger. Wie so oft, wenn es um die Gesundheit geht, kommt es auf die Dosis an.

9. Um Krankheiten vorzubeugen, ist es wichtig, dass die Ernährung ausgewogen ist und genug Vitamine, Mineralstoffe, Spurenelemente und Ballaststoffe enthalten sind.

10. Die positive Burger-Wertung soll kein Persilschein für die Branche der Schnellbräter sein. Sie gilt nur, wenn auf Beilagen wie Pommes, Limo und Majo verzichtet wird.

11. In den vergangenen 50 Jahren ist die Größe der Portionen in Schnellrestaurants um das Zwei- bis Fünffache gestiegen. Die Kombination Burger, Pommes und Softdrink lässt die Fastfood-Mahlzeit zur Völlerei werden. Super-Size-Portionen liefern bis zu 1200 Kilokalorien. Das ist der halbe Tagesbedarf eines 14-Jährigen. Eine Hauptmahlzeit in diesem Alter sollte 700 Kilokalorien nicht übersteigen.

12. Eine Selbstbeschränkung der Esser ist schwierig. Der Mensch ist evolutionär so geprägt, dass er Nahrung mit hohem Energiegehalt schätzt: Lebensmittel mit viel Zucker und Fett schmecken gut und verschaffen Lustgefühle.

13. Mittlerweile liegt der Energiegehalt der Mahlzeiten in Fastfood-Restaurants bei 263 Kilokalorien pro 100 Gramm. Die Nahrung, die der durch-

schnittliche Mitteleuropäer zu sich nimmt, hat im Mittel einen Energiegehalt von 160 Kilokalorien pro 100 Gramm. Empfohlen wird ein Nährwert von 125 Kilokalorien pro 100 Gramm.

14. Wer mehr als zweimal die Woche ein Fastfood-Restaurant aufsucht, nimmt um vier bis fünf Kilo mehr zu als jene Gleichaltrige, die nur selten dort aßen. Das Risiko, an Diabetes zu erkranken, ist auch erhöht.

15. Regelmäßige Besucher von Schnellrestaurants achten weniger auf ihre Gesundheit. Sie gehören zu einer niedrigeren sozialen Schicht und verdienen weniger. Sie trinken mehr Alkohol, essen fetter und süßer, nehmen seltener Obst, Gemüse und Vollkornprodukte zu sich und bewegen sich weniger: Dauergast bei Burger-Anbietern zu sein ist ein Zeichen für ungesunden Lebensstil.

16. Toast, Brötchen, Baguette, aber auch Grau- oder Mischbrot sind aus Auszugsmehlen gebacken, in denen die wertvolle Randschicht der Getreidekörner nicht mehr enthalten ist. Wer gesund essen will, muss daher zu Vollkornprodukten greifen.

17. Die Empfehlung an Kinder, morgens viel zu essen, ist unsinnig. Wichtig ist die Gesamtmenge an Kalorien über den Tag – es ist aber egal, wann. Es gibt auch keine Tages- oder Nachtzeit, zu der das Essen besonders ansetzt.

18. Trinken vor dem Essen vermindert nicht den Appetit, dazu sind die Getränke viel zu kurze Zeit im Magen.

19. Zu trinken, bevor der Durst kommt, ist nicht nötig. Das gilt im Alltag und sogar auch bei Sportlern.

20. Weil Ausdauerläufer zu viel trinken, kommt es häufig zu einer gefährlichen Blutverdünnung. Der erniedrigte Natriumspiegel im Blut kann lästige und sogar lebensbedrohliche Auswirkungen haben.

Der Kampf um die Kilos

Nicht wenige Kinder in Deutschland wie auch in den meisten anderen wohlhabenden Staaten sind zu dick, keine Frage. Sie essen zu viel, und sie bewegen sich zu selten. Wenn das in ihrer Kindheit und Jugendzeit so bleibt und sie auch als Erwachsene zu viele Pfunde mit sich herumschleppen, kann sie das krank machen. Ihren Gelenken tut das nicht gut, Herz-Kreislauf-Leiden und auch Diabetes sind bei starkem Übergewicht wahrscheinlicher. Das Risiko für andere Leiden wie Gicht steigt ebenfalls.

Deswegen aber gleich von einer Fettsucht-Epidemie und einer neuen Seuche zu sprechen, entbehrt wissenschaftlichen Grundlagen. Erstens bleiben nicht alle Kinder, die in jungen Jahren etwas dicklicher waren, auch als Erwachsene dick. Zweitens ist der Trend bei Kindern und Jugendlichen rückläufig: Auch wenn es immer wieder behauptet wird, ist der Anteil der Kinder mit Übergewicht in den vergangenen Jahren in fast allen Ländern Europas wie auch in Nordamerika zumindest nicht mehr gestiegen. Und drittens haben Mediziner in jüngster Zeit erkannt, dass die gesundheitlichen Gefahren durch Übergewicht erst dann erwiesen sind, wenn es erhebliche Ausmaße annimmt. Die gesenkten Grenzwerte für Erwachsene, denen zufolge bereits ein 1,80 Meter großer Mann mit 83 Kilogramm als übergewichtig einzustufen ist, haben dazu geführt, dass inzwischen mehr als die Hälfte der Deutschen als zu dick gelten – ohne dass es eine fundierte medizinische Begründung dafür gibt.

Diese Einschätzung folgt weniger medizinischen Erwägungen, sondern den Wünschen der Diät- und Lebensmittelindustrie. Und ästhetischen wie auch moralisierenden Erwägungen. Den Schlankheitswahn etlicher Erwachsener schon auf die Kinder zu übertragen ist allerdings gefährlich. Seriöse Studien zeigen: Von einer »Fettwelle« kann nicht die Rede sein: Das Durchschnittsgewicht ist seit Ende der 1990er Jahre kaum gestiegen. In den USA ist der Anteil der dicken Kinder seit Jahren konstant. Nach Daten des Robert Koch-Instituts sind von den Drei- bis 17-Jährigen 6,3 Prozent adipös, unter den 18- bis 20-Jährigen sind es drei Prozent.

Falsche Schlankheitsideale fordern hingegen mehr Opfer als ein paar Fettringe, hier besteht die viel größere Gefahr: Von den Drei- bis 17-Jährigen sind sieben Prozent untergewichtig oder stark untergewichtig. 100 000 Frauen leiden in Deutschland an Magersucht, etwa 15 Prozent von ihnen sterben daran. Die Zahl der Bulimiker liegt bei fast 700 000. Häufig fangen diese Essstörungen schon bei Mädchen zu Beginn oder während der Pubertät an.

Wenn trotzdem nur die Dicken im Mittelpunkt der Aufmerksamkeit stehen, gibt es dafür keine medizinische, sondern eine soziologische Erklärung. Das Gerede über die zunehmende Fettleibigkeit der Deutschen – und die angeblich immer dicker werdenden Kinder – bietet nämlich die Gelegenheit, Vorurteile als Vorsorge zu kaschieren. Soziale Unterschiede sollen verfestigt und Dicke als ungesund und unterprivilegiert diffamiert werden.

»Von wegen Werteverfall«, schreibt der Ernährungspsychologe Christoph Klotter von der Hochschule Fulda. »Die Werte haben sich nur verkörpert.« Längst gelte nicht mehr die Formel des aufgeklärten Absolutismus, wonach jeder nach seiner Fasson glücklich werden könne. Die Möglichkeit zum Glück wird nur dem zugesprochen, der dem Schlankheitsideal entspricht. »Es gibt nur eine Fasson«, so Klotter.

»Die Präventionsprogramme gegen Übergewicht gleichen Kreuzzügen«, sagt der Freiburger Soziologe Ulrich Bröckling. »Ihre Logik ist die der vorauseilenden Säuberung. Gegen welches Übel auch immer angetreten wird, es soll eliminiert werden.«[10] Es wird kaum ein Anlass versäumt, um das Dicksein anzuprangern.[11] Um die Frage, ob die Deutschen durch schlechte Ernährung unnötig ihr Leben verkürzen, geht es längst nicht mehr. Dominant sind die moralisierenden Appelle. Den Dicken und Armen soll nicht nur das Ekel-TV abgewöhnt, sondern auch endlich Benimm- und Esskultur beigebracht werden. »Keine Happy Meals mehr für die Unterschicht!«, hat der Bremer Sozialwissenschaftler Friedrich Schorb diese Erziehungsmaßnahmen auf den Punkt gebracht.[12]

Zeitschriften und Magazine zeigen immer wieder die gleichen Bilder von Übergewichtigen in Badehose. Wie früher der Elefantenmensch dem Voyeurismus der Öffentlichkeit feilgeboten wurde, so sind es heute Fotos von dicken Kindern, die sich im Sportunterricht quälen. Inszeniert wird der Gegensatz zwischen der körperlich wohlgeformten Klasse, die eine gesellschaftliche Vormacht beansprucht, und dem Ernährungs-Prekariat, das sprachlos ist, sich von Fastfood ernährt, aber dafür in Diätratgebern oder Kochsendungen Trost sucht – oder bei TV-Trostlosigkeiten mit vieldeutigen Namen wie »Deutschlands biggest Loser«.

Dicke Kinder, dicke Erwachsene?

Erwachsene, die dick sind, waren nicht immer schon dick. Im Gegenteil. Eine finnische Studie konnte zeigen, dass Kinder mit einem geringen Geburtsgewicht ein besonders hohes Risiko haben, als Erwachsene übergewichtig zu sein.[13] Erhöht wurde die Wahrscheinlichkeit, dick zu werden, wenn die Kinder von ihrem zweiten oder dritten Lebensjahr an massiv bis zum zehnten, elften Lebensjahr an Gewicht zulegten. Über die Gründe für dieses eher umgekehrt zu erwartende Verhältnis können

Mediziner nur spekulieren. Eventuell wird bei einer raschen Gewichtszunahme im Vorschul- und Grundschulalter das meiste Fett im Bauch und nicht unter der Haut eingelagert. Und dieses Fett ist nun mal hartnäckiger wieder wegzuschmelzen.

Wer schon als Kind oder Jugendlicher dick ist, hat es auch später nicht unbedingt schwerer im Leben. Kinderärzte aus London sind daher der Frage nachgegangen, wie sich dicke Kinder weiter entwickeln. Dazu verglichen sie die Daten von fast 8500 Briten, die im April 1970 geboren waren.[14] Sie untersuchten das Gewicht und die allgemeinen Lebensumstände dieser Gruppe, als die Teilnehmer der Studie zehn und als sie dann 30 Jahre alt waren.

Anders als erwartet, hatte das Übergewicht in jungen Jahren keinen wesentlichen Einfluss darauf, wie es den Probanden als Erwachsenen ging. Wenn Zehnjährige übergewichtig waren, ließ sich daraus weder eine bestimmte soziale Klasse vorhersagen noch ihr Einkommen, ihre Ausbildung, ihre Befähigung zu Freundschaften, noch die Neigung zu psychischen Störungen. Einzig bei den Frauen, die bereits als Zehnjährige dick waren und auch dick blieben, zeigte sich, dass sie seltener eine feste Anstellung und seltener einen festen Partner hatten. Bei den Männern wirkte sich Übergewicht offenbar nicht negativ aus.

Schlanker in die Schule – Der Anteil übergewichtiger Kinder sinkt

Sie sind der Joker in jeder Debatte um Fettleibigkeit und Übergewicht. Keine Diskussion über die dicken Deutschen kommt ohne den alarmierenden Hinweis aus, dass nicht nur die Erwachsenen aus dem Leim gehen, sondern auch die Kinder immer voluminöser werden. Das Problem an dieser Aussage: Sie stimmt nicht mehr. Denn seit einigen Jahren ist die Gewichtsentwicklung der Kinder rückläufig. Ärzte der Universitätskinderklinik Ulm zeigten 2012 anhand von umfangreichen Daten, dass die Grundschüler in Deutschland wieder schlanker werden.[15]

Das Ulmer Team um Anja Moß hatte die Größen- und Gewichtsdaten von den mehr als 600 000 Schulanfängern aus allen 16 Bundesländern ausgewertet. Als Grundlage dienten die Ergebnisse der Schuleingangsuntersuchungen aus dem Jahr 2008. Im Vergleich zu den letzten Erhebungen im Jahr 2004 war der Anteil der Übergewichtigen um bis zu drei Prozent zurückgegangen. Diese Veränderung ließ sich in 14 Bundesländern beobachten, lediglich in Baden-Württemberg und Rheinland-Pfalz war ein minimaler Anstieg zu verzeichnen. »Die gezeigte Entwicklung bedeutet aber keinesfalls, dass wir unsere Bemühungen zur Prävention von Übergewicht und Adipositas einstellen können«, sagt der an der Studie beteiligte Ulmer Kinderarzt Martin Wabitsch. »Trotz des dokumentierten Rückgangs bleiben die Raten übergewichtiger und adipöser Einschüler in Deutschland auf einem hohen Level.«

Bremen und Thüringen haben innerhalb Deutschlands mit 11,9 Prozent den größten Anteil übergewichtiger Schulanfänger – hier liegt Bayern bei 8,6 Prozent und wird damit nur noch von Brandenburg (8,5 Prozent) und Sachsen (8,4 Prozent) knapp unterboten. Als fettleibig bezeichnete Schüler machen 5,4 Prozent der Erstklässler im Saarland und 5,1 Prozent in Thüringen aus. Hier weisen wiederum Brandenburg und Sachsen mit 3,3 Prozent bundesweit den niedrigsten Anteil auf; auch Bayern kommt nur auf 3,4 Prozent.

»Ehrlich gesagt wissen wir nicht, warum wir einen Rückgang des Gewichts beobachten«, sagt Hauptautorin Anja Moß. »Ein gesteigertes Bewusstsein für Übergewicht und die Aufklärungsbemühungen von Ärzten und Fachverbänden tragen vermutlich dazu bei.« Inwieweit gezielte Präventionskampagnen dazu geführt haben, dass weniger Kinder dick werden, lasse sich aus den vorhandenen Daten nicht ableiten.

Übergewicht und Fettleibigkeit im Kindesalter gehen mit verschiedenen Gesundheitsgefahren einher: Die Risiken für Bluthochdruck, Diabetes und orthopädische Leiden steigen, zudem haben übergewichtige Kinder öfter psychische Probleme und leiden häufiger an Depressionen. »Die meisten Eltern und auch die Kinder wissen, dass sie sich mehr bewegen, besser ernähren und ihr Verhalten ändern sollten – sie schaffen es aber nicht«, sagt Moß.

Die Weltgesundheitsorganisation definiert vier Gewichtskategorien, und die meisten Ärzte und medizinischen Fachorganisationen haben diese Einteilung übernommen: Untergewicht besteht bei einem Body Mass Index (BMI) unter 18,5. Ein BMI zwischen 18,5 und 24,9 gilt als Normal- oder Idealgewicht. Ein BMI von 25 oder mehr bedeutet Übergewicht, jenseits der 30 sprechen Ärzte von Adipositas oder Fettleibigkeit. Der BMI errechnet sich, indem das Gewicht durch die ins Quadrat genommene Körpergröße (in Metern) geteilt wird. Bei 1,80 Metern Größe und 80 Kilogramm Gewicht liegt der BMI demnach bei 24,7.

Diese Werte gelten für Erwachsene. Bei Kindern verändert sich altersbedingt und mit Beginn der Pubertät die Körpermasse. Ihr BMI wird daher in bundesweit einheitliche Wachstumskurven eingetragen, aus denen sich im Vergleich mit Gleichaltrigen die Einteilung in Normal-, Übergewicht oder Fettleibigkeit ermitteln lässt. Übergewicht liegt vor, wenn 90 Prozent der Gleichaltrigen einen geringeren BMI aufweisen, bei Fettleibigkeit liegt das Gewicht höher als bei 97 Prozent der Vergleichsgruppe.

Bereits mehrfach hatten Ärzte und Wissenschaftler darauf hingewiesen, dass der Anteil der Übergewichtigen auch in den USA nicht mehr steigt.[16] Katherine Flegal und ihr Team vom

Nationalen Zentrum für Gesundheitsstatistik in Hyattsville hatten die jüngsten Daten von mehr als 4000 Kleinkindern, Kindern und Jugendlichen sowie von 5555 Erwachsenen analysiert, die ebenfalls 2008 erhoben wurden. Demnach gehörten in den USA 9,5 Prozent der Kinder und etwa 18 Prozent der Jugendlichen zur Gruppe der Übergewichtigen. Dieser Anteil ist in den vergangenen Jahren ziemlich konstant geblieben.

Dass die Kinder in den wohlhabenden Staaten nicht von Jahr zu Jahr dicker werden, hatte sich zuletzt schon in etlichen Ländern angedeutet, darunter in Dänemark, Schweden, Frankreich, Griechenland, der Schweiz, in Russland und Australien. Leichtes bis mittleres Übergewicht wird ohnehin nicht mehr so kritisch gesehen wie noch in den 1990er Jahren. Große Metaanalysen bei Erwachsenen haben gezeigt, dass molligere Mitmenschen seltener krank werden und eine höhere Lebenserwartung haben als die ranken Idealgewichtigen. Für Kinder gibt es solche Daten bisher nicht. »Wer mit drei oder acht Jahren leicht übergewichtig ist, bei dem gibt sich das mit dem nächsten Wachstumsschub womöglich wieder«, sagt Anja Moß. »Wer in jungen Jahren aber schon fettleibig ist, tut seiner Gesundheit bestimmt nichts Gutes.«

Machen Oma und Opa dick?

Die meisten Eltern wollen ihren Kindern etwas Gutes tun, wenn sie Oma und Opa in die Betreuung einbinden. Doch was gut gemeint ist und den Familienzusammenhalt stärken kann, hat für die Kinder offenbar nicht nur Vorteile. Auf das Körpergewicht wirkt es sich sogar eher schädlich aus. Kleinkinder werden häufiger übergewichtig, wenn die Großeltern die Betreuung übernehmen.[17]

Londoner Forscher um Catherine Law wollten analysieren,

ob sich die Art der frühen Betreuung auf das Gewicht der Kinder auswirkt. Sie untersuchten dazu mehr als 12 000 britische Kinder aus Familien mit unterschiedlichen Einkommens- und Lebensverhältnissen. Wurden die Kinder teilweise von den Großeltern beaufsichtigt, waren 15 Prozent mehr von ihnen übergewichtig im Vergleich zu jenen, die in Krippen, Horte oder andere Einrichtungen gingen. Übernahmen die Großeltern die Betreuung ganztags, waren es sogar 34 Prozent. Dieser Einfluss ließ sich besonders in sozioökonomisch bevorteilten Familien feststellen, in denen die Eltern gut ausgebildet und in ihren Jobs gut bezahlt waren.

Die Gründe für den Gewichtsanstieg der Kinder wurden in dieser Studie nicht genauer ermittelt. Die Forscher aus London vermuten, dass Kinder bei ihren Großeltern mit mehr Aussicht auf Erfolg quengeln und dort auch weniger körperlich aktiv sind. »Essen und erst recht Naschereien sollten im Alltag nicht als Belohnung dienen«, sagt Law. In der Generation der Großeltern, die oft schlechtere Zeiten mitgemacht haben und sich gut daran erinnern, ist es womöglich üblicher, Süßigkeiten für wohlwollendes Verhalten auszuloben.

Amerikanische Kinderärzte hatten an einer großen Gruppe Vorschüler gezeigt, welche Faktoren Kinder vor Übergewicht bewahren helfen: Regelmäßige Mahlzeiten gemeinsam mit der Familie, ausreichend Schlaf zu festen Zeiten und begrenzter Fernsehkonsum.[18] »Diese drei Formen der Routine schützen auch jene Bevölkerungsschichten vor Übergewicht, die besonders anfällig dafür sind«, sagt Studienleiterin Sarah Anderson von der Ohio State University. Eine unsichere frühkindliche Bindung, familiäre Aggressionen und häufiger Streit in der Familie tragen hingegen dazu bei, dass aus schlanken Kindern übergewichtige Jugendliche und Erwachsene werden.[19]

12 pfundige Tatsachen zur richtigen Gewichtung

1. Übergewicht kann krank machen. Gelenken tut es nicht gut, Herz-Kreislauf-Leiden wie auch Diabetes sind bei starkem Übergewicht wahrscheinlicher. Das Risiko für andere Leiden wie Gicht steigt ebenfalls.

2. Von einer Fettsucht-Epidemie zu sprechen entbehrt wissenschaftlicher Grundlagen. Erstens bleiben nicht alle Kinder als Erwachsene dick. Zweitens ist der Anteil der Kinder mit Übergewicht in Europa und Nordamerika nicht mehr gestiegen. Drittens haben Mediziner erkannt, dass gesundheitliche Gefahren durch Übergewicht erst erwiesen sind, wenn es erhebliche Ausmaße annimmt.

3. Nach Daten des Robert Koch-Instituts sind von den Drei- bis 17-Jährigen in Deutschland 6,3 Prozent adipös, unter den 18- bis 20-Jährigen sind es drei Prozent.

4. Falsche Schlankheitsideale fordern mehr Opfer als Übergewicht: Von den Drei- bis 17-Jährigen sind sieben Prozent untergewichtig oder stark untergewichtig. 100 000 Frauen leiden in Deutschland an Magersucht, etwa 15 Prozent von ihnen sterben daran. Die Zahl der Bulimiker liegt bei fast 700 000.

5. Das Gerede über die zunehmende Fettleibigkeit der Deutschen – und die angeblich dicker werdenden Kinder – bietet Gelegenheit, Vorurteile als Vorsorge zu kaschieren. Soziale Unterschiede sollen verfestigt und Dicke als ungesund und unterprivilegiert diffamiert werden.

6. Erwachsene, die dick sind, waren nicht immer schon dick. Im Gegenteil. Kinder mit geringem Geburtsgewicht haben ein besonders hohes Risiko, als Erwachsene übergewichtig zu sein.

7. Erhöht wird die Wahrscheinlichkeit, dick zu werden, wenn Kinder von ihrem zweiten oder dritten Lebensjahr an bis zum zehnten, elften Lebensjahr massiv an Gewicht zulegten.

8. Übergewicht in jungen Jahren hat kaum Einfluss darauf, wie es Kindern als Erwachsenen geht. Waren Zehnjährige übergewichtig, ließ sich daraus weder eine soziale Klasse vorhersagen noch ihr Einkommen, ihre Ausbildung, ihre Befähigung zu Freundschaften, noch die Neigung zu psychischen Störungen.

9. Seit einigen Jahren ist die Gewichtsentwicklung der Kinder in Deutschland rückläufig. Grundschüler in Deutschland werden wieder schlanker. Ähnliche Daten finden sich im übrigen Europa, in den USA und Kanada.

10. Kleinkinder werden häufiger übergewichtig, wenn die Großeltern die Betreuung übernehmen. In der Generation der Großeltern ist es üblicher, Süßigkeiten für wohlwollendes Verhalten auszuloben.

11. Regelmäßige Mahlzeiten gemeinsam mit der Familie, ausreichend Schlaf zu festen Zeiten und begrenzter Fernsehkonsum helfen, Kinder vor Übergewicht zu bewahren.

12. Eine unsichere frühkindliche Bindung, familiäre Aggressionen und häufiger Streit in der Familie tragen dazu bei, dass aus schlanken Kindern übergewichtige Jugendliche und Erwachsene werden.

VII. ERKENNEN, WO ES FEHLT: KRANK ODER UNPÄSSLICH?

Erkältungen und andere banale Infekte

Zieh dich warm an! Körper in der Kälte

Rilke hatte recht: Wer jetzt kein Thermometer hat, kauft sich keines mehr. Die Pfütze im Garten hat sich zum hauseigenen Funtensee verwandelt, der täglich mit neuen Minustemperaturrekorden protzt. Doch obwohl unsere Urahnen Eiszeiten überstanden haben und wagemutige Zeitgenossen die Polkappen überschreiten, scheint der moderne Mensch für Kälte nicht gemacht zu sein. Zwar bedeckt er Hunde, Katzen und anderes Kleinvieh mit Hüftwärmern, auf sich selbst passt er aber nur ungenügend auf.

Zärtlichkeiten in der Kälte auszutauschen kann aus medizinischer Sicht nicht empfohlen werden. Das wärmt jugendliche Liebespaare zwar innerlich, aber gerade bei intensiven Küssen kann Körperflüssigkeit gefrieren und den Mund-zu-Mund-Kontakt unangemessen verlängern. Noch gefährlicher ist es, aus Jux an Laternenmasten oder Schildern zu lecken, denn das zarte Körpergewebe gefriert schnell fest, sobald es bei Minusgraden in Kontakt mit Wärmeleitern wie Metall kommt. Jedes Jahr im Winter melden die vermischten Seiten der Zeitungen, dass Kinder oder Jugendliche in stundenlanger Mühe mit lauwarmem Wasser von den eisigen Metallpfosten befreit werden mussten.

Bei Joggern und anderen Outdoor-Sportlern, die sich in der Kälte anstrengen müssen oder wollen, werden die Atemwege strapaziert. Das ist nicht gefährlich, höchstens lästig. Rachen, Luftröhre und Bronchien sind mit Schleimhaut ausgekleidet und teilweise mit Flimmerhärchen bedeckt. Das Gewebe ist feucht und daher besonders kälteempfindlich. Gegen den stechenden Schmerz in Rachen und Lunge hilft es meistens, durch die Nase statt durch den Mund zu atmen oder durch einen Schal oder Kragen, den man sich vor den Mund hält.

Wer sich lange in der Kälte aufhält, bei dem sind die Extremitäten besonders gefährdet. Mehrere Schichten Kleidung schützen Hände wie Füße, genügend Bewegungsspielraum für Finger und Zehen ist wichtig, weswegen kälteempfindliche Menschen Fäustlinge den Fingerhandschuhen vorziehen. In einschlägigen Foren wird gelegentlich von Kälteschäden an der Penisspitze von Joggern berichtet. Teilnehmer von Polarexpeditionen urinieren im Zelt in Flaschen oder mit Hilfe spezieller Kathetervorrichtungen, um diesem Malheur vorzubeugen.

Bei gleicher Temperatur und Kleidung frieren Frauen fast immer stärker als Männer, Mädchen mehr als Jungs. Das liegt an ihrer im Vergleich geringeren Muskelmasse, denn die durch Muskelbewegung freigesetzte Energie ist die stärkste Wärmequelle des Körpers. Anderslautenden Vorurteilen zum Trotz tragen Muskeln auch mehr zum Wärmegefühl bei als Fett. Polster rund um den Körper isolieren zwar ein bisschen, die Energie und damit die Wärme wird jedoch von den Muskeln erzeugt. Weil Kinder im Verhältnis zur Körpermasse eine größere Oberfläche haben, geht bei ihnen die Wärme auch schneller wieder verloren als bei Erwachsenen. Allerdings ist ihr Bewegungsdrang zumeist größer, daher frieren sie nur dann leichter, wenn sie sich weitgehend ruhig verhalten.

Die Ermahnungen an Kinder, sich bei Kälte eine Mütze aufzusetzen – oder als Eltern dafür zu sorgen –, haben durchaus ihren Sinn. Je kleiner das Kind, desto größer ist im Verhältnis zur übrigen Körpermasse und -oberfläche der Kopf. Wenn es kalt ist, kann daher über den kindlichen Kopf besonders viel Wärme verlorengehen. Neugeborenen und Säuglingen, die jünger als sechs Monate sind, im Winter Mützen aufzusetzen, ist deshalb richtig und wichtig, sonst kühlen sie schnell aus.

Übertrieben ist allerdings die Angst vor »Zug«. Natürlich können sich Kinder erkälten und eine Mittelohrentzündung bekommen. Doch ein kalter Luftzug allein ist dafür nie die Ursache. Es müssen immer auch Krankheitserreger mit im Spiel sein. Zumeist halten sich die Menschen während der kalten Jahreszeit häufiger in geheizten Räumen auf. Mehrere Menschen untereinander und eine gewisse Wärme bieten ein Klima, in dem sich auch die verschiedenen Erkältungs- und Grippeviren wohl fühlen. In dieser Zeit werden eben auch Kinder schneller krank als im Sommer, wenn sie viel an der Luft sind.

Bei starker Unterkühlung des Körpers ist der gesamte Organismus betroffen. Zunächst erzeugt der Körper mit erhöhtem Muskeltonus und Zittern Wärme. Herz und Atem rasen, die Blutgefäße verengen sich. Sinkt die Körperkerntemperatur weiter ab, verlangsamen sich Puls, Atmung und Stoffwechsel; die Orientierung geht verloren. Für Laien sind Erfrierungen nicht leicht zu erkennen, denn »tiefgefrorenes Gewebe kann wachsbleich, gesprenkelt, gelb oder bläulich weiß aussehen«, wie ein Standard-Lehrbuch der inneren Medizin verrät.

Bei leichten Erfrierungen hilft 37 bis 40 Grad warmes Wasser am besten. Das Auftauen sollte aber nicht zu früh beendet werden, obwohl es schmerzt, wenn das Gewebe wieder durchblutet wird. Schäden drohen, wenn gefrorenes Gewebe gerieben oder massiert wird, obwohl dies in Expeditionsberichten immer wieder zu hören ist. Darunter litt zum Beispiel Maurice Herzog, der als erster Mensch auf einem Achttausender stand. Nach der Erstbesteigung der Annapurna im Himalaja 1950 schleppte sich der Franzose mit heftigen Erfrierungen ins Tal. Dort nahm die Pein aber kein Ende, denn seine Begleiter schlugen mit Seilenden auf Hände und Füße des Gipfelstürmers. Die Prozedur sollte die Durchblutung anregen, schädigte Herzogs Gewebe aber nur noch mehr.

Kalte Füße = Erkältung?

Kalte oder nasse Füße sind es nicht, die zu einer Erkältung führen. Allein eine niedrige Umgebungstemperatur reicht nicht aus, um eine Erkältung, Grippe oder einen sonstigen bakteriellen oder viralen Infekt auszulösen. Denn dazu bedarf es eines Keims und nicht nur kalter Luft. Eine Erkältung entsteht zumeist durch eine Infektion mit einem Virus. Nach zwei oder drei Tagen setzen die Symptome ein, uns fröstelt. Da wir uns dann aber zumeist nicht mehr daran erinnern können, wer uns vor ein paar Tagen angesteckt haben könnte, führen wir die Erkrankung auf die kalten oder nassen Füße zurück. Dabei geht das Gefühl der Unterkühlung den Fieberschüben oder Krankheitssymptomen nur voraus. Wenn »erkältete« Menschen frieren, ist das also eher das Ergebnis und nicht die Ursache der Erkrankung.

Untersuchungen haben den Zusammenhang zwischen Kälte und Erkältung ebenfalls nicht bestätigen können. Forscher ließen dazu eine Gruppe von Freiwilligen kalte und nasse Socken anziehen und eine Zeitlang draußen herumstehen. Das Ergebnis: Auch mit nasskalten Socken erkälteten sich nicht mehr Teilnehmer als in der Gruppe, die dicke, warme Socken anziehen durfte.

Sind allerdings bereits Krankheitserreger in den Körper gelangt, kommt es bei niedrigen Außentemperaturen eher zur Erkrankung als in wohliger Wärme. Denn durch Kälteeinwirkung wird die Immunabwehr des Körpers etwas herabgesetzt, so dass Krankheiten durch bereits vorhandene Erreger leichter ausgelöst werden können.

Eine weitere Tatsache spricht gegen den Zusammenhang von Kälte und Erkältung. Die meisten Krankheitserreger sind ziemlich empfindlich gegen Kälte – in der Arktis oder Antarktis kommt es viel seltener zu Erkältungskrankheiten als in unseren gemäßigten Breiten.

Die Häufung der Erkältungserkrankungen im Winter ist auf die erhöhte Keimzahl in geschlossenen und seltener gelüfteten Räumen zurückzuführen. Dort halten sich die Menschen in der kalten Jahreszeit häufiger auf, und überdies werden bei den wohligen Temperaturen die diversen Erreger besser »kultiviert«.

Ähnlich wie mit nassen Füßen verhält es sich übrigens mit nassen Haaren. Nässe gilt im Kosmos der deutschen Alltagsmythen ja als fast so gefährlich wie Kälte. Wahrscheinlich wird damit sogar eine ähnliche Gefahr beschworen, weil nasse Kleider oder Haare mit der Zeit eben auch kalt werden. Doch egal ob kalt oder nass oder beides: Eine Erkältung oder gar eine Grippe entsteht nicht durch Kälte, sondern durch Viren. Der Effekt, den Kälte und Nässe auf das Abwehrsystem haben, ist dagegen vergleichsweise gering. Es mag zwar nicht angenehm sein, mit nassen Haaren im Bett zu liegen (wobei es auch sehr auf die Länge der nassen Haare ankommt). Schädlich für die Gesundheit ist es jedoch nicht – allenfalls für die Frisur.

In kühlen Räumen zu schlafen ist gesünder als in warmen

Generell gilt, dass die meisten Menschen es nicht mögen, wenn die Temperatur in ihren Schlafzimmern zu hoch ist. Wer es unter der Decke warm hat, braucht nicht das Schlafzimmer noch so zu heizen, wie er es mit seinem Wohn- oder Arbeitszimmer tun würde. Die spartanischen Empfehlungen mancher Eltern und Großeltern sind jedoch auch übertrieben. Im Winter das Schlafzimmer nicht zu heizen und dann noch das Fenster geöffnet zu lassen fördert keineswegs die Gesundheit.

Im Gegenteil: Beim Schlafen in kalten Räumen trocknet die Nasenschleimhaut leichter ein. Sofern Erkältungsviren im

Raum sind, fällt es ihnen dann leichter, die Schleimhaut zu durchdringen. Die Gefahr, sich zu erkälten, wird in kalten Räumen also eher größer als kleiner.[1] Medizinisch empfohlen wird eine Schlaftemperatur von 16 bis 18 Grad Celsius – nicht viel weniger als die 18 bis 22 Grad, die für die anderen Zimmer tagsüber als Richtlinie angegeben werden.

Viel trinken bei Grippe und Erkältung?

Ärzte empfehlen, bei Grippe und schweren Erkältungskrankheiten viel zu trinken. Eltern geben den Rat ebenfalls weiter: Sobald die Nase rinnt, der Hals kratzt und die Lungen rasseln, gilt es, den Körper mit mehr Flüssigkeit als sonst zu versorgen. Für viele Menschen ist das einleuchtend. Zumeist wird angeführt, dass man bei grippalen Infekten – erst recht, wenn Fieber dazukommt – mehr schwitzt und daher den Verlust üppig ausgleichen solle.

Zudem sei es allgemein zu empfehlen, dass Hals und Rachen ordentlich gespült werden, sobald sich dort gemeine Keime eingenistet haben. Der zähe Schleim, der Hals und Bronchien verstopft, werde durch häufiges und vermehrtes Trinken außerdem schneller »verflüssigt« und lasse sich dann besser abhusten, was die Genesung beschleunige. Schaden, so der allgemeine Konsens, könne das vermehrte Trinken auf keinen Fall, die meisten Menschen würden ja eh zu wenig Flüssigkeit zu sich nehmen.

Australische Mediziner haben dieses Alltagsrezept auf seine Tauglichkeit überprüft. Sie werteten die bisherige Literatur zum Thema aus und fassten sie zusammen. Entgegen der weitverbreiteten Auffassung kamen die Mediziner zu dem Schluss, dass vermehrtes Trinken bei Atemwegsinfektionen keineswegs immer harmlos ist.[2] Denn bei einer Bronchitis oder gar einer

Lungenentzündung produziert der Körper mehr Antidiuretisches Hormon (ADH) als sonst. Vermutlich ist das auch bei Infektionen der oberen Atemwege, das heißt von Rachen, Kehlkopf und Luftröhre, der Fall. ADH reguliert, wie viel Flüssigkeit über die Nieren ausgeschieden wird. Wird es vermehrt ausgeschüttet, hält der Körper Flüssigkeit zurück. Wenn es in geringen Mengen vorliegt oder (etwa durch Alkoholkonsum) teilweise blockiert wird, scheidet der Körper mit dem Harn vermehrt Flüssigkeit aus.

Doch zurück zu den Atemwegen: Wenn durch eine Atemwegsinfektion mehr ADH im Körper zirkuliert, liegen die im Blut enthaltenen Salze und Mineralien wie Natrium und Kalium stärker verdünnt als sonst vor. Wird dann noch mehr getrunken als üblich, kann der Verdünnungseffekt sogar gefährlich werden. Eine verminderte Natriumkonzentration geht mit Symptomen wie Reizbarkeit, Verwirrung und Krämpfen einher – im Extremfall führt sie sogar bis ins Koma. Dass dies nicht nur eine theoretische Gefahr ist, zeigen Untersuchungen an Kindern mit Lungenentzündung, bei denen bei 31 bzw. 45 Prozent ein Natriummangel im Blut vorlag, der auf zu starke Verdünnung zurückzuführen war. Vier Kinder mit sehr niedrigen Natriumkonzentrationen starben. Von einer allgemeinen Empfehlung, bei Erkältungskrankheiten und Lungenleiden viel zu trinken, sollte daher abgesehen werden.

Kinder brauchen auch bei Erkältung keine Vitaminzusätze

Neben Hühnersuppe, heißem Tee, heißer Zitrone und kalten Umschlägen gibt es eine Menge mehr Empfehlungen bei banaler Erkältung. Manche kommen nicht ohne Unterstützung der Apotheke aus, so auch der Ratschlag, Vitaminpräparate zu schlucken. Neben Vitamin C wird immer wieder auch Vitamin D als heißer Kandidat gehandelt, um eine Erkältung zu verhindern oder wenigstens zu lindern. Ärzte aus Neuseeland haben jedoch gezeigt, dass die regelmäßige Zufuhr von Vitamin D keine Auswirkung auf die Häufigkeit und Schwere von Atemwegsinfektionen und grippalen Infekten hat.[3]

Nachdem seriöse Studien bereits gezeigt hatten, dass auch andere Vitaminpräparate für die Vorbeugung und Behandlung von Erkältungen und anderen Leiden nichts nützen (und teilweise sogar schaden), muss auch die Hoffnung, mit Vitamin D hilfreich bei grippalen Infekten eingreifen zu können, abgehakt werden. Frühere Studien hatten nahegelegt, dass ein niedriger Vitamin-D-Spiegel das Infektionsrisiko erhöht.

Verschiedene Ursachen wurden diskutiert, wie das Vitamin die Immunabwehr stärken könnte, beispielsweise ein Einfluss auf weiße Blutkörperchen und andere Abwehrzellen. Der potenzielle Mechanismus blieb allerdings unklar. Wer sich bei Erkältungen behelfen will, sollte daher weiterhin auf alte Hausmittel vertrauen: Suppe, heiße Getränke, genug Schlaf.

Viele Menschen vertrauen dennoch Vitamin-C-Präparaten, um bei sich oder ihren Kindern Erkältungen vorzubeugen. Doch keine wissenschaftliche Studie hat dies bisher eindeutig beweisen können. Trotzdem nehmen Kinder und Jugendliche seit Jahren mehr Vitamin C mit der Nahrung auf, als die von der Deutschen Gesellschaft für Ernährung empfohlenen 100 Milligramm am Tag. Und selbst diese Empfehlungen sind im internationalen Vergleich Spitze, auch wenn sie bei weitem nicht an die von dem zweifachen Nobelpreisträger Linus Pauling empfohlenen fünf Gramm heranreichen. Erst im Jahr 2000 wurden die deutschen Empfehlungen von 75 Milligramm auf 100 erhöht. Selbst die vitamingläubigen Amerikaner geben sich mit 60 Milligramm täglich zufrieden, die WHO und der Lebensmittelausschuss der EU begnügen sich sogar mit »nur« 30 Milligramm.

Linus Pauling hatte in hohem Alter jeden Tag grammweise Vitamin C zu sich genommen. Er hielt die Substanz nicht nur für ein Mittel gegen Erkältungen, sondern auch für einen Jungbrunnen und eine Vorsorge gegen Krebs. Pauling hat zwar versucht, die wissenschaftliche Literatur objektiv zu werten. Da er von seiner These jedoch so überzeugt war, hat er die zahlreichen Studien, die keinen Nutzen von Vitamin C entdecken konnten, ignoriert. Und die wenigen – und zumeist methodisch nicht zuverlässigen – Studien, die einen Nutzen nahelegten, überschätzte er wohlwollend.

Antibiotika bei banalen Infekten

Bei banalen Infekten sollte auf Antibiotika verzichtet werden, das weiß eigentlich jeder Arzt. Trotzdem bekommen zwei Drittel der Patienten die Medikamente, wenn sie eine Erkältung oder einen anderen Atemwegsinfekt haben. Entzündungen der Nebenhöhlen sollten erst mit Antibiotika behandelt werden, wenn eitriger Ausfluss und starke Schmerzen länger als sieben Tage anhalten. Die meisten dieser Infektionen werden von Viren ausgelöst, und diese reagieren gar nicht auf Antibiotika.

Gleiches gilt für Halsentzündungen bei Kindern, die fast immer viral bedingt sind. Nur wenn Streptokokken nachgewiesen sind, sollten Antibiotika gegeben werden. Trotz dieser schon länger bekannten Empfehlungen halten sich mehr als die Hälfte der Ärzte nicht daran. Patienten leiden unter den Nebenwirkungen, die Antibiotika werden resistent und die Umwelt belastet.

Viele Untersuchungen zeigen, dass drei von vier Menschen Antibiotika verschrieben bekommen, wenn sie mit Husten, Schnupfen oder Heiserkeit den Arzt aufsuchen. Dabei ist lange bekannt, dass banale Erkältungskrankheiten fast immer von Viren ausgelöst werden.[4] Manche Ärzte rechtfertigen ihr Verhalten damit, dass Antibiotika eine zusätzliche bakterielle Infektion des viral geschwächten Körpers verhindern. Doch diese vorbeugende Therapie ist längst als medizinisch unangemessen entlarvt.

Hustensäfte – weg damit

Eltern und jugendliche Patienten sollten von Ärzten darauf hingewiesen werden, dass Hustensäfte und Erkältungsmittel nutzlos sind. Es gibt keine wissenschaftlichen Belege dafür, dass die frei verkäuflichen Mittel gegen Husten oder Schnupfen helfen und die Dauer des Leidens verkürzen. Sie gehen lediglich mit Nebenwirkungen einher, in seltenen Fällen sogar mit tödlichen. Trotzdem nehmen in den USA zehn Prozent der Kinder jede Woche derartige Präparate gegen Erkältungskrankheiten ein. In Deutschland sind die genauen Zahlen nicht bekannt, liegen aber vermutlich nicht weit darunter.

Ärzte können Herzen transplantieren, künstliche Hüftgelenke einbauen und Videokameras in so kleinen Kapseln konstruieren, dass man sie hinunterschlucken und in Echtzeit Bilder aus dem Körperinneren bestaunen kann. Beeindruckende Fortschritte. Aber ein wirksames Medikament gegen Erkältungen gibt es nicht. Rein gar nichts. Gegen Husten, Schnupfen, Heiserkeit ist kein Kraut gewachsen. Warum eigentlich?

Erklärungen dafür gibt es mehrere. Der medizinische Grund: Viren sind zu schlau für den Menschen. Und es gibt viel zu viele von ihnen. Der grippale Infekt, die Erkältung, kann von etlichen Unterformen der Adenoviren, der Rhinoviren, der Enteroviren und nicht zu vergessen der Paramyxoviren ausgelöst werden. Aber selbst wenn man sich auf einen Erreger konzentriert, gelingt ein Therapieerfolg kaum: Viren sind viel zu tückisch, weil sie sich immer wieder gekonnt den Abwehrattacken der Mediziner entziehen. Was auch ausprobiert wird – gegen die Wandlungsfähigkeit der Erreger und ihr Anpassungstalent blieb bisher noch jedes Medikament machtlos.

Die Überlegenheit der Viren gegenüber Arzneien liegt auch in einer gewissen Schlampigkeit der Erreger begründet. Denn bei ihrer Vermehrung kommt es immer wieder zu kleinen Kopier- und Ablesefehlern im Erbgut. Deshalb entstehen während der Vervielfältigung der Viren immer neue Varianten, die sich in ihrem Aufbau und ihren Eigenschaften von den bisher bekannten Keimen ein wenig unterscheiden. Mal angenommen, es gäbe eine erfolgversprechende Therapie: Nach ein paar Vermehrungszyklen wäre sie schon wieder wirkungslos.

Aus marktwirtschaftlicher Sicht ist die Antwort eindeutiger: Wer will denn ein Mittel gegen Erkältungen? Es gibt mindestens so viele Hustensäfte, Schnupfensprays und Halstabletten wie Unterwäschekollektionen – und manche davon sind ähnlich teuer, aber weitaus wirkungsloser. Keines dieser Mittel hilft, was immer wieder Anlass gibt, neue Säfte, Sprays und Pillen auf den Markt zu bringen und auszuprobieren. Der verrotzte Konsument staunt und kauft – und merkt bald, dass es schon wieder nichts bringt. Spätestens bei der nächsten Erkältung kauft er das neue Präparat.

Mittelohrentzündung – zunächst abwarten

Bei chronischer Mittelohrentzündung sollten Kinder nicht gleich ins Krankenhaus eingewiesen werden. In den meisten Fällen heilt die Erkrankung innerhalb der ersten drei Monate von allein – ohne Nebenwirkungen und Komplikationen. Nur wenn die Kinder neurologische Auffälligkeiten zeigen, zusätzlich Sprach- oder Lernprobleme auftreten oder Verformungen des Trommelfells befürchtet werden, sollten klinische Experten hinzugezogen werden.

Bei Mittelohrentzündung operieren Ärzte oft schneller als nötig. Nach der Erkältung ist die Mittelohrentzündung die häufigste Erkrankung von Kindern. 40 Prozent aller Kinder erkranken bis zum zehnten Lebensjahr mindestens einmal daran – der häufigste Grund für einen Arztbesuch in diesem Alter. Zwar heilen 80 Prozent der Mittelohrentzündungen folgenlos aus. Der Rest der Fälle wird jedoch mit Antibiotika oder sogar einem kleinen chirurgischen Eingriff behandelt. Dabei wird ins Trommelfell gestochen, um den Druck im Mittelohr abzulassen. Zudem soll durch Einlage eines »Paukenröhrchens« gewährleistet werden, dass das Mittelohr von der Rachenseite aus genügend belüftet wird und sich keine neuen Entzündungsherde bilden.

Kinderärzte der Universität Pittsburgh haben untersucht, wie sich der Zeitpunkt der Operation auf die weitere Entwicklung der Kinder auswirkt.[5] Denn die Mittelohrentzündung geht bei kleinen Kindern häufig mit Hörproblemen und daraus resultierenden Lernschwierigkeiten einher.

429 Dreijährige, die trotz Antibiotikagabe weiter an Mittelohrentzündung litten, wurden in die Studie einbezogen. Eine Gruppe wurde sofort operiert, die andere neun Monate später. Die Gruppen unterschieden sich nicht im Therapieerfolg. Auch die im Alter von sechs Jahren ermittelte kognitive und sprachliche Entwicklung der Kinder war in beiden Gruppen ähnlich. Da die rasche Operation keinen Vorteil für die Kinder bringt, sprechen sich die Autoren der Studie dafür aus, auch bei chronischer Mittelohrentzündung zunächst mit der Operation zu warten. Erst wenn nach sechs Monaten noch eine Entzündung besteht, Fehlbildungen vorliegen oder Hörverlust droht, seien Trommelfellstich und Paukenröhrchen angeraten.

Nebenhöhlen – Zurückhaltung mit Antibiotika

Eine Nebenhöhlenentzündung ist äußerst lästig. Patienten haben Schmerzen, ein Spannungsgefühl im Gesicht, sie fiebern und fehlen in der Schule. Ärzte verschreiben in dieser Situation typischerweise Antibiotika. Nötig ist das offenbar nicht, denn die Medikamente lindern die Symptome nicht besser als Scheinpräparate. Zu diesem Ergebnis kommen HNO-Spezialisten und Kinderärzte der Washington University in St. Louis.[6] »Patienten geht es nicht früher besser, und sie haben auch nicht weniger Symptome«, sagt HNO-Arzt Jay Piccirillo, in dessen Arbeitsgruppe die Studie entstanden ist. »Die meisten Menschen werden auch ohne Antibiotika wieder gesund.«

Die Ärzte aus St. Louis hatten Freiwillige untersucht, von denen eine Hälfte das Antibiotikum Amoxicillin bekam, die andere ein Placebo. Doch weder nach drei noch nach zehn Tagen Behandlung ging es den Patienten mit Antibiotika besser. Um Tag sieben herum waren bei etwa 80 Prozent der Patienten in beiden Gruppen die ärgsten Beschwerden wieder verflogen. Die Patienten unterschieden sich auch nicht in der Häufigkeit, mit der sie zusätzlich Medikamente gegen die Schmerzen, das Fieber oder den Husten einnahmen.

In den USA wird jedes fünfte Antibiotikum gegen eine Entzündung der Nebenhöhlen verordnet, in Deutschland ist der Anteil ähnlich hoch. Doch statt Antibiotika zu geben, sollten Ärzte in der Praxis allenfalls die unangenehmen Begleitsymptome behandeln, fordern die Autoren. »Antibiotika werden von Hausärzten viel zu oft verordnet«, sagt Jane Garbutt, die Leiterin der Studie. »Wir hoffen, dass die Ärzte mit Hilfe unserer Untersuchung ihren Patienten erklären können, dass Antibiotika bei akuter Nebenhöhlenentzündung keine Abhilfe schaffen.« Tritt nach zehn Tagen überraschenderweise keine Besserung ein, könnten immer noch andere Therapieoptionen erwogen werden.

Medikamente für Kinder in der richtigen Dosis

Falsche Dosisangaben für Medikamente gefährden Patienten. Packungsbeilagen sind die Hölle. Man kann sie nicht mehr zusammenfalten, sie sind in unverständlichem Kauderwelsch gehalten, und nach der Lektüre hat man das Gefühl, ein Dutzend akuter Komplikationen und bald auch heimtückische Spätfolgen zu erleiden, wenn man das entsprechende Medikament genommen hat. Ein weiterer Klassiker: In der Packungsbeilage steht, dass zwei Teelöffel des Präparats 30 Millilitern entsprechen. Auf dem mitgelieferten Messbecher steht hingegen neben dem Markierungsstrich, dass zwei Teelöffel zehn Millilitern entsprechen. Ja, was nun? Muss man das Mittel selbst mischen, wie jene Antibiotika, die häufig gegen Lungenentzündungen verschrieben werden, und soll die Dosis bei Kindern auf das Körpergewicht umgerechnet werden, ist die Verwirrung komplett.

Amerikanische Kinderärzte haben gezeigt, wie verbreitet fehlerhafte und sich mit den Angaben in den Packungsbeilagen widersprechende Dosierhilfen für Medikamente sind.[7] Besonders Kinder sind in Gefahr. »Es gibt zahlreiche Berichte zu unbeabsichtigten Überdosierungen, die auf derartige Irreführungen zurückzuführen sind«, sagt Kinderärztin Shonna Yin. »Im November 2009 hat die Arzneimittelbehörde zwar Richtlinien für Herstellung, Marketing und Vertrieb der Medikamente erlassen, aber bisher sind die nicht verpflichtend.«

Das Ärzteteam um Yin hat die 200 meistverkauften Präparate zur Behandlung von Erkältungen, grippalen Infekten, Bauchschmerzen und zur Linderung von Schmerzen und Allergien bei Kindern untersucht, die ohne Rezept erhältlich sind. Es ging nur um flüssige Medikamente wie Säfte, Lösungen und Suspensionen, da bei dieser Darreichungsform die Gefahr einer falschen

Dosierung besonders groß ist. Die Präparate-Palette deckte den gesamten Markt der Flüssigmittel für Kinder ab. Und für mehr als 98 Prozent der Medikamente waren die Angaben widersprüchlich oder fehlerhaft. Entweder war auf Messbecher oder Spritze keine Markierung angegeben wie bei einem Viertel der Produkte – oder die Einheiten auf Dosierhilfe und Beipackzettel stimmten nicht überein.

»Ein Problem ist auch die fehlende Standardisierung der Maßeinheiten«, kritisiert Yin. Mal werden Teelöffel im Beipackzettel angegeben, dann wieder Esslöffel. Löffel sind eine erstaunlich antiquierte Messgröße, denn das heimische Besteck kann unterschiedlich groß sein und je nach Haushalt verschiedene Volumina aufnehmen. Statt einheitlich von Millilitern zu sprechen und sie mit ml (in Deutschland) oder mL (in den USA) abzukürzen, tauchen in Beipackzetteln Abkürzungen auf, die leicht zu verwechseln sind, oder ungewöhnliche Einheiten wie Kubikzentimeter. Manchmal wird die Dosis in Milligramm angegeben, oder auf den Messbechern stehen Mengenmarkierungen, die im Beipackzettel nicht zu finden sind.

»Es kann nicht sein, dass man als Patient den Dreisatz braucht, um die richtige Dosis zu ermitteln«, sagt Wolf-Dieter Ludwig, Vorsitzender der Arzneimittelkommission der Deutschen Ärzteschaft. »Auch in Deutschland gibt es erheblichen Nachbesserungsbedarf, damit Medikamente sicherer werden.« Für Darren DeWalt von der University of North Carolina liegt das Problem bei Medizinern wie Herstellern[8]: »Ärzte lernen nicht, dass sich Laien bei den vielen Maßeinheiten schnell vertun. Und Pharmafirmen geben Hunderte Millionen Dollar aus, um die richtige Dosis für eine optimale Wirkung zu ermitteln – nehmen dann aber groteske Fehldosierungen in Kauf, weil die Angabe der Dosis nicht stimmt.« Dabei wird das effizienteste Arzneimittel versagen, wenn es weder Patienten noch Ärzte richtig verabreichen können.

Verzögerte Warnung – Nebenwirkungen von Arzneien für Kinder

Wenn Kinder krank sind, reicht es nicht, Tabletten von Erwachsenen dem geringeren Körpergewicht anzupassen. Kinder nehmen Medikamente anders auf, ihre Lebern und Nieren sind aktiver als bei Erwachsenen. Das kann verheerende Folgen haben. Doch die Forschung zur Medikamentensicherheit bei Kindern steckt noch in den Anfängen. Viele Nebenwirkungen werden erst bekannt, wenn die Medikamente längst auf dem Markt sind.[9]

Kinderärzte der Duke University in North Carolina haben 130 Fälle nachgezeichnet, in denen zusätzliche Warnhinweise nötig wurden. In den USA schreibt die Kontrollbehörde FDA seit 2002 vor, Arzneien nach der Marktzulassung genauer zu überprüfen. Dafür wird der Patentschutz verlängert. Bei Antidepressiva aus der Gruppe der SSRI musste auf eine erhöhte Suizidgefahr bei Jugendlichen hingewiesen werden, bei schmerzstillenden Opioid-Pflastern auf Unverträglichkeiten, die bis zum Tode führten. Das unter dem Namen Ritalin bekannte Methylphenidat erhöhte das Risiko für psychiatrische Störungen. »Wenn ein Mittel klinisch getestet wurde, heißt das nicht, dass man sein Nebenwirkungsprofil kennt«, sagt Danny Benjamin, der an der Studie beteiligt war. »Bevor es den verlängerten Patentschutz gab, wurden Mittel für Kinder gar nicht systematisch überprüft.«

Die Europäische Union hat erst 2007 eine Verordnung in Kraft treten lassen, die Kinder besser schützen soll. Obwohl Ärzte wissen, dass der wachsende Organismus anders reagiert als der ausgewachsene, sind viele Medikamente nicht für Kinder getestet. In Kinderkliniken liegt die Rate der unerwünschten Arzneimittelwirkungen bei sechs Prozent, wenn nicht zugelassene Medikamente verwendet werden. Werden Arzneien verabreicht, die für diese Indikation auch zugelassen sind, liegt die Rate der Nebenwirkungen bei 3,9 Prozent.

»Je kränker die Kinder sind, desto schlechter sind die Medikamente für sie untersucht«, beklagt Hannsjörg Seyberth, ehemaliger Direktor der Universitätskinderklinik Marburg. Im Ernstfall würden Kinder so unfreiwillig zu Versuchskaninchen. Gründlich getestet seien Mittel gegen banale Erkrankungen wie Husten, Schnupfen, Heiserkeit. »Das ist ja auch ein großer Markt«, sagt Seyberth. Für Kinder mit seltenen oder schweren Leiden wie Herzerkrankungen, Epilepsie oder Krebs, die oft im Krankenhaus sein müssen, wurden jedoch 50 bis 80 Prozent der Arzneien nicht gründlich geprüft.

Auch in Europa wurde die Verordnung zum Schutz der Kinder nur mit Hilfe eines massiven Anreizes möglich: Den Arzneimittelherstellern wurde ein um sechs Monate verlängerter Patentschutz in Aussicht gestellt. In den USA wurde dies bereits ausgenutzt. Der Pharmakonzern Eli-Lily etwa hat das Antidepressivum Prozac auch an Kindern getestet. Den geringen Ausgaben für diesen Test standen Gewinne von mehreren hundert Millionen Dollar durch den verlängerten Patentschutz für den Arznei-Bestseller gegenüber.

26 ansteckende Wahrheiten über Kälte und Infekte bei Kindern

1. Alkohol hilft bei Kälte nichts. Er erweitert Blutgefäße, wodurch der Körper schneller auskühlt. Zudem wird durch Alkohol die Bedrohung durch die Kälte unterschätzt.

2. An Laternenmasten oder Schildern zu lecken ist gefährlich, das zarte Körpergewebe friert schnell fest.

3. Sport in der Kälte ist nicht gefährlich, höchstens lästig. Gegen den Schmerz in Rachen und Lunge hilft es, durch die Nase zu atmen oder durch einen Schal.

4. Mehrere Schichten Kleidung schützen, genügend Bewegungsspielraum für Finger und Zehen ist wichtig, Fäustlinge sind Fingerhandschuhen vorzuziehen.

5. Frauen frieren stärker als Männer, Mädchen mehr als Jungs. Das liegt an ihrer geringeren Muskelmasse, denn die Energie durch Muskelbewegung ist die stärkste Wärmequelle des Körpers.

6. Je kleiner das Kind, desto größer im Verhältnis zur übrigen Körpermasse der Kopf. Über den kindlichen Kopf kann viel Wärme verlorengehen. Neugeborene und Säuglinge, die jünger als sechs Monate sind, brauchen im Winter Mützen.

7. Bei leichten Erfrierungen hilft 37 bis 40 Grad warmes Wasser am besten. Das Auftauen sollte nicht zu früh beendet werden, obwohl es schmerzt, wenn das Gewebe wieder durchblutet wird. Schäden drohen, wenn gefrorenes Gewebe gerieben oder massiert wird.

8. Kalte, nasse Füße führen nicht zur Erkältung. Dazu bedarf es eines Keimes und nicht nur kalter Luft. Eine Erkältung entsteht zumeist durch Infektion mit einem Virus.

9. Auch mit nasskalten Socken erkälten sich nicht mehr Menschen, als wenn sie dicke, warme Socken anziehen.

10. Durch Kälteeinwirkung wird die Abwehr des Körpers herabgesetzt, so dass Krankheiten durch vorhandene Erreger leichter ausgelöst werden können.

11. Die Häufung der Erkältungen im Winter ist auf die erhöhte Keimzahl in Räumen zurückzuführen. Dort halten sich Menschen in der kalten Jahreszeit häufiger auf, und überdies werden bei den wohligen Temperaturen die Erreger besser »kultiviert«.

12. Im Winter das Schlafzimmer nicht zu heizen und dann noch das Fenster geöffnet zu lassen fördert keineswegs die Gesundheit.

13. Beim Schlafen in kalten Räumen trocknet die Nasenschleimhaut leichter ein. Die Gefahr, sich zu erkälten, wird in kalten Räumen eher größer als kleiner. Medizinisch empfohlen wird eine Schlaftemperatur von 16 bis 18 Grad Celsius.

14. Vermehrtes Trinken bei Atemwegsinfektionen muss nicht sein und ist nicht harmlos. Bei Bronchitis oder Lungenentzündung hält der Körper von sich aus Flüssigkeit zurück. Wird mehr getrunken als sonst, kann die Verdünnung des Blutes gefährlich werden.

15. Die regelmäßige Zufuhr von Vitamin-D-Präparaten hat keine Auswirkung auf die Häufigkeit und Schwere von Atemwegsinfektionen und grippalen Infekten.

16. Bisher hat keine seriöse Studie belegen können, dass Vitamin-C-Präparate Erkältungen vorbeugen.

17. Mehr als ein Drittel der Menschen in wohlhabenden Ländern nimmt regelmäßig Vitamin- oder andere Ergänzungspräparate. Die Vitamine aus der Dose sind nicht nur überflüssig, sie können sogar die Gesundheit angreifen.

18. Vitamine in Obst, Gemüse, Getreide und Fleisch sind lebenswichtig, Substanzen aus der Packung hingegen schaden eher.

19. Bei banalen Infekten sollte auf Antibiotika verzichtet werden. Entzündungen der Nebenhöhlen sollten erst mit Antibiotika behandelt werden, wenn eitriger Ausfluss und Schmerzen länger als sieben Tage anhalten. Die meisten dieser Infektionen werden von Viren ausgelöst und reagieren nicht auf Antibiotika.

20. Nur wenn Streptokokken nachgewiesen werden, sollten bei Halsentzündungen Antibiotika gegeben werden.

21. Hustensäfte sind nutzlos. Es gibt keine Belege dafür, dass die frei verkäuflichen Mittel gegen Husten oder Schnupfen helfen und die Dauer des Leidens verkürzen.

22. Bei chronischer Mittelohrentzündung sollten Kinder nicht gleich ins Krankenhaus. In den meisten Fällen heilt die Erkrankung innerhalb der ersten drei Monate von allein. Nur wenn Kinder neurologische Auffälligkeiten zeigen, Sprachprobleme auftreten oder Verformungen des Trommelfells, sollten Ärzte hinzugezogen werden.

23. Wenn die Mittelohrentzündung nach sechs Monaten besteht, Fehlbildungen vorliegen oder Hörverlust droht, sind Trommelfellstich und Paukenröhrchen angeraten.

24. Falsche Dosisangaben, fehlerhafte und sich mit den Packungsbeilagen widersprechende Dosierhilfen sind bei Medikamenten für Kinder sehr verbreitet.

25. Wenn Kinder krank sind, reicht es nicht, Tabletten von Erwachsenen dem geringeren Körpergewicht anzupassen. Kinder nehmen Medikamente anders auf, ihre Lebern und Nieren sind aktiver als bei Erwachsenen.

26. Obwohl Ärzte wissen, dass der wachsende Organismus anders reagiert als der ausgewachsene, sind viele Medikamente nicht für Kinder getestet.

Lästig, bedrohlich oder sogar gefährlich?

Was tun nach Gehirnerschütterung?

Wenn Kinder auf den Kopf fallen und nicht bewusstlos sind, ist meist keine Untersuchung mit Röntgen-, Kernspin- oder CT-Aufnahmen nötig, werden sie dennoch angefertigt, lassen sich selten Folgen des Sturzes entdecken – und wenn, müssen sie zumeist nicht behandelt werden. Kritischer wird es, wenn die Kinder benommen sind, jünger als zwei Jahre, äußere Verletzungen aufweisen, der Sturz sich aus mehr als einem Meter Höhe ereignete oder andere Hinweise auf größere Verletzungen oder kognitive Einschränkungen vorliegen.

Denn die Nebenwirkungen der bildgebenden Verfahren sind nicht unbeträchtlich. Werden die Kinder schon frühzeitig Röntgenstrahlen ausgesetzt, steigt ihr Krebsrisiko übermäßig – von 1400 Kindern, bei denen ein Schädel-CT angefertigt wurde, bekommt eines später einen Tumor.

Der Kopf verzeiht nichts – auf diese Formel lässt sich bringen, was Ärzte in jüngster Zeit über Gehirnerschütterungen gelernt haben. Galt eine solche Verletzung noch vor wenigen Jahren als ebenso bedauerlicher wie harmloser Zwischenfall, der folgenlos verheilt, verstehen Ärzte mehrere Gehirnerschütterungen inzwischen als kumulative Belastung. Sie erkennen mit detaillierten Kernspinaufnahmen immer öfter chronische Schädigungen des Gehirns. »Bei den Erschütterungen werden feinste Nervenbahnen überdehnt«, sagt Florian Heinen von der LMU München. »Irgendwann sind die Nervenzellen überstrapaziert wie ein poröses Gummi und funktionieren nicht mehr.«

Im Sport werden die Spätfolgen für das Hirn besonders häufig unterschätzt. Dabei ist das Risiko für Hirnschäden in Sportarten mit Körperkontakt erhöht. In den vergangenen Jahren häuften sich in der nordamerikanischen Eishockey-Profiliga NHL Zwischenfälle, in denen Kufen-Cracks schwere Gesundheitsfolgen davontrugen. Kanadas Eishockey-Star Eric Lindros klagte nach etlichen Gehirnerschütterungen über Leistungseinbußen gegen Ende seiner Karriere. 2011 musste der 26-jährige Sid Crosby fast komplett pausieren, nachdem er mehrere Gehirnerschütterungen erlitten hatte. Kürzlich zeigte eine Langzeitanalyse sogar, dass auch Football-Spieler ein erhöhtes Risiko haben, an Alzheimer oder dem Nervenleiden Amyotrophe Lateralsklerose (ALS) zu erkranken und zu sterben.[10]

Ein amerikanisches Ärzteteam um Everett Lehman aus Cincinnati hatte für die Studie 3500 ehemalige Spieler untersucht, die zwischen 1959 und 1988 in der Profiliga NFL aktiv waren. Unter den früheren Football-Profis waren Nervenerkrankungen häufiger die Todesursache als in der Normalbevölkerung. »Die wiederholten traumatischen Hirnschädigungen sind wohl der wahre Grund für diese Todesfälle«, sagt Lehman. »Die Symptome bei Alzheimer und ALS können ja ähnlich sein wie nach mehrfachen Gehirnerschütterungen.« Seit Jahren fordern Ärzte mehr Schutz für Athleten, die Kontaktsportarten betreiben.

Auch Fußball kann gefährlich für das Gehirn sein: Ärzte erkennen, dass die häufigen Erschütterungen beim Kopfball langfristig schaden. Gedächtnisverlust ist typisch für eine Gehirnerschütterung. Die weiche Hirnmasse prallt mit Wucht gegen den Schädel – und wieder zurück. Kopfschmerzen, Schwindel, Übelkeit und Erbrechen sind weitere Folgen, bei schwereren Verläufen auch Halluzinationen und neurologische Ausfälle. Die gleichen Symptome kennen auch geübte Trinker, Epileptiker und Patienten mit Hirnhautentzündung.

Bei leichter Gehirnerschütterung kann man sich typischerweise nicht an das Geschehen *nach* dem Unfall erinnern. Dieser

Gedächtnisverlust wird als anterograde Amnesie bezeichnet. Erinnerungslücken an die Zeit *vor* dem Unfall nennen Ärzte retrograde Amnesie, und diese spricht für eine schwere Verletzung. Auch wenn es sich »nur« um eine Gehirnerschütterung handelt, sollten Patienten 48 Stunden in der Klinik beobachtet werden, damit eine mögliche Hirnblutung sofort entdeckt werden kann.

Internationale Empfehlungen für die Fußballligen, wonach Spieler kognitive Tests absolvieren und auf Anzeichen für Hirnschäden untersucht werden sollen, finden kaum Beachtung. Eine Analyse in einer britischen Fachzeitschrift für Sportmedizin zeigte, dass 28 Prozent der britischen Fußballvereine auch mehr als zehn Jahre später noch nie von den 2001 verabschiedeten – und mehrfach aktualisierten – Regeln gehört haben. Sogar in der Premier League halten sich weniger als die Hälfte der Vereine an die Richtlinie, ihre Spieler routinemäßig auf etwaige Symptome für Hirnschäden zu testen.

Wer sich nicht selbst schützt, muss vom Staat geschützt werden – nach diesem Motto gilt seit 2012 in Kalifornien ein Gesetz für mehr Sicherheit im Jugend- und Studentensport, mit dem Nachwuchsathleten vor einer Gehirnerschütterung und den Spätfolgen bewahrt werden sollen. Demnach werden Spieler mit Gehirnerschütterung sofort vom Spiel ausgeschlossen und dürfen nur mit ärztlichem Attest beim nächsten Spiel mitmachen. Zudem müssen Schüler wie Eltern jedes Jahr ein Informationsblatt unterschreiben, in dem sie über mögliche Folgen einer Gehirnerschütterung aufgeklärt werden.

»Die Fachwelt diskutiert vehement, ob Spitzenathleten in Kontaktsportarten nicht gefährdet sind, sich ihr Gehirn auf Dauer zu ruinieren«, sagt Florian Heinen. »Kommt das Trauma unvorhergesehen, kann man sich ja kaum davor schützen.« Während Rennfahrer Fliehkräfte erwarten und ausgleichen, indem sie ihre Nackenmuskeln trainieren, kommt der Stoß bei Football, Eishockey oder Handball meist unvermittelt.

Heinen vergleicht die fragile Verankerung des Gehirns am Rückenmark mit einem großen Blumenkohl auf einem dünnen Stiel. Bei schneller Beschleunigung oder Bremsung werden die Nervenzellen belastet. Früher galt die Gehirnerschütterung als Episode kurzer Bewusstlosigkeit ohne bleibende Folgen. Heute wissen Ärzte: Der Schaden kumuliert.

Von Verboten wie in Kalifornien hält Heinen trotzdem nichts. »Sportler werden aus Angst um ihre Karriere das Gesetz umgehen«, befürchtet der Arzt. »Man kann aber Regeln hinterfragen: Wieso darf man beim Eishockey Gegner an der Bande zerquetschen und beim Football die Köpfe gegeneinanderrammen?« Auch der Fußball steht auf dem Prüfstand. Neurologen vom Einstein-College stellten kürzlich Befunde vor, die zeigen, dass beim Kopfball Schlimmeres im Gehirn passiert, als bisher angenommen wurde. Dazu passt, dass Fußballer die ersten zwei Tage nach dem Spiel schlechter komplexe Figuren nachzeichnen und Rechenaufgaben lösen können als Leichtathleten oder Schwimmer.[11]

Schon wieder Läuse

Sie sind harmlos, aber lästig. Kopfläuse, die Kindergärten oder Schulklassen heimsuchen, führen oft zu hektischen Aktionen der Eltern – wobei auch häufiges Haarewaschen nicht die Läuse vertreibt, sondern sie allenfalls sauberer werden lässt. Lausbefall ist also keine Frage der Hygiene, auch wenn das immer wieder unterstellt wird. Krauses Haar, das früher häufig rassistisch abwertend als unhygienisch bezeichnet wurde, bietet Kopfläusen übrigens keinen guten Halt. Hierin finden sie sich besonders selten. Viel besser können sich die Tiere an langes, glattes Haar klammern.

Die Kopflaus – in der Fachsprache *Pediculus humanus capi-*

tis genannt – kann nämlich gar nicht springen. Die 2 bis 3,5 Millimeter langen Insekten sind gelblich braun, haben keine Flügel – dafür aber sechs stramme Klammerbeine, mit denen sie sich an den Haaren festhalten können. Sie können nicht einmal eine Strecke von wenigen Zentimetern ohne festen Halt überbrücken. Kinder, die hauptsächlich von ihnen befallen werden, müssen die Köpfe buchstäblich zusammenstecken, um den Läusen den Weg zum Nachbarn zu ermöglichen.[12]

Kopfläuse können maximal zwei bis drei Tage auf unbelebten Gegenständen wie Mützen oder Plüschtieren überleben. Insofern ist an der Warnung besorgter Eltern schon ein Fünkchen Wahrheit, auf Grabbeltischen im Kaufhaus nicht Mützen und Hüte auszuprobieren (»Wer weiß, wer die schon alles aufgehabt hat.«). Alle zwei bis drei Stunden brauchen Läuse allerdings ihre »Blutmahlzeit«, sonst trocknen sie aus und sind nach spätestens 55 Stunden tot.

Der abwertende Begriff »Lausbube« kann sich nicht auf den Befall mit Kopfläusen, sondern höchstens auf Infektionen mit der Kleiderlaus *(Pediculus humanus humanus seu vestimentorum)* beziehen. Denn die Kleiderlaus ist es, die sich bei schlechten hygienischen Bedingungen in den Fasern der Kleidung niederlässt. Heutzutage ist sie besonders in Sammelunterkünften oder bei Obdachlosen verbreitet. Sie hat in Kriegszeiten zum Tod vieler Soldaten geführt und so etliche Armeen geschwächt, da die Kleiderlaus – im Gegensatz zur Kopflaus – den Keim *Rickettsia prowazekii* und damit das gefährliche Fleckfieber übertragen kann.

Die Häufigkeit des Kopflausbefalls in Deutschland hat in den vergangenen Jahren zugenommen. Das liegt allerdings nicht an unhygienischen Bedingungen, denn dadurch verbreiten sich Kopfläuse nicht schneller, sondern an der gestiegenen Mobilität. Die verbesserten hygienischen Bedingungen haben hingegen die Häufigkeit anderer Läuseleiden eingedämmt: Es kommt immer seltener in Deutschland zu Infektionen mit Kleiderläusen und Filzläusen. Genaue Zahlen für Deutschland sind zwar schwer zu ermitteln, da keine Meldepflicht für einen Lausbefall besteht. Die Verkaufszahlen für Läusemittel steigen jedoch in den vergangenen Jahren stetig. Hochrechnungen aus Stichproben haben zudem ergeben, dass Kopfläuse mittlerweile in Deutschland häufiger vorkommen als in den 1960er Jahren.[13]

Auf dem Markt werden Dutzende Mittel gegen die peinigenden Insekten angeboten. Etliche sind von fragwürdiger Wirksamkeit, einige Produkte können der Laus jedoch zuverlässig den Garaus machen. Um Kopfläuse auszurotten, werden zumeist zwei Wirkmechanismen angewandt. Mittel, in denen sogenannte Pyrethroide enthalten sind, vergiften die Läuse. »Das Prinzip ist mir zwar auch nicht sympathisch, aber bisher wurden kaum Nebenwirkungen berichtet«, sagt Wolfgang Becker-Brüser vom unabhängigen »Arznei-Telegramm«. Andere Produkte verkleben den Läusen hingegen die Atemwege, so dass sie ersticken. Für jede Behandlung gilt: Man sollte sie nach einer Woche wiederholen, weil dann erst die Läuse aus den Nissen geschlüpft sind, denen vorher allenfalls ein Nissenkamm etwas anhaben konnte.

Zecken – Gefahr aus dem Unterholz

Es heißt Stich und nicht Biss. Nein, Zecken fallen auch nicht von Bäumen, höchstens von Bonsais. Sie schaffen es nämlich allenfalls auf eine Höhe von 1,20 Metern und lauern deshalb bevorzugt in Gräsern und im Unterholz. Gefahr besteht also nicht beim Wandern auf breiten Waldwegen, sondern vielmehr beim Streifen durchs Gebüsch oder im hohen Gras. Dann lassen sich die Zecken gerne auf die Menschen fallen und bohren sich in die Haut. Wenn eine Zecke doch einmal am Hals oder an den

Schultern in einer Höhe über 1,20 Meter gefunden wird, ist sie meistens unbemerkt den Körper hochgekrabbelt – oder aber der Betroffene hat sich im Freien hingelegt.

Für die kunstgerechte Entfernung der Zecken gibt es eine Menge gutgemeinter Ratschläge. Die meisten davon sind allerdings falsch. Viele Empfehlungen gehen dahin, die Zecke durch Öl oder Butter, in manchen Fällen auch mit Uhu oder andern Klebstoffen zu ersticken und sie dann in einer bestimmten Richtung – zumeist im Uhrzeigersinn – herauszudrehen. Der Zecke schadet das zweifellos, für den Menschen ist es aber auch nicht besonders gut. Wenn die Zecke nämlich infektiöse Erreger mit sich führt, so sind diese besonders konzentriert in Speichel und im Magensaft des Insekts enthalten. Wird das Tier erstickt, erbricht es sich im Todeskampf noch einmal in das Blut des Opfers, so dass dann besonders viele Keime übertragen werden.

Die Drehrichtung ist übrigens auch egal. Die Zeckenstachel haben kein Gewinde – weder rechts- noch linksdrehend –, sondern Widerhaken. Sie sind schwer zu entfernen, unabhängig davon, in welche Richtung man sie dreht. Am besten werden Zecken ohne jede zusätzliche Vorbehandlung entfernt: Mit einer feinen Zange oder Pinzette den Insektenkörper möglichst nah an der Haut umfassen und dann gerade herausziehen.

Verbleibt ein Teil der Zecke in der Haut, befürchten viele Menschen, dass sie jetzt noch stärker infiziert werden können. Meistens ist dies jedoch harmlos, denn die Zecke überträgt die gefährlichen Erreger, wie schon erwähnt, nur solange sie lebt mit dem Speichel, während sie Blut saugt. Wenn ihr der restliche Leib abgerissen wurde, kann sie keine weiteren Erreger ausspucken, auch wenn Teile ihres Körpers noch im Körper des Menschen stecken.

Zecken können zwei gefährliche Erreger übertragen: Viren, die eine Frühsommermeningoenzephalitis (FSME) auslösen, und Bakterien, die zur Borreliose führen können. Wenn Zecken gut durch den Winter kommen, weil es nicht sehr kalt war, droht größere Gefahr, sagt Jochen Süss, Direktor des Referenzlabors für durch Zecken übertragene Erkrankungen am Friedrich-Loeffler-Institut in Jena. Wie das in den folgenden Monaten weitergeht und was das für die Erkrankungshäufigkeit im Frühjahr und Sommer bedeutet, dazu kann man aber seriöserweise am Ende des Winters keine vernünftige Prognose abgeben.

Mildes Klima im Frühling kommt den Zecken zugute. Die Spinnentiere können bei Temperaturen unterhalb von sieben Grad Celsius nicht aktiv sein. Sie werden von der Kälte arretiert. Sind die Wintermonate wärmer als sonst, können sich die Tiere ungewöhnlich früh auf Wirtssuche begeben und vermehren. Forscher untersuchen das regelmäßig von November bis März, indem sie mit Flanellhandtüchern Zecken in Feld und Wald sammeln oder beobachten, wie die Tiere an Stöcken emporklettern, um nach Wirtstieren zu suchen.

Diese Winteraktivität ist in den vergangenen Jahren – vermutlich durch den Klimawandel – häufiger beobachtet worden, sagt Süss, doch auch dies führe nicht automatisch zu einem Anstieg der Krankheitsfälle. Das hat wiederum mit den klimatischen Vorlieben der Tiere zu tun: Wird der Sommer warm und trocken, zieht es zwar viele Menschen in Wald und Flur, doch dann verkriechen sich die Zecken, weil sie es gerne warm und feucht haben. Wird der Sommer hingegen verregnet, sind zwar die Zecken sehr aktiv, aber der Mensch treibt sich nicht so viel in der Natur herum.

Eine vor wenigen Jahren neu gestaltete Karte der FSME-Risikogebiete des Robert Koch-Instituts (RKI) in Berlin trägt nicht dazu bei, die Verwirrung über die vermeintlich drohende Zeckengefahr aufzulösen. Denn das für Krankheitsüberwachung und Prävention zuständige Bundesinstitut hat neue Kriterien angewendet, um drohende Gefahr anzuzeigen. Entschied früher die absolute Zahl der Erkrankungsfälle darüber, ob eine

Region zum Risikogebiet erklärt wurde, ist nun die Zahl der Erkrankungen auf die Einwohnerzahl der Landkreise bezogen worden. Dies hat dazu geführt, dass in Bayern seit 2007 immerhin 74 statt bisher 55 Landkreise als Risikogebiete gelten. In Baden-Württemberg sind es 39 statt bisher 32 Kreise, und auch in Hessen und Thüringen sind ein paar Regionen mehr zum Risikogebiet erklärt worden.

Da Süddeutschland mittlerweile fast komplett als Risikogebiet gilt, erwägen immer mehr Menschen eine FSME-Impfung. Gegen Borreliose, die in ganz Deutschland nach jedem 30. Zeckenstich auftreten kann, ist keine Impfung möglich, dafür helfen Antibiotika gegen die Krankheit, die sich in einer wandernden Rötung, Gelenkschmerzen, Ermattung oder auch einer Hirnhautentzündung äußern kann.

Für den optimalen FSME-Impfschutz werden drei Injektionen im Abstand von mehreren Monaten empfohlen; es gibt aber auch eine Schnellimmunisierung für Reisende in Gebiete mit großem Infektionsrisiko. Nach drei bis fünf Jahren ist eine Auffrischung nötig. Die Impfung mit abgetöteten Viren war zu Beginn des Jahrzehnts in Verruf geraten, weil der Impfstoff Ticovac häufig Nebenwirkungen wie Fieber und Fieberkrämpfe auslöste. Dieses Mittel wurde jedoch 2001 vom Markt genommen.

Dieses Image hängt der Impfung aber noch an. Die heute gebräuchlichen Impfstoffe sind deutlich verträglicher und bieten einen Impfschutz von etwa 99 Prozent. Laut Jochen Süss kommt auf eine Million Impfdosen eine schwere Nebenwirkung, etwa eine Meningitis. Schwellungen an der Einstichstelle, Fieber, Kopfweh und Abgeschlagenheit am Tag der Impfung kommen zu fünf bis zehn Prozent vor.

Das RKI empfiehlt eine FSME-Impfung für Personen, die in Risikogebieten wohnen und zeckenexponiert sind. In Baden-Württemberg wird die Impfung deshalb vom Land ohne jede geographische Einschränkung propagiert. Vom RKI heißt es, dass eine Impfung auch in Gebieten ohne erhöhtes FSME-Risiko womöglich sinnvoll und auch gut begründet ist, wenn Beruf oder Freizeitverhalten eine besonders intensive Zeckenexposition nahelegen. Eine Beratung durch das örtliche Gesundheitsamt wird empfohlen.

Ob eine FSME-Impfung nach einem Zeckenstich vor der Erkrankung schützen kann, ist ungewiss. Schließlich dauert es etwa vier Wochen, bis bei 50 Prozent der Geimpften nach der Impfung so viele Antikörper gegen das Virus im Blut nachweisbar sind, dass ein erster Impfschutz besteht. Die Inkubationszeit, das heißt der Zeitraum vom Stich bis zu ersten Anzeichen der Erkrankung, beträgt hingegen nur sieben bis 14 Tage, so dass es naheliegt, dass die nachträgliche Impfung keinen zusätzlichen Schutz bietet. Diese Frage wird sich auch künftig in Studien kaum klären lassen, denn trotz aller Warnungen ist das Infektionsrisiko gering: Je nach Zecken-Durchseuchung schätzen Forscher die Gefahr, nach einem Zeckenstich zu erkranken auf 1:300 bis 1:10000. Kinder in Risikogebieten sollten trotzdem geimpft werden, sagt Süss. Man will ihnen eine Enzephalitis ersparen.

Hodenhochstand – Frühe Korrektur lohnt

Die Empfehlung der Mediziner ist eigentlich eindeutig: Ein Hodenhochstand sollte möglichst schon im Vorschulalter operiert werden. Manche Ärzte raten zu dem Eingriff sogar von dem sechsten Lebensmonat an. Eine Untersuchung von Kinderärzten und Krebsexperten aus Schweden und Italien hat gezeigt, dass das Risiko für Hodenkrebs deutlich erhöht ist, wenn erst im Alter von 13 Jahren oder noch später operiert wird.[14] Das Alter, in dem der Eingriff vorgenommen wird, beeinflusst offenbar die Wahrscheinlichkeit, später an Hodenkrebs zu erkranken, sagen die Autoren.

Bei zwei bis fünf Prozent aller neugeborenen Jungen ist der Hoden noch nicht in den Hodensack abgestiegen. Häufig tut er dies jedoch in den ersten zwölf Lebensmonaten. Im Alter von einem Jahr ist der Hoden nur noch bei einem Prozent der Jungen noch nicht dort zu finden, wo er hingehört. Ärzte wissen schon lange, dass der als Kryptorchismus bezeichnete Hodenhochstand das Risiko für spätere Unfruchtbarkeit und Hodenkrebs erhöht. Umstritten ist allerdings noch, ob Hochstand und Krebs des Hodens die gleiche Ursache haben oder ob es der Hochstand selbst ist, der die Tumorentwicklung stimuliert.

In der Studie der Mediziner aus Stockholm und Turin wurden fast 17000 schwedische Jungen und junge Männer erfasst, deren Hoden operativ in den Hodensack verlagert worden waren. Fünf Prozent der für die Studie untersuchten Jungen wurden erst in der Pubertät operiert. Leider ist dieser hohe Anteil auch für Deutschland realistisch, sagt Manfred Wirth von der Deutschen Gesellschaft für Urologie. Während der durchschnittlich zwölfjährigen Nachbeobachtungsphase traten insgesamt 56 Fälle von Hodenkrebs auf. Die Tumore entwickelten sich mehr als doppelt so häufig, wenn die Jungen zum Zeitpunkt der Operation schon am Beginn oder in der Pubertät waren. Man kann in einigen Fällen Hodenkrebs verhindern, wenn Jungen früh genug operiert werden, sagen die Autoren Andreas Pettersson und Olof Akre.

Die Studie zeigt den Zusammenhang zwischen dem Alter, in dem der Eingriff stattfindet, und dem Risiko für Hodenkrebs. Dies widerspricht einer unter etlichen Kinderärzten und Urologen verbreiteten Meinung. Demnach seien die molekularen und zellulären Ursachen für Hodenkrebs schon pränatal im Mutterleib angelegt, und deshalb wäre es für das spätere Tumorrisiko nahezu ohne Bedeutung, wann der Hodenhochstand behoben wird. »Wir raten, spätestens im Alter von zwölf bis 18 Monaten zu therapieren«, sagt Manfred Wirth, Chef der Urologie an der TU Dresden. Diese Empfehlung ist vielen Ärzten noch nicht bekannt. Die Wärme im Bauchraum tue den Hoden nicht gut, denn sie erhöhe nicht nur das Krebsrisiko, sondern auch die Gefahr einer späteren Unfruchtbarkeit.

Vorhautverengung – Zeit lassen, aber nur bis zur Pubertät

Es gibt neben dem Hodenhochstand noch ein weiteres urogenitales Problem, das etliche Kinder in jungen Jahren plagt. Im Grundschulalter hat noch etwa die Hälfte aller Jungen eine verengte und verklebte Vorhaut. Bis zum Alter von drei Jahren ist es physiologisch, das heißt normal, dass die Vorhaut sich nicht über die Eichel zurückziehen lässt. Sie bei jüngeren Kindern zu lösen oder diese gar zu operieren ist daher nicht nur schmerzhaft, sondern auch unnötig, da bei den meisten das Problem buchstäblich von allein wieder verschwindet. Wenn nicht ständig Entzündungen oder andere Komplikationen auftreten, muss nicht schon in der Vorschule oder während der ersten Grundschulklassen operiert werden.

Wenn sich allerdings bis zum Alter von neun oder zehn Jahren noch nichts getan hat, was bei etwa zehn Prozent aller Jungen der Fall ist, sollte doch ärztlicher Rat eingeholt werden. Erstens sind Harnwegsinfekte bei Jungen, deren Vorhaut sich nicht zurückziehen lässt, bis zu zehnmal häufiger. Auch andere Entzündungen kommen bei den Knaben häufiger vor – und sogar das Risiko für einen Tumor des Penis ist dann leicht erhöht. Zweitens beginnen spätestens mit Beginn der Geschlechtsreife mechanische Probleme, wenn die Vorhaut noch zu eng ist.

Zunächst kann es helfen, mit einer schwach dosierten kortisonhaltigen Salbe die Vorhaut weicher und dehnbarer zu machen und regelmäßig – aber nicht zu grob – das Gewebe zu bewegen. In 80 Prozent der Fälle ist eine Operation dann gar nicht mehr nötig, weil sich die Vorhaut geweitet hat. In der Fachliteratur wird eine niedrige Dosis von zumeist 0,05-prozentiger Betamethasone-Valerat-Salbe zur Behandlung angegeben.[15]

Hilft die konservative Behandlung nicht, ist ein kleiner operativer Eingriff angeraten, weil sonst das Risiko für Entzündungen erhöht bleibt. Die Operation sollte möglichst vor Beginn der Pubertät stattfinden, weil sonst die Beeinträchtigung größer ist und medizinische Komplikationen häufiger sein können.[16] Beispielsweise heilt die Wunde bei kleineren Kindern besser, auch sind in diesem Alter seltener Nähte nötig, so dass der »kosmetische Erfolg« in jungen Jahren als besser gilt. Zudem ist die Operation Jungen im Grundschulalter zumeist weniger peinlich, und ihre Ängste sind dann noch nicht so ausgeprägt.

Die Frage, ob die Vorhaut ganz oder nur teilweise entfernt werden soll und die Eichel immer oder nur gelegentlich freiliegt, ist aus medizinischer Sicht nicht eindeutig zu beantworten. Hier gibt es viele Vorurteile und fest verankerten Aberglauben. Eigentlich geht es dabei eher um ästhetische Aspekte und, wie manche Männer behaupten, auch um eine Frage des Gefühls. Ein Teil der Männer (und Frauen) findet die offene Variante schöner, der andere die bedeckte. Dass sich die Zirkumzision negativ auf das Sexualleben auswirkt, hat bisher allerdings keine Untersuchung bestätigen können, tendenziell wird der Effekt einer Beschneidung von Männern wie Frauen eher als positiv beschrieben.[17] Der Eingriff lässt sich problemlos ambulant durchführen. Die Wundheilung kann in den ersten Tagen das Wasserlassen noch etwas beeinträchtigen, aber auch das gibt sich rasch.

Passivrauchen – tödliche Atemzüge

Jedes Jahr sterben 600 000 Menschen am Passivrauchen. Jedes Jahr sterben weltweit 5,1 Millionen Menschen, weil sie rauchen; das entspricht ungefähr der Gesamtbevölkerung Finnlands. Doch die etwa 1,2 Milliarden Raucher rund um den Globus bringen nicht nur sich selbst Krankheit und Tod. Sie gefährden auch ihre Mitmenschen, besonders die engsten Angehörigen. Skandinavische Ärzte um Annette Prüss-Ustün von der Weltgesundheitsorganisation haben erstmals die weltweiten Schäden durch das Passivrauchen ermittelt. Sie berichten, dass jährlich mehr als 600 000 Menschen sterben, weil sie sich dem Qualm der anderen nicht entziehen können.[18] Das entspricht einem Prozent aller Todesfälle weltweit.

Besonders stark leiden Frauen und Kinder. 165 000 Kinder sterben, weil sie dem Rauch ihrer Eltern ausgesetzt sind. »Kinder können Passivrauch nicht aus dem Weg gehen, sie leiden mit Abstand am stärksten«, sagt Prüss-Ustün. Zwei Drittel der kindlichen Todesfälle entfallen auf Afrika und das südliche Asien. »Die häufige Kombination von ansteckenden Krankheiten und Tabak in diesen Regionen ist tödlich – es ist ein Mythos, dass man in Entwicklungsländern erst die Infektionen besiegen muss, bevor man sich dem Kampf gegen Nikotin zuwenden kann«, stellen die Autoren fest. Kinder erkranken leicht an Lungenentzündungen und anderen Infektionen der Atemwege. Atmen sie Rauch ein, schwächt dies ihr Immunsystem und beeinträchtigt die Flimmerhärchen in den Bronchien, so dass sie sich schlecht gegen Keime wehren können. Zudem wirken Giftstoffe im Qualm toxisch auf die Lunge und andere Gewebe.

Bei Erwachsenen wirkt sich das Passivrauchen besonders gravierend auf das Herz aus. Etwa 380 000 Todesfälle sind auf Infarkte zurückzuführen, weil die mit dem Rauch eingeatmeten Schadstoffe den Kranzarterien zusetzen und Arterien verkalken und starrer werden. Aber auch Asthma, Atemwegsinfektionen und Lungenkrebs durch Passivrauchen fordern viele Opfer. Weltweit sind 40 Prozent aller Kinder und ein Drittel aller Erwachsenen Passivraucher.

Die Forscher untersuchten zudem, wie viel Zeit in guter Gesundheit Menschen verlorengeht, weil sie das Passivrauchen erdulden. Sie kamen addiert auf 10,9 Millionen Jahre Schmerz und Krankheit. Weit mehr als die Hälfte davon erleiden Kinder unter fünf Jahren, die mit Infekten der Atemwege zu kämpfen haben. »Politikern sollte klar sein, dass Gesetze zum Nichtraucherschutz schnell die Zahl der Todesfälle senken und dass dann weniger Menschen krank werden«, sagt Prüss-Ustün.

Zahlreiche Studien haben ergeben, dass schon im ersten Jahr nach einem Rauchverbot die Rate der Infarkte um bis zu 20 Prozent zurückgeht und auch andere Leiden seltener auftreten. Zudem senken Rauchverbote den Nikotinkonsum und animieren zum Aufhören. Allerdings leben nur 7,4 Prozent der Weltbevölkerung in Regionen mit Nichtraucherschutz-Gesetzen. Lassen die sich nicht durchsetzen, sollten Tabaksteuern erhöht, Verpackungen neutral gehalten und Werbeverbote erlassen werden, fordern die Forscher. »Gesetze können sich zwar auf das heimische Verhalten auswirken, aber man muss auch die Familien motivieren«, sagen die Präventivmediziner Heather Wipfli und Jonathan Samet von der University of Southern California in Los Angeles. »Immerhin gehört Rauchen zu den Giften, die man komplett eliminieren kann – und der Nutzen zeigt sich schnell.«

25 Tatsachen, die helfen, Beschwerden richtig einzuschätzen

1. Wenn Kinder auf den Kopf fallen und nicht bewusstlos sind, ist meist kein Röntgen, Kernspin oder CT nötig – und wenn, müssen sie zumeist nicht behandelt werden.

2. Gehirnerschütterungen werden zu einer kumulativen Belastung mit chronischen Schädigungen des Gehirns. Bei den Erschütterungen werden feinste Nervenbahnen überdehnt.

3. Das Risiko für Hirnschäden ist in Sportarten mit häufigem Körperkontakt erhöht. Unter Football-Profis sind Nervenerkrankungen öfter Todesursache als in der Normalbevölkerung.

4. Läuse sind harmlos, aber lästig. Lausbefall ist keine Frage der Hygiene: Häufiges Haarewaschen vertreibt aber nicht die Läuse, sondern macht sie allenfalls sauberer.

5. Läuse können nicht springen. Kinder müssen die Köpfe zusammenstecken, um den Läusen den Weg zum Nachbarn zu ermöglichen.

6. Kopfläuse können maximal zwei bis drei Tage auf unbelebten Gegenständen wie Mützen oder Plüschtieren überleben.

7. Die Häufigkeit des Kopflausbefalls in Deutschland hat zugenommen. Das liegt nicht an unhygienischen Bedingungen, sondern an der gestiegenen Mobilität.

8. Um Kopfläuse auszurotten, werden sie vergiftet oder erstickt. Man sollte die Behandlung nach einer Woche wiederholen, weil dann erst Läuse aus den Nissen geschlüpft sind, denen vorher allenfalls ein Nissenkamm etwas anhaben konnte.

9. Zecken fallen nicht von Bäumen, sie schaffen es allenfalls auf eine Höhe von 1,20 Metern und lauern bevorzugt in Gräsern und im Unterholz.

10. Die Entfernung der Zecken mit Öl, Butter oder Klebstoffen ist falsch. Die Drehrichtung ist auch egal. Besser: Mit einer feinen Zange oder Pinzette den Insektenkörper möglichst nah an der Haut umfassen und dann gerade herausziehen.

11. Verbleibt ein Teil der Zecke in der Haut, ist das harmlos, denn die Zecke überträgt Erreger nur, solange sie lebt mit dem Speichel, während sie Blut saugt.

12. Zecken können mindestens zwei Erreger übertragen: Viren, die eine Frühsommermeningoenzephalitis (FSME) auslösen, und Bakterien, die zur Borreliose führen.

13. Mildes Klima im Frühling kommt Zecken zugute. Die Spinnentiere können bei Temperaturen unterhalb von sieben Grad Celsius nicht aktiv sein.

14. Wird der Sommer warm und trocken, verkriechen sich die Zecken, weil sie es gerne warm und feucht haben. Wird der Sommer verregnet, sind die Zecken sehr aktiv, aber der Mensch treibt sich nicht so viel in der Natur herum.

15. Je nach Zecken-Durchseuchung schätzen Forscher die Gefahr, nach einem Zeckenstich zu erkranken auf 1:300 bis 1:10 000.

16. Kinder merken oft in der Magengegend, wenn es ihnen nicht gutgeht – auch wenn sie an Erkältung, Harnwegsinfekt oder Mittelohrentzündung leiden. Angst und Ärger spüren Kinder häufig ebenfalls im Bauch. Bis zu 20 Prozent aller Kinder tut der Bauch weh, ohne dass sich eine Ursache finden lässt.

17. Bei Kopfschmerzen gilt, dass es ein bedrohliches Zeichen ist, wenn sie immer stärker werden, wenn Sehstörungen, Übelkeit oder Schwindel neu hinzukommen. Bei den meisten anderen Beschwerden ist ebenfalls die Entwicklung entscheidend.

18. Bauchschmerzen können einen unterschiedlichen Verlauf nehmen. Bei verdorbenem Magen oder Infekt nehmen die Beschwerden auch zu, und zwar so lange, bis sich der Inhalt entleert.

19. Häufiges ist häufig und Seltenes selten. Die exotischen Leiden, die man bei einer panischen Internetrecherche entdeckt, sind die Ausnahme!

20. Ein Hodenhochstand sollte schon im Vorschulalter operiert werden. Später ist das Risiko für Hodenkrebs erhöht.

21. Im Grundschulalter hat etwa die Hälfte aller Jungen eine verengte und verklebte Vorhaut. Bis zum Alter von drei Jahren ist das normal. Sie bei jüngeren Kindern zu lösen oder zu operieren ist unnötig, da das Problem meist von allein verschwindet.

22. Wenn bis zum Alter von neun oder zehn Jahren die Vorhaut noch verengt ist, sind Harnwegsinfekte und andere Entzündungen häufiger.

23. Eine schwach dosierte kortisonhaltige Salbe kann die Vorhaut dehnen. In 80 Prozent der Fälle ist eine Operation dann nicht mehr nötig. Hilft die konservative Behandlung nicht, ist ein kleiner operativer Eingriff vor Beginn der Pubertät angeraten.

24. Jedes Jahr sterben 600 000 Menschen am Passivrauchen. Jedes Jahr sterben weltweit 5,1 Millionen Menschen, weil sie rauchen. 165 000 Kinder sterben, weil sie dem Rauch ihrer Eltern ausgesetzt sind.

25. Atmen Kinder Rauch ein, schwächt dies ihr Immunsystem und die Flimmerhärchen in den Bronchien, so dass sie sich schlecht gegen Keime wehren können. Zudem wirken Giftstoffe im Qualm toxisch auf die Lunge und andere Gewebe.

VIII. STREITTHEMEN: ZWISCHEN ERFAHRUNG, WISSENSCHAFT UND IDEOLOGIE

Wie viel Fernsehen, PC und iPod? Der Kampf um die Medien

Alle Eltern haben diesen Kampf irgendwann einmal auszufechten. Und die meisten von ihnen sind ebenso ratlos wie überfordert. Kinder können sich der Faszination der Daddel-Spiele und Fernsehserien kaum entziehen, manche werden regelrecht süchtig und vergessen alles rings um sie herum. Kein Wunder, dass viele Eltern sich sorgen, dass diese Art der Beschäftigung ihre Kinder verdummt und dass ihre Kleinen dadurch schnell zu vereinsamten Nerds werden, die später keinen normalen Sozialkontakt mehr auf die Reihe bekommen, keinen Beruf und keinen Partner finden werden und nur noch im fahlen Schein der Monitore vor sich hin vegetieren.

Aus diesem Grund hat Manfred Spitzer mit seinem Buch »Digitale Demenz« viel Erfolg. Der Ulmer Psychiater behauptet, Computer und Smartphones machten Kinder einsam und dumm.[1] Mit seiner Polemik bedient der Arzt die Ängste und Sehnsüchte verunsicherter Eltern. Und er hat ein Anliegen. Er will die Menschheit vor der Verblödung bewahren, die ihr unweigerlich durch Computer, Handy, Fernsehen und sogar durch das Navi im Auto droht und von digitalen Dealern überall auf der Welt befeuert wird. Über sein neuestes Buch urteilt Spitzer: Dieses Buch »wird in den Augen vieler Menschen ein unbequemes Buch sein, ein *sehr* unbequemes«, schreibt der Autor über sein Werk. In erster Linie ist es ein ärgerliches und schludriges Buch.

Gefahr oder Gerücht?

Natürlich gibt es Amokläufer und jugendliche Straftäter, die vor ihrer Tat monatelang in nahezu vollständiger Isolation lebten, kaum Sozialkontakte hatten, sich dafür aber fast den ganzen Tag mit Ballerspielen beschäftigten, wo sie einen Eindringling nach dem anderen umnieteten. Kein Wunder, dass sie diese virtuell erlebten Aggressionen irgendwann auch im richtigen Leben ausagierten, sagen die Kritiker von Videospielen.

Ein Beleg für die Gefährlichkeit dieser Spiele ist das allerdings nicht. Zwar finde ich diese Spiele schlicht langweilig oder zu brutal, aber dass sie einen Menschen zum Mörder – oder sanfte Schafe zu aggressiven Schlägern – machen, ist bisher nicht belegt, auch wenn es bei übermäßigem Gebrauch Anzeichen gibt, dass sich die Wahrnehmung von Aggressivität verändert. Aber viel größer als die Zahl derer, die straffällig oder aggressiv nach den Spielen werden, ist ja der Anteil jener, die auch Gewaltspiele spielen – und trotzdem freundliche und verträgliche Zeitgenossen bleiben. Was sagt das über die Gefahr brutaler Videospiele aus?

Im April 2009 war der Tag erreicht, an dem rund 15 Millionen Spieler des Computerspiels »Halo3« einen beachtlichen Erfolg feierten: Sie hatten virtuell zehn Milliarden feindliche Aliens der »Covenant-Allianz« erschossen, umgerechnet macht das durchschnittlich 17,5 Millionen Tötungen pro Tag. Als Ergebnis einer kollektiven Anstrengung feierte die beteiligte Netzgemeinde sich selbst – und lobte die Tat als etwas Großes, dass nur durch die gemeinschaftliche Anstrengung möglich geworden sei.

In der Wissenschaft dominierten zunächst ja die warnenden Stimmen, wonach neue Medien und Technologien zur Vereinzelung führten und gesellschaftliches Engagement bald nicht mehr stattfinden würde. Beziehungen via Bildschirm seien nun mal nicht mit denen im »echten« Leben zu vergleichen. Die Forschung hat das nicht bestätigen können: Über Facebook und andere soziale Netzwerke werden die Freundschaften aus dem wirklichen Alltag lediglich vertieft – und online weitergeführt, wenn der andere gerade nicht in Fleisch und Blut verfügbar ist. Und manchmal helfen Suchdienste und soziale Netzwerke ja sogar dabei, brachliegende Bekanntschaften wieder zu aktivieren.

In der Tat gibt es immer mehr Wissenschaftler, die sogar die positiven Seiten der Videospiele und Games entdecken. Die Neurowissenschaftler Daphne Bavelier und Richard Davidson sind davon überzeugt, dass es zunehmend gelingen wird, Computerspiele zu ersinnen, die Gehirnleistungen stimulieren und das Befinden verbessern und daher fast therapeutische Aufgaben erfüllen.[2] Schließlich beschäftigten sich im ersten Monat nach dem Verkaufsstart des Ego-Shooters »Call of Duty: Black Ops« so viele Jugendliche und junge Erwachsene mit dem Spiel, dass ein Einzelner umgerechnet 68000 Jahre damit befasst gewesen wäre. Und diese enorme Konzentration auf ein Spiel oder eine Aufgabe müsse sich doch positiv nutzen lassen, so die Forscher.

Tatsächlich gibt es inzwischen etliche Beweise dafür, dass die visuellen Fähigkeiten junger Menschen geschult werden, wenn sie die rasch wechselnden Bildfolgen der PC-Spiele gewohnt sind. Und junge Chirurgen zeigten sich fingerfertiger bei der Bauchspiegelung, nachdem sie zuvor ein vierwöchiges Übungsprogramm mit diversen Sportarten wie Tischtennis an der Wii absolviert hatten.[3] Auch gegen Depression und Legasthenie würden manche Computerspiele helfen, berichten andere Forscher. Sind Ballerspiele und andere Zerstreuungen am Computer daher in Wirklichkeit ein Segen, den die meisten Menschen nur noch nicht richtig zu ihren Gunsten einzusetzen wissen?

Und die ständige Verfügbarkeit von Sex auf den Bildschirmen? Zwar kommen Mädchen heutzutage immer früher in die Pubertät, was dazu führt, dass sie häufiger noch in ihren Jugendjahren schwanger werden und eher zum Alkoholmissbrauch neigen.[4] Aber sind wirklich die neuen Medien daran schuld? »Es gibt diese Thesen, wonach die Kinder von heute im Internet alles sehen, sie würden auf Youporn rumklicken und dann sexuell aktiv werden«, sagt der Schweizer Kinderarzt Remo Largo. »Aber das ist nur eine Seite. Jugendliche verhalten sich heute sehr verantwortungsvoll. 90 Prozent geben an, erst sexuell aktiv zu werden, wenn sie den Partner sehr gut kennen. 90 Prozent verhüten sehr gut, oft doppelt! Es gibt da eine Hysterie der Erwachsenen – die projizieren oft ihre eigenen Ängste und Sorgen in die Jugendlichen.«

Weitere mögliche Gefahren, die der Volksmund den Computerspielen und der langen, einsamen Zeit vor dem Bildschirm so gerne zuschreibt, lassen sich allerdings schon belegen, zumindest in der Tendenz. Denn aggressiver machen können einige Ego-Shooter-Spiele schon, auch wenn die Prognose, bei wem welches Spiel die Neigung zum U-Bahn-Schläger oder Amokläufer erhöht, bisher unmöglich ist. »Manche Formen von Mediengewalt können für manche Individuen unter manchen Bedingungen negative Folgen nach sich ziehen«, lautet das vage Fazit einer mehr als 500-seitigen Studie zum Thema Medien und Gewalt, die im Auftrag des Familienministeriums im Jahre 2010 erstellt wurde.

Aber wer ist es denn nun, der anfällig für den tausendfachen Mord ist, der ihm auf dem Bildschirm begegnet und den er selbst virtuell ausübt – und der sich per Knopfdruck selbst zum Herrn und Richter der Welt aufschwingen kann und diese Allmachtsphantasien in aller Brutalität im richtigen Leben ausagiert? Weder Ärzte noch Psychologen, noch Medienwissenschaftler können diese Frage bisher beantworten.

Dass in den Ego-Shooter-Spielen die Gamer dafür belohnt werden, wenn sie töten, regt sicher nicht dazu an, dass sie Mitgefühl und Teilnahme vertiefen. So hat denn auch eine große Übersichtsarbeit gezeigt, dass sich die Aggressivität bei jenen Jugendlichen und jungen Erwachsenen erhöhte, die regelmäßig Killerspiele spielten.[5] Unabhängig ob Mädchen oder Jungen, westliche oder asiatische Gesellschaften – überall zeigte sich, dass die Empathie vermindert war und die Aggressivität zunahm, wenn sich die Teilnehmer exzessiv mit Ballerspielen beschäftigten.

Allerdings lässt sich das Maß für die Aggressivität in den Studien kaum auf den Alltag übertragen – in wissenschaftlichen Untersuchungen wird beispielsweise anhand standardisierter Fragebogen erhoben, wie viel scharfe Soße ein Proband einem anderen Versuchsteilnehmer ins Getränk mischen würde. Die erlebte Brutalität auf dem Schulhof oder chronische Verrohung in der Familie sind vermutlich viel entscheidender dafür, ob ein Kind zum Schläger oder zum Schlichter wird.

Ohnehin ist es für Eltern schwierig, zu erkennen, ob gerade ihr Sensibelchen in eine aggressive Parallelwelt abzugleiten droht, wenn es zu lange vor der Kiste sitzt. Wahrscheinlich bleibt das auch in Zukunft unmöglich, und daher ist aus den wissenschaftlichen Untersuchungen vor allem jene Erkenntnis hilfreich, wonach die meisten Schädigungen und Veränderungen nur bei exzessivem Medienkonsum von mehreren Stunden am Tag zu befürchten seien – und auch nur dann, wenn das Umfeld entsprechend brutale Anreize liefert.

Trost finden besorgte Eltern daher womöglich in der statistischen Erkenntnis, dass die Jugendgewalt seit Jahren rückläufig ist, obwohl immer mehr Kinder und Jugendliche immer mehr Zeit an den elektronischen Suchtmitteln verbringen.

Zeiten und Auszeiten

Wer nicht weiß, wie er dem ungezügelten Internet- und Spielekonsum seiner Kinder begegnen soll, für den sind womöglich ein paar Regeln hilfreich. Anfangs, wenn die Kinder ein neues

Gerät haben, ist es durchaus verständlich, dass sie sofort alles ausprobieren und endlos spielen wollen. Manche Kinder erkennen dann von sich aus, dass der Reiz nachlässt und es ihnen reicht, künftig nur ab und zu für eine halbe Stunde oder Stunde sich auf diese Weise zu zerstreuen. Andere werden hingegen regelrecht süchtig. Für wenige Tage kann man das tolerieren, dann ist es allerdings ratsam, die Zeiten einzuschränken. Denn die Faszination kann so groß sein, dass alles andere vergessen wird.

Bildungsbürgerlich orientierte Eltern machen dazu gerne eine Gleichung auf, die von den Kindern beglichen werden soll: So lange, wie du Klavier oder Geige übst, so lange darfst du auch iPod, Wii oder an anderen Geräten spielen. Man kann aber auch sagen: Eine oder eineinhalb Stunden elektronischer Medienkonsum am Tag sind genug, egal ob es sich dabei um eine Fernsehsendung, ein Videospiel oder einen Chat mit Freunden handelt. Mehr gibt es nicht, es ist allenfalls noch Verhandlungssache, ob man sich eine nicht genutzte Stunde als Guthaben aufsparen und zu einem anderen Zeitpunkt »verbrauchen« kann.

Haben Eltern den Eindruck, dass ihre Kinder mit der einen Stunde Medienkonsum am Tag permanent unzufrieden sind und gerne mehr Fernsehen schauen oder Computerspiele spielen wollen, können sie alle paar Wochen einen »All you can see / play«-Tag einlegen. An diesem Tag schauen die Kinder, so viel sie wollen, und spielen, so lange sie wollen – und merken dann womöglich selbst nach drei oder vier Stunden, dass es ihnen über ist und reicht. Durch diese Freigabe wird der Reiz des Verbotenen nicht zu groß, und die Kinder lernen mit der Zeit, ihren Medienkonsum selbst zu regulieren.

Wer zudem Angst hat, dass die Kinder bei jedem PC-Spiel zu blutrünstigen Schlächtern werden, die ihre virtuellen Gegner foltern und ausweiden, dem bleibt nichts anderes übrig, als sich selbst mit den Spielen zu beschäftigen und sie sich von den Kindern zeigen zu lassen. Es gibt zwar äußerst brutale Spiele, aber etliche Videospiele sind harmlose Sportspiele oder Geschicklichkeitsübungen, in denen es beispielsweise darum geht, eine Trickfigur von Podest zu Podest springen zu lassen oder gezielt auf Hindernisse zu werfen.

Wichtig für die gemeinsam verbrachten Zeiten mit der Familie ist es, dass ein paar Regeln festgelegt werden, wann nicht gespielt oder geschaut werden darf. Während des Essens sollten Computerspiele oder die ständige Suche auf dem Smartphone tabu sein, daran müssen sich dann selbstverständlich auch die Eltern halten und nicht neben dem Abendessen E-Mails beantworten oder die Suchmaschine bedienen. Die Mahlzeiten sollten, wann immer möglich, gemeinsam eingenommen werden – und zwar am Tisch und nicht vor dem Fernseher.

Natürlich kann ausnahmsweise mal ein wichtiges Fußballspiel mit der Pizza vom Bringdienst in der Hand angeschaut werden, das ist sogar ein Heidenspaß, aber eben ausnahmsweise und nicht ständig. Für Hausaufgaben oder andere wichtige Erledigungen sollten ebenfalls ein fester Platz und eine feste Zeit eingeräumt werden – und zwar ohne elektronische Zerstreuungen. Für die ist dann womöglich danach wieder Zeit.

Zudem ist es auch eine Frage der Alternative, ob Kinder ständig vor der Glotze oder dem Computer hängen. Wer viel in der Familie unternimmt, der wird es vermutlich nicht so schwer haben, die Kinder von anderen Aktivitäten zu überzeugen. Ähnliches gilt für den Freundeskreis. Auch unter Jugendlichen gibt es etliche, die lieber auf dem Sportplatz, im Chor, bei der Bandprobe oder bei Treffen mit der Clique sind, als sich zu Hause virtuell zu beschäftigen.

13 nicht-virtuelle Hintergründe zum Medienkonsum von Kindern

1. Weil viele Eltern anlässlich der Gier ihrer Kinder nach iPad, Wii oder Laptop hilflos sind, sind Aufrufe zum Verzicht und eine Pädagogik der Mäßigung populär.

2. Dass Killerspiele einen Menschen zum Mörder – oder sanfte Schafe zu aggressiven Schlägern – machen, ist nicht belegt, auch wenn es bei übermäßigem Gebrauch Anzeichen gibt, dass sich die Wahrnehmung von Aggressivität verändert.

3. Groß ist der Anteil jener, die Gewaltspiele spielen – und freundliche und verträgliche Zeitgenossen bleiben.

4. Soziale Netzwerke führen nicht zu Vereinzelung. Dadurch werden Freundschaften aus dem wirklichen Alltag vertieft und online weitergeführt. Oder sie helfen dabei, brachliegende Bekanntschaften zu aktivieren.

5. Manche Computerspiele stimulieren Gehirnleistungen oder verbessern die Fingerfertigkeit von Chirurgen.

6. Die neuen Medien führen nicht dazu, dass Jugendliche früher sexuell aktiv werden. 90 Prozent geben an, erst sexuell aktiv zu werden, wenn sie den Partner sehr gut kennen. 90 Prozent verhüten sehr gut.

7. Einige Ego-Shooter-Spiele können aggressiver machen und die Empathie vermindern. Aber wer warum anfällig ist, wissen Forscher noch nicht. Auf den Alltag übertragen lassen sich die Erhebungen schlecht, da das Maß der Aggressivität in Studien sehr theoretisch ist.

8. Schädigungen sind nur bei exzessivem Medienkonsum zu befürchten – und auch nur dann, wenn das Umfeld entsprechend brutale Anreize liefert.

9. Die Jugendgewalt ist seit Jahren rückläufig, obwohl immer mehr Kinder und Jugendliche immer mehr Zeit mit neuen Medien verbringen.

10. Es ist ratsam, Zeiten an PC, Wii, Fernseher und Spielen einzuschränken. Entweder im Tausch mit dem Üben eines Instruments oder nach festen Zeiten: Eineinhalb Stunden elektronischer Medienkonsum am Tag sind genug, egal ob es sich dabei um eine Fernsehsendung, ein Videospiel oder einen Chat mit Freunden handelt.

11. Alle paar Wochen ein Tag, an dem die Kinder so viel sie wollen schauen und spielen, senkt den Reiz des Verbotenen.

12. Eltern sollten sich selbst mit den Spielen beschäftigen und sie sich von den Kindern zeigen lassen.

13. Wichtig sind Regeln, wann nicht gespielt oder geschaut werden darf. Während des Essens sollte es tabu sein, daran müssen sich auch die Eltern halten.

Empfindlich: Impfen, Allergien, Unverträglichkeiten

Impfen oder nicht? Riskante Ignoranz

Es gibt nur wenige Themen, die ideologisch so aufgeladen sind wie die Frage, ob Kinder geimpft werden sollten oder nicht. Wer dafür ist, wird häufig in die Ecke des Naiven gestellt, der nicht erkennt, dass die Pharmaindustrie für einen Milliardenprofit die Gesundheit der Schutz- und Wehrlosen aufs Spiel setzt und die tatsächlichen Gefahren verschweigt. Wer dagegen ist, dem haftet hingegen schnell das Etikett des esoterischen Weltverbesserers an, der aus Vorurteilen mit dem Leben seiner Kinder spielt.

Wenn manche Menschen gegen Impfungen sind, weil es die Krankheiten ja hierzulande angeblich nicht mehr gibt, sitzen sie einem fatalen Trugschluss auf. Tetanus, Polio, Diphtherie und etliche andere Leiden kommen in Deutschland nur deshalb kaum noch vor, weil die Menschen über Jahrzehnte konsequent dagegen geimpft wurden. Heutige Impfgegner profitieren davon, dass sich früher so viele Menschen haben impfen lassen. Lässt der Impfschutz weiter nach, ist ein Wiederaufflackern ehemals vergessener Krankheiten auch in Deutschland mehr als wahrscheinlich.

Noch in den 1950er Jahren war die Kinderlähmung in Deutschland weit verbreitet. Bei Diphtherie hat der Impfschutz in Deutschland schon deutlich nachgelassen. Seit den 1980er Jahren ist es deshalb zu einer Zunahme der Neuinfektionen und mehreren kleineren Epidemien gekommen. In Städten, in denen seit Jahrzehnten keine Diphtherie mehr vorgekommen war, kam es wieder zu einzelnen Erkrankungsfällen.

Meine Einschätzung zum Impfen, das ich in den meisten Fällen befürworte, ergibt sich aus den vielen Untersuchungen, die zeigen, dass die Häufigkeit von Impfschäden in der Regel bei 1:10000 bis 1:100000 liegt, während teilweise lebensgefährliche Komplikationen mancher Leiden, gegen die geimpft werden könnte, in der Häufigkeit von 1:100 bis 1:1000 – und damit um den Faktor 100 mal öfter vorkommen. Diese statistische Abwägung hat naturgemäß ihre Grenzen, wenn man selbst oder die eigenen Kinder betroffen sind. Wer erlebt, dass Sohn oder Tochter nach einer Impfung schwere Nebenwirkungen erleidet, dem ist es egal, zu erfahren, dass dies eigentlich eine ausgesprochen seltene Ausnahme ist.

Mythen über Impfnebenwirkungen gefährden Dritte

Wissen kann man es längst: Masern sind nicht harmlos, sondern gefährlich – und sie werden noch immer unterschätzt. Dabei verdeutlicht bereits der Fachbegriff für die Infektion, wie dramatisch die Krankheit verlaufen kann: Morbilli heißt so viel wie »kleine Pest«. Bei immerhin bis zu 20 Prozent der Infizierten treten lebensbedrohliche Komplikationen auf – am häufigsten Lungenentzündungen. Einer von 1000 Masernfällen geht sogar mit einer Hirnhautentzündung einher; jede vierte davon verläuft tödlich. Ganz selten leiden Kinder Jahre nach einer Masernerkrankung an der schweren Hirnentzündung SSPE, die immer tödlich endet.

Dabei wäre Vorbeugung so einfach: Eine Impfung im zweiten Lebensjahr und eine zweite Impfung wenige Wochen danach bieten langfristig Schutz und bergen kaum Risiken. Doch gerade in angeblich aufgeklärten Kreisen ist eine skeptische Haltung gegenüber Impfungen verbreitet. Ein unausrottbarer

Irrglaube besteht darin, dass die Krankheit ungefährlich sei – anders als die Impfung, der schreckliche Komplikationen nachgesagt werden. Dabei ist es erwiesen, dass die Impfung ungleich harmloser ist als die Erkrankung.

Mythen rund um die Masern lassen sich in Deutschland offenbar genauso schwer ausrotten wie die Krankheit selbst: Manche Eltern und fahrlässige Kinderärzte glauben, es sei besser, die Krankheit »durchzumachen«, als geimpft zu werden. Um in den vermeintlichen Nutzen einer Infektion zu kommen, veranstalten sie »Masern-Partys«.

Diese vermeintlichen Alltagsweisheiten haben gemeinsam, dass sie falsch sind und auf fehlerhaften Untersuchungen beruhen oder frei erfunden sind. »Selbstverständlich möchten Eltern ihre Kinder am Anfang schützen«, sagt Bernd Belohradzky, Professor für Infektionsimmunologie am Haunerschen Kinderspital der LMU München. »Da sind sie wohl besonders empfänglich für schlechte Nachrichten über Impfschäden.« Doch die Impfung ist ungleich harmloser als die Erkrankung. Früher konnte es nach etwa jeder 100000. Impfung zu einer Hirnentzündung kommen. Seit einigen Jahren wird jedoch ein neuer Impfstoff in Deutschland verwendet. »Theoretisch besteht das äußerst geringe Risiko zwar noch, dass es nach einer Impfung zur Enzephalitis kommt«, sagt Belohradzky. »Aber praktisch ist in Deutschland bisher kein einziger Fall bekannt geworden.«

Hartnäckig hält sich auch das Gerücht, geimpfte Kinder würden Schwangere anstecken und öfter an Autismus oder der Darmentzündung Morbus Crohn erkranken. Diese irrige Vermutung ist längst widerlegt. In einer großen Übersichtsarbeit konnte gezeigt werden, dass hier keinerlei Zusammenhang besteht. Die Studie, in der dies 1998 suggeriert wurde, war methodisch unzureichend und beruhte auf der Untersuchung von nur zwölf Kindern. Sie ist als einer der größten Fälschungsskandale in die Wissenschaftsgeschichte eingegangen.[6] Wenn Eltern und

Ärzte von der Masernimpfung abraten, ist das nicht umsichtig, sondern zeugt von riskanter Ignoranz.

Dass Masern keine harmlose Kinderkrankheit sind, hat sich leider immer wieder bestätigt. Ein fünfjähriger Junge aus Bielefeld, der als Kleinkind Masern hatte, erkrankte 2004 an der gefährlichen Spätkomplikation SSPE. Die Abkürzung steht für Subakute sklerosierende Panenzephalitis und bedeutet so viel wie Entzündung des gesamten Gehirns. Die SSPE tritt fünf bis zehn Jahre nach einer Maserninfektion auf. Sie kommt zwar in Deutschland nur fünf- bis zehnmal im Jahr vor, aber sie verläuft immer tödlich. Zuerst sind die Kinder verhaltensauffällig, und ihre Leistungen lassen nach. Dann werden sie von epileptischen Anfällen und Muskelkrämpfen geschüttelt, bis sie ins Koma fallen, aus dem sie nicht mehr erwachen.

Andere Komplikationen der Masern sind weitaus häufiger. Bei jeder 500. bis jeder 2000. Infektion tritt schon nach wenigen Wochen eine Enzephalitis auf. Diese Form der Hirnentzündung verläuft zu 30 Prozent tödlich, 20 Prozent der Betroffenen müssen mit bleibenden Schäden rechnen. Noch häufiger sind Lungenentzündungen und Mittelohrentzündungen, die auf eine Masernerkrankung folgen können. Trotzdem weigern sich Eltern, ihre Kinder impfen zu lassen. Dabei wird das Immunsystem durch Impfungen genauso trainiert wie durch eine Erkrankung. »Dass man die Krankheit durchgemacht hat, können nur die sagen, die ohne Schaden davongekommen sind«, sagt Reinhard Berner, Leitender Oberarzt der Universitätskinderklinik Freiburg. Masern-Partys findet Detlef Kunze, Vorsitzender des Ärztlichen Kreis- und Bezirksverbands München, fast kriminell: »Ärzte, die Eltern dazu raten, machen Kunstfehler.«

Allergisch gegen alles und jeden

Die beruhigende Nachricht vorweg: Wenn Kinder allergisch auf Nahrungsmittel, Tierhaare oder andere Stoffe aus ihrer Umwelt reagieren, stehen die Chancen gut, dass sich die Überempfindlichkeit wieder gibt. Je jünger die Kinder, desto größer die Wahrscheinlichkeit. Oftmals ist dazu gar keine spezielle Therapie nötig. Das Kind, das im Vorschulalter noch an Neurodermitis und diversen Lebensmittelallergien gelitten hat, ist mit zwölf oder 14 Jahren plötzlich wieder unempfindlich dagegen.

Gerade Kinder, die in jungen Jahren unter starken allergischen Beschwerden gelitten haben, reagieren mit zunehmendem Alter häufig nicht mehr oder nicht mehr so stark auf die ehemals allergieauslösenden Substanzen. Um dies zu belegen, haben Kinderärzte die Entwicklung einer Nussallergie an etwa 280 Kindern untersucht. Dabei zeigte sich, dass sich bei etwa neun Prozent der Kinder eine Nussallergie »auswächst«.[7] Darunter waren auch Kinder, die zuvor unter schweren, fast lebensbedrohlichen Symptomen litten. Bei einer Erdnussallergie (die eigentlich eine Allergie gegen Hülsenfrüchte und nicht gegen Nüsse ist) liegt die Rate der Kinder, die in späteren Jahren nicht mehr allergisch reagieren, sogar bei ungefähr 20 Prozent. Kinder, die ihren Ernährungsplan auf Grund von Allergien einschränken müssen, sollten daher von Zeit zu Zeit Allergietests machen lassen, um zu überprüfen, ob die Allergie noch besteht. Allerdings nur, wenn ein Arzt dabei ist.

Wenn die Pollen kommen

Die Invasion ist nicht mehr aufzuhalten, dazu sind die Aggressoren viel zu klein. Sie dringen durch Fensterritzen und Vorhangstoffe, bleiben an der Einrichtung, in Kleidern und Haaren hängen. Mit der Luft gelangen sie überall hin, nichts ist vor ihnen sicher. Haben die Pollen die Nasenschleimhäute erreicht, geht das große Gerotze und Geflenne erst richtig los: tränende Augen, triefende Nase, Niesreiz, Kratzen im Hals und manchmal in den Bronchien. Bei vielen Betroffenen juckt die Haut, und ihnen wird mal heiß, mal kalt. »Hay fever« – der englische Begriff für Heuschnupfen – gibt die wechselwarmen Beschwerden, die den ganzen Körper erfassen, besser wieder als der läppische deutsche Begriff.

Mindestens 20 Millionen Menschen leiden in Deutschland an Allergien – mehr als zwölf Millionen davon an Heuschnupfen. Ein langer, hartnäckiger Winter verzögert die Blüte der Bäume, Gräser und Büsche. Danach schleudern die Pflanzen ihre Blütenpracht explosionsartig in die Welt. Oft ist martialisch vom »Angriff der Killerpollen« die Rede, die Allergikern im Frühjahr besonders zu schaffen machen. »Das höre ich zwar jedes Jahr«, sagt Erika von Mutius, Allergieexpertin am Haunerschen Kinderspital der Ludwig-Maximilians-Universität München. »Aber wenn es so heftig von null auf 100 geht und plötzlich warm wird, haben die Leute schon deutlich mehr Beschwerden, man kann den Osterglocken ja manchmal beim Wachsen zusehen.«

Dass Allergien zunehmen und Pollen gefährlicher werden, beobachten Forscher seit Jahren. »Es gibt mehr Pollen, es gibt neue Pollen, und die Pollen werden aggressiver«, warnt Heidrun Behrendt, Leiterin des Zentrums Allergie und Umwelt der TU München. Die Gründe für die gestiegene Allergiegefahr sind vielseitig. Pollenfluganalysen haben ergeben, dass einzelne Pollen von Gräsern und Wildkräutern in viel höherer Konzentration als früher auftreten.

Zudem hat die Erderwärmung einen Einfluss auf die Vegetation. Bei manchen Pflanzen hat sich die Blütezeit durch den Klimawandel um zwei Wochen verlängert, andere blühen genauso lange wie zuvor, aber mit stärkerer Pollenlast. Insgesamt hat sich die Blühsaison in Europa in den vergangenen 30 Jahren um zehn bis 14 Tage ausgedehnt. »Deswegen muss es zwar nicht zwangsläufig stärkere Beschwerden geben«, sagt Heidrun Behrendt. »Doch auch die Zahl der Allergene, die aus den einzelnen Pollen freigesetzt werden, hat sich erhöht.« Behrendts Team hat in den vergangenen Jahren ein erstaunliches Nord-Süd-Gefälle beobachtet. Im Großraum München und in anderen Regionen Süddeutschlands treten bei gleichem Pollenflug fünf- bis zehnmal mehr allergieauslösende Substanzen aus den Pollen auf als in Nordrhein-Westfalen oder Sachsen.

Forscher haben außerdem Belege dafür gefunden, dass die Pollen immer schädlichere Substanzen enthalten. In München untersuchte das Team um Behrendt Birken an Verkehrskreuzungen und verglich sie mit jenen Birken, die im ländlichen Raum weniger Schadstoffen ausgesetzt sind. Der Unterschied war eindeutig: Pollen von Bäumen, die ständig in Autoabgasen stehen, setzten nicht nur mehr Allergene frei als die Pflanzen auf Bauernhofwiesen. Die schadstoffbelasteten Pollen enthielten auch mehr aggressive Substanzen, sogenannte Lipid-Mediatoren. Gelangen diese aus den Pollen über die Nasenschleimhaut in den Körper, können sie Entzündungen hervorrufen und die Allergieneigung erhöhen. So entstehen neue Allergien bei Menschen, die bisher nicht daran gelitten haben.

Umweltgifte tragen dazu bei, dass es Allergikern schlechter geht. Forscher haben gezeigt, dass Kinder häufiger an Heuschnupfen, Allergien, Asthma und Neurodermitis leiden, wenn sie an stark befahrenen Straßen mit entsprechenden Umweltbelastungen wohnen.[8] Die Studie zeigt, dass Luftverschmutzung die Allergieneigung erhöht und dazu beiträgt, dass Kinder an den Atemwegen erkranken, sagt Michael Jerrett von der Universität Berkeley.[9] 4100 Babys wurden schon im Mutterleib für die Wissenschaft erfasst. Jahre später untersuchten die Forscher den Gesundheitszustand der mittlerweile Vierjährigen und fanden, dass sie häufiger an Erkältungen, Mittelohrentzündungen und anderen Infekten, aber auch Heuschnupfen und Allergien litten.

Die allergische Prägung findet in den ersten Jahren und teilweise schon in der Schwangerschaft statt, sagt Mutius. Ihr Team hat gezeigt, dass Kinder von Bauernhöfen stärker vor Allergien geschützt sind als reizärmer aufwachsende Kinder im selben Ort oder in der Stadt. Trotzdem gibt es Trost für Stadtbewohner: Die Luftbelastung muss schon sehr hoch sein, damit Pollen aggressiver werden, berichtet Mutius. Ein paar hundert Meter von großen Straßen entfernt sinke das Risiko.

Neue, fremdartige Auslöser bringen Allergikern zusätzliche Pein. Seit einigen Jahren wird in Deutschland immer häufiger auch eine hohe Belastung mit Ambrosia-Pollen gemessen. Die auch als Traubenkraut bezeichnete Pflanze ist der stärkste und häufigste Auslöser von Heuschnupfen in den USA – dort heißt sie ragweed. In Südfrankreich, dem Tessin und der Po-Ebene hat sich Ambrosia vor wenigen Jahren in Europa zuerst ausgebreitet, der Wind trug die Pflanzensamen nach Norden. »Wir haben das Problem längst auch in Deutschland, das lässt sich nicht mehr aufhalten«, sagt Erika von Mutius, nachdem zunächst nur vereinzelte Regionen im Süden betroffen waren. Die Allergieexpertin vermutet aber, dass Ambrosia vor allem jene Menschen plagt, die schon auf andere Pflanzen allergisch reagiert haben. Genauere Untersuchungen darüber, wie viele Menschen durch Ambrosia zu Allergikern geworden sind, fehlen noch.

Wer allergisch auf Blütenpollen reagiert, kann den Großteil des Jahres mit Schnupfen und Niesen zubringen. In milden Wintern führen die Frühblüher Hasel und Erle bereits ab Januar zu Beschwerden. Pappel, Birke, Esche und Buche folgen nach. Im Mai und Juni verursachen Gräser und später dann Getreidesorten Allergien. Nessel und Beifuß können bis in den September hinein die lästigen Beschwerden auslösen.

Zum verspäteten Flug von Hasel- und Erlenpollen kommt in jedem zweiten Jahr eine besonders starke Belastung durch Birkenpollen. 2010 und 2012 waren Mastjahre für die Birken. Birkenpollen gehören in Mitteleuropa zu den häufigsten Auslösern von Heuschnupfen und allergischem Asthma. Fast ein Drittel der Allergiker leidet daran. Zumeist beginnt der Birkenpollenflug Mitte März und hat im April seinen Höhepunkt. In Jahren mit besonders starkem Pollenflug haben viele Menschen erstmals Beschwerden, weil sich ihre Allergie dann erst bemerkbar macht.

Bei etlichen Betroffenen beschränken sich die allergischen Beschwerden nicht allein auf die Blütezeit der Pflanzen. Die Neigung des Körpers, überschießend auf fremdartige Substanzen zu reagieren, kann auch zu ganzjährigen Symptomen oder zu Kreuzallergien mit Nahrungsmitteln führen. Wer auf Birkenpollen mit Heuschnupfen reagiert, ist oft auch allergisch gegen Karotten, Nüsse, aber auch gegen Obst wie Äpfel, Birnen oder Aprikosen.

Allergieexperten warnen davor, Heuschnupfen zu verharmlosen. Gefürchtet ist der sogenannte »Etagenwechsel«. Dann dehnt sich die allergische Entzündung auf die Bronchien aus und kann zu allergischem Asthma mit pfeifender Atmung, Luftnot und Husten führen.

Schützender Dschungel: globale Ungleichheit bei Allergien

Allergien gegen Pollen und andere Substanzen werden in nahezu allen wohlhabenden Ländern häufiger. Warum dies so ist, wissen Ärzte nicht genau. Die meisten Forscher favorisieren als

Erklärung die Dschungel- und die Hygienehypothese. Demnach haben mehr Sauberkeit und weniger Infektionskrankheiten dazu geführt, dass das Immunsystem seltener gefordert wird und der Körper deshalb öfter überschießend auf eigentlich harmlose Fremdstoffe aller Art reagiert.

Für diese Vermutung sprechen vor allem Untersuchungen aus den ärmeren Regionen der Welt. »Menschen in Entwicklungsländern, die traditionell mit ihrem Vieh auf dem Land leben, leiden auffallend seltener an Allergien«, sagt Erika von Mutius vom Haunerschen Kinderspital in München. »Mit der Verstädterung steigt die Häufigkeit von Allergien.« Entsprechende Studien gibt es aus Asien und Afrika. Der Dschungel-Hypothese zufolge könnte nicht nur der Kontakt mit Pflanzen und Tieren das Allergierisiko senken, auch Parasiten tragen womöglich dazu bei. Die lästigen Schmarotzer regen Zellen des Immunsystems dazu an, die Allergiereaktion zu dämpfen.

Der Allergievergleich in Ost und West bestätigt die Forscher. Zum Zeitpunkt der Wiedervereinigung gab es in Ostdeutschland weitaus weniger Allergien als im Westen. Im Osten wurden mehr Kinder in Krippen erzogen, große Gruppen begünstigten den Austausch von Keimen wie von potenziellen Allergenen. Nach der Wende glichen sich die Lebensverhältnisse an – die Wiedervereinigung hat sich allergologisch schneller vollzogen als politisch. Es dauerte nur wenige Jahre, dann gab es ähnlich viele Allergien in Ost wie West.

Vom Wert der Keime – Kita-Kinder und Allergien

Dreck ist gesund. Nach Jahren des Hygienewahns und der übertriebenen Sauberkeitserziehung hat sich diese Erkenntnis unter Eltern und Ärzten verbreitet. Demnach profitieren Babys und

Kleinkinder davon, wenn sie sich Sand, verdreckte Lätzchen und andere Sachen in den Mund stecken, die nicht ganz sauber sind. Werden sie in Krippen und Kitas betreut, stecken sich kleine Kinder zwar öfter bei ihren Spielkameraden mit Infekten an. Auf Dauer stärke das aber ihr Immunsystem und mache sie weniger anfällig für Krankheiten. Auch würden sie später seltener an Asthma und Allergien leiden, so die populäre Auffassung.

Diese als Dschungelhypothese bezeichnete Einschätzung wird von niederländischen Kinderärzten bezweifelt.[10] Die Mediziner um Daan Caudri hatten 4000 Neugeborene untersucht und über einen Zeitraum von acht Jahren beobachtet. Die Ärzte unterschieden Kleinkinder, die im Alter von unter zwei Jahren in Krippen betreut wurden, Kinder, die im Alter zwischen zwei und vier Jahren eine Einrichtung besuchten, und Kinder, die gar nicht außer Haus versorgt wurden.

In jungen Jahren bekamen die in Kitas betreuten Kinder häufiger Infekte. Nach dem fünften Lebensjahr litten sie hingegen etwas seltener an allergischen Symptomen. Im Alter von acht Jahren war die Neigung zu Allergien und Asthma allerdings bei allen Kindern ähnlich stark, unabhängig davon, wie sie betreut wurden. Das Spielen im Dreck und der häufige Kontakt mit Keimen in Kitas hatte die Kinder demnach nicht robuster gemacht und vor allergischen Erkrankungen geschützt.

Dabei schien das Langzeitexperiment DDR bewiesen zu haben, wie gut ein Haufen anderer Kinder und ein lässiger Umgang mit Keimen vor Allergien und Asthma schützte. In Ostdeutschland wuchs die Mehrzahl der Kinder in Krippen auf – Allergien und Asthma waren dort seltener als im Westen. »Es gibt womöglich eine Phase im Grundschulalter, in der kaum ein Schutz nachzuweisen ist«, sagt Erika von Mutius. »Studien aus den USA haben jedoch gezeigt, dass die Schutzwirkung in der Pubertät wieder vorhanden ist.« Zudem sei die Schutzwirkung besonders groß, wenn die Kinder in den ersten sechs Lebensmonaten Kontakt mit Keimen und Schmutz haben.

Hilfe aus dem Stall

Der Treibhauseffekt und die Erderwärmung haben weltweit die Menge der Pollen in der Luft erhöht.[11] Die Blühsaison beginnt früher und verläuft intensiver. Obwohl die Bedrohung aus der Natur kommt, könnte diese auch zukünftigen Schutz bereithalten. Erika von Mutius von der LMU München hat in den vergangenen Jahren gezeigt, dass Kinder von Bauernhöfen besser vor Allergien geschützt sind als reizärmer aufwachsende Kinder im selben Ort.[12] Die Luft im Stall, der Kontakt zu den Tieren sowie zu ihrem Futter und andere noch unbekannte Faktoren senken das Risiko für Heuschnupfen, Neurodermitis oder Asthma offenbar deutlich. Das Gleiche gilt, wenn die Kinder – und ihre Mütter während der Schwangerschaft – frische Kuhmilch zu sich genommen haben.[13] Zudem zeigte sich, dass Kinder von Bauernhöfen sowohl im Freien und in den Ställen wie auch im Wohnhaus mit weitaus mehr Mikroorganismen in Kontakt kommen, die zumeist von den Tieren stammen.[14] Diese Keime sowie die anderen genannten Faktoren tragen offenbar erheblich dazu bei, dass sich das Abwehrsystem der Kinder vom Land besser entwickelt und sie nicht so anfällig für Heuschnupfen, Asthma und Allergien sind.

Dies soll zukünftig sogar für Impfungen genutzt werden. »Wir haben Dreck im Stall abgekratzt und daraus Extrakte gewonnen«, erklärt Mutius das ungewöhnliche Vorgehen. Im Labor konnte der Stallstaub, wenn er inhaliert wurde, die Häufigkeit von allergischem Asthma halbieren. Bisher wurde das Experiment zwar nur mit Mäusen gemacht. »In einigen Jahren könnten wir es aber auch bei Menschen versuchen«, sagt Mutius.

18 reizende Tatsachen zu Impfungen und Allergien

1. Tetanus, Polio, Diphtherie und andere Leiden kommen in Deutschland nur deshalb kaum noch vor, weil die Menschen über Jahrzehnte dagegen geimpft wurden. Impfgegner profitieren davon, dass sich früher viele Menschen haben impfen lassen.

2. Die Häufigkeit von Impfschäden liegt bei 1:10 000 bis 1:100 000, während teilweise gefährliche Komplikationen mancher Leiden, gegen die geimpft werden kann, in der Häufigkeit von 1:100 bis 1:1000 – und damit um den Faktor 100 mal öfter vorkommen.

3. Masern sind gefährlich. Bei bis zu 20 Prozent der Infizierten treten Komplikationen auf – am häufigsten Lungenentzündungen. Einer von 1000 Masernfällen geht mit Hirnhautentzündung einher; jede vierte davon verläuft tödlich. Ganz selten leiden Kinder Jahre nach den Masern an der Hirnentzündung SSPE, die immer tödlich endet.

4. Manche Eltern und fahrlässige Kinderärzte glauben, es sei besser, die Krankheit »durchzumachen«, als geimpft zu werden. Um in den vermeintlichen Nutzen einer Infektion zu kommen, veranstalten sie »Masern-Partys«. Das ist falsch und gefährlich.

5. Die irrige Vermutung, geimpfte Kinder würden Schwangere anstecken und öfter an Autismus oder der Darmentzündung Morbus Crohn erkranken, ist längst widerlegt und die Studie dazu einer der größten Fälschungsskandale der Wissenschaft.

6. Wenn Kinder allergisch auf Nahrungsmittel, Tierhaare oder andere Stoffe reagieren, gibt sich die Überempfindlichkeit oft wieder. Je jünger die Kinder, desto größer die Wahrscheinlichkeit.

7. 20 Millionen Menschen leiden in Deutschland an Allergien – mehr als zwölf Millionen davon an Heuschnupfen. Ein langer Winter verzögert die Blüte der Bäume, Gräser, Büsche. Danach schleudern die Pflanzen ihre Blüten explosionsartig in die Welt.

8. Allergien nehmen zu, und Pollen werden gefährlicher: Es gibt mehr Pollen, es gibt neue Pollen, und die Pollen werden aggressiver.

9. Die Blütezeit hat sich durch den Klimawandel in Europa in den vergangenen 30 Jahren um zehn bis 14 Tage ausgedehnt.

10. Luftverschmutzung erhöht die Allergieneigung: Pollen von Bäumen, die in Autoabgasen stehen, setzen mehr Allergene frei als Pflanzen auf Bauernhofwiesen. Schadstoffbelastete Pollen enthalten auch mehr aggressive Substanzen.

11. Kinder von Bauernhöfen sind stärker vor Allergien geschützt als reizärmer aufwachsende Kinder im selben Ort oder in der Stadt.

12. Neue Auslöser bringen Allergikern zusätzliche Pein. Ambrosia-Pollen sind der stärkste und häufigste Auslöser von Heuschnupfen in den USA, sie haben sich in wenigen Jahren in Europa ausgebreitet.

13. In jedem zweiten Jahr gibt es eine besonders starke Belastung durch Birkenpollen, einem der häufigsten Auslöser von Heuschnupfen und allergischem Asthma.

14. Gefürchtet bei Heuschnupfen ist der Etagenwechsel. Dann dehnt sich die allergische Entzündung auf die Bronchien aus und kann zu allergischem Asthma führen.

15. Mehr Sauberkeit und weniger Infektionskrankheiten haben dazu geführt, dass das Immunsystem seltener gefordert wird und der Körper deshalb

öfter überschießend auf eigentlich harmlose Fremdstoffe aller Art reagiert.

16. Zum Zeitpunkt der Wiedervereinigung gab es in Ostdeutschland weitaus weniger Allergien als im Westen. Im Osten wurden mehr Kinder in Krippen erzogen, große Gruppen begünstigten den Austausch von Keimen wie von potenziellen Allergenen.

17. Die Luft im Stall, der Kontakt zu den Tieren sowie zu ihrem Futter und andere noch unbekannte Faktoren senken das Risiko für Heuschnupfen, Neurodermitis oder Asthma. Womöglich entsteht daraus eine Impfung.

18. Babys und Kleinkinder profitieren davon, wenn sie sich Sand und andere Sachen in den Mund stecken, die nicht ganz sauber sind. Werden sie in Krippen und Kitas betreut, stecken sich kleine Kinder öfter bei ihren Spielkameraden an. Auf Dauer stärkt das ihr Immunsystem und macht sie weniger anfällig für Asthma und Allergien.

Natürlich und sanft heilen

Auch wenn es die Anhänger der sanften Behandlungsmethoden nicht gerne hören und 60 bis 70 Prozent der Deutschen gegenüber alternativen Heilverfahren aufgeschlossen sind: Für die Wirkung der meisten komplementären Methoden gibt es keinen seriösen Beleg. Die Erfahrung, dass es einem selbst oder dem eigenen Kind geholfen hat, ist kein Beweis. Ärzte und Wissenschaftler kennen dieses Phänomen als Placeboeffekt: Die Erwartung einer Linderung oder Heilung setzt so viele Kräfte frei, dass es den Patienten besser geht. Das gilt auch für Säuglinge und Kleinkinder. Auch sie spüren, wenn ihnen die Eltern mit großer Heilserwartung ein paar Kügelchen einflößen. Es gibt keinen Beweis dafür, dass Homöopathie über den reinen Placeboeffekt hinaus wirkt.[15]

»Ich habe doch gemerkt, dass es wirkt.« Dies ist wohl der häufigste Satz, den Ärzte, Forscher und Journalisten hören, wenn sie sagen oder schreiben, dass ein Mittel oder eine Methode nicht hilft. Wer am eigenen Leib erfährt, dass es ihm besser geht, seit er die neue Wunderpille, die Kügelchen oder den Saft schluckt, pfeift oft auf die Erkenntnisse der Wissenschaft. »Seit ich Vitaminzusätze nehme, war ich nicht mehr krank«, lautet die übliche Argumentation. Kann es überzeugendere Beweise geben? Ja, kann es – nämlich den Vergleich der Beweise.

Der flämische Arzt Johan Baptista van Helmont ist hier Vorreiter gewesen. Im 17. Jahrhundert war die Mehrzahl der Heilkundigen vom Nutzen des Aderlasses überzeugt. Seit Jahrhunderten hatten sie kaum andere Behandlungsmethoden und ersannen Theorien, warum das Gleichgewicht der Säfte so wiederhergestellt sei und die Krankheit aus dem Körper entweiche. Helmont hegte Zweifel an der blutigen Praxis. Er schlug einen Test vor, der fast den heutigen Anforderungen an klinische Studien genügt hätte: Helmont wollte 200 bis 500 »arme Leute« per Los in zwei Gruppen aufteilen. Die eine würde vom Aderlass verschont, den Mitgliedern der anderen Gruppe sollte so viel Blut abgenommen werden, wie es die Befürworter für nötig hielten. Die Zahl der Begräbnisse sollte als Kriterium für die Wirksamkeit des Aderlasses gelten. Der methodisch klare Versuch wurde nie umgesetzt. Vielleicht ahnten die Freunde des Aderlasses, dass er nicht gut für sie ausgegangen wäre.

Heute untersuchen Ärzte in aufwendigen Tests, was hilft, nutzt und wirkt. »Randomisierte, placebokontrollierte Doppelblindstudie« heißt das Wortungetüm, das die Methode beschreibt. Möglichst ähnlich Kranke oder Gesunde werden nach dem Zufallsprinzip in zwei Gruppen aufgeteilt, und weder Arzt noch Patient wissen, welche Gruppe den zu testenden Wirkstoff oder ein Scheinmedikament erhält. Ist die Gruppe groß genug und die Methodik sauber, lässt sich erst dann eine Wirkung ableiten, wenn die Teilnehmer in der Wirkstoffgruppe stärker reagieren als die der Placebogruppe.

Pflanzlich und harmlos?

Wie sanft die Homöopathie wirklich ist, darüber streiten sich die Gelehrten. Die meisten Präparate sind allerdings durch sogenannte »Potenzierungen« so stark verdünnt, dass rein rechnerisch kein Wirkstoffmolekül mehr in den Kügelchen (Globuli), Tabletten oder Lösungen enthalten ist. Bei manchen in der Homöopathie verwendeten Arzneistoffen ist das auch gut so, denn es handelt sich um hochgiftige Substanzen etwa von Stechapfel, Bilsenkraut, Eibe oder Tollkirsche. Doch nicht nur viele der verwendeten Pflanzen sind giftig, auch andere von Homöopathen häufig empfohlene Substanzen. Arzneistoffbestandteile wie Schlangengift, Biene oder Quecksilber, Kadmium, Arsen und Blei sind nicht gesund und sollten – wenn überhaupt – von Menschen allenfalls in homöopathischer Dosierung aufgenommen werden.

Besonders schräg wird die Argumentation, wenn es um pflanzliche Arzneimittel geht, die Patienten von Heilern mit ganzheitlichem Ansatz in Empfang nehmen. Auch wenn Mistelpräparate, Johanniskraut und Baldrian längst millionenfach über den Apothekentresen gehen und industriell gefertigt und abgepackt werden, bleibt beim Käufer die Illusion, ein Kräuterkundiger habe den heilenden Farn persönlich für sie mit der Sichel von Stängel oder Stamm geköpft und naturtrüb in die Ampulle oder Tablette gepresst.

Manchmal möchte man diesem Irrglauben einen biopharmakologischen Aufbaukurs entgegensetzen. Denn die angeblich so garstige Schulmedizin hat etliche Pfeile im Köcher, die auch der Natur entstammen. Acetylsalicylsäure, das der Pharmariese Bayer als Aspirin verkauft, ist ein Wirkstoff der Weidenrinde. Das Gichtmittel Colchizin ist aus Herbstzeitlosen extrahiert worden. Die meisten Antibiotika stammen aus Pilzen. Die Substanzgruppe der Taxane, die in der Krebsmedizin verwendet werden, kommt in der Eibe vor. Digitalis-Präparate zur Behandlung der Herzschwäche sind Bestandteile des Fingerhuts.

Was hat hingegen die »natürliche« Homöopathie zu bieten? Schwermetalle, Blei, Quecksilber oder eine Pflanze mit dem Namen Brechnuss, die Strychnin enthält. Die Argumentation, wonach die Verdünnung in der Homöopathie so groß ist, dass sowieso kein Molekül mehr in den Kügelchen enthalten ist, trifft nicht immer zu. Es kam schon zu Strychnin-Vergiftungen, weil die Verdünnung zu niedrig ausgefallen war.

12 energetische Weisheiten über alternative Heilverfahren

1. 60 bis 70 Prozent der Deutschen stehen alternativen Heilverfahren aufgeschlossen gegenüber.

2. Für die meisten alternativen Methoden gibt es keinen seriösen Beleg, dass sie wirken. Die Erfahrung, dass es einem selbst oder dem eigenen Kind geholfen hat, ist kein Beweis dafür.

3. Eine Wirkung lässt sich erst ableiten, wenn die Teilnehmer in der Wirkstoffgruppe stärker reagieren als die der Placebogruppe.

4. Homöopathie ist nicht sanft: Giftige Substanzen etwa von Stechapfel, Bilsenkraut, Eibe oder Tollkirsche werden verwendet, aber auch Bestandteile von Schlangengift, Biene, Quecksilber, Kadmium, Arsen und Blei.

5. Die angeblich so künstliche Schulmedizin hat viele Mittel, die der Natur entstammen. Acetylsalicylsäure (Aspirin) ist ein Wirkstoff der Weidenrinde. Das Gichtmittel Colchizin ist aus Herbstzeitlosen extrahiert worden. Viele Antibiotika stammen aus Pilzen. Die Taxane aus der Krebsmedizin kommen in der Eibe vor. Digitalis-Präparate zur Behandlung der Herzschwäche sind Bestandteile des Fingerhuts.

6. Viele Patienten fallen auf eine Mangelrhetorik herein. Angeblich sind ihre Speicher leer, ihre Akkus, oder sie müssten auftanken.

7. Stoffwechseltests, Vitalkuren, Bio-Analysen oder Darmsanierungen sind vor allem Beutelschneiderei.

8. Tausenden Kindern wurde die Diagnose »Pilze im Darm« angedichtet. Angeblich bedingt durch Umweltbelastungen, Stress, defekte Defensine

und Mangelversorgung mit Mikronährstoffen. Medizinisch ist daran nichts.

9. Die nützliche Wirkung eines Armbands mit dem Namen »Power Balance« ist nicht nachgewiesen. Trotzdem finden sie für 40 Euro großen Absatz.

10. Es gibt im Bereich der alternativen Heilverfahren viele Scharlatane und viele Studien von miserabler Qualität, das geben sogar die Befürworter dieser Methoden zu.

11. Gefühltes Heil bedeutet allerdings nicht, dass ein Mittel tatsächlich hilft und wirkt, jedenfalls nicht nach wissenschaftlichen Kriterien. Für die meisten Menschen ist das irritierend, haben sie doch eine Wirkung gespürt.

12. Bei der Einführung herkömmlicher Medikamente sind Tests an 5000 bis 10 000 Probanden üblich, damit Nebenwirkungen auffallen. Die Naturheilkunde vertraut Studien, an denen 40 Probanden teilnehmen. Das erlaubt keine seriöse Aussage.

IX. BANGEMACHEN GILT NICHT – MYTHEN, VORURTEILE, IRRTÜMER

Augen verdrehen und schielen

Vielen Kindern wird Angst gemacht und mit gesundheitlichen Folgen ihres Verhaltens gedroht. Wenn sie sich nicht so benehmen, wie Erwachsene es für richtig und sittsam halten, ist der Verweis auf Gefahren für Leib und Leben meist das letzte Geschütz im Arsenal finsterer Erziehungsmethoden. Viele Eltern wissen zwar, welche Ammenmärchen und Volksweisheiten Unsinn sind – und in welchen ein wahrer Kern steckt. Aber dennoch gibt es auch in vermeintlich aufgeklärten Regionen noch viele Vorurteile und Fehlwahrnehmungen. Als unser Sohn kürzlich aus der Grundschule nach Hause kam und fragte, ob es stimme, dass man nach zehn Sekunden Schielen blind werde (das hatten angeblich einige Drittklässler zu ihm gesagt), merkte ich, dass hier immer noch Aufklärungsbedarf besteht.

Dass die Augen stehen bleiben, wenn man aus Spaß schielt oder die Augen verdreht, ist eine populäre Wandersage, die fast jedes Kind schon einmal gehört hat. Dabei handelt es sich eindeutig um einen Einschüchterungsversuch von Eltern und anderen Erziehungsberechtigten, die wahrscheinlich das ständige Grimassieren ihrer Zöglinge leid waren.

Denn die Augen sind äußerst beweglich und lassen sich mit unabhängigen Muskeln von allen Seiten verschieben und »verdrehen«. Rund um den Augapfel setzen die verschiedenen Muskelstränge an, um Bewegungen in alle Richtungen zu ermöglichen. Erfahrenen Augenärzten ist kein Fall bekannt, in dem sich Schielen oder eine andere Fehlstellung der Augen durch solche Kinderscherze entwickelt hat. Gefährlich sind sie nicht. Es kann höchstens sein, dass die Eltern ihren Kindern anschließend tiefer in die Augen geschaut haben und dabei erstmalig bemerkten, dass diese schielten.

Bei schlechtem Licht lesen

Mit der Warnung, dass sie sich die Augen verderben, wurden Kinder immer wieder davon abgehalten, im Bett zu lesen. Wahrscheinlich stammt diese Warnung aus Zeiten, als Kerzen knapp und Strom und elektrisches Licht noch keine Selbstverständlichkeit waren. Dabei hat Schummerlicht keinen Einfluss auf die Sehschärfe der Augen und schädigt sie auch nicht. Allenfalls bekommt man davon Kopfschmerzen oder ermüdet schneller. Wer nachts oder bei Dunkelheit anderen Tätigkeiten nachgeht, schädigt seine Augen ja auch nicht, sondern strengt sie höchstens an und gewöhnt sie an verschiedene Helligkeiten. Das ist die Erklärung, die man immer wieder von Augenärzten zu hören bekommt.

Es gibt allerdings eine Theorie, die das Gegenteil besagt und von einem Tübinger Augenexperten Mitte der 1990er Jahre aufgestellt wurde. Der Mediziner hatte untersucht, wie sich die Augen von Hühnern verändern, wenn sie ständig im Schummerlicht ihre Körner suchen müssen. Das Ergebnis war erstaunlich, denn die Hühner wurden kurzsichtig. Nun verhalten sich zwar Menschen in den seltensten Fällen wie dumme Hühner. Aber vielleicht waren die Warnungen der Eltern doch nicht so ganz falsch. Bis es die Studie gibt, in der untersucht wird, ob nächtliche Leseratten im Kindesalter später häufiger eine Brille brauchen oder nicht, muss das endgültige Urteil über diese Frage noch verschoben werden.

Genauso wenig wie das Verdrehen der Augen oder das Lesen unter der Bettdecke den Augen schadet, gehen übrigens vom Fernsehen Gefahren für die Sehkraft aus. Selbst ungünstige Lichtverhältnisse oder ein übertrieben naher Platz vor dem Fernseher kann den Augen nichts anhaben. Vielleicht ermüden sie schneller. Ein schädigender Effekt konnte jedoch in zahlreichen Studien nicht nachgewiesen werden.

Nasenbluten und die richtige Kopfhaltung

Blutet ein Kind aus der Nase, ist es nicht zu empfehlen, den Kopf nach hinten zu legen, auch wenn es Generationen von Eltern und Lehrern immer wieder so praktiziert haben, sobald dicke rote Tropfen aus der Nase liefen. Denn wird der Kopf nach hinten gelegt, gelangt das Blut aus der Nase in den Rachen und von dort über die Speiseröhre in den Magen. Das ist zwar nicht schädlich, doch verschlucktes Blut löst bei manchen Menschen schnell Übelkeit und Brechreiz aus. Muss sich ein Kind in der allgemeinen Aufregung wegen des Nasenblutens auch noch übergeben, trägt dies nicht gerade zur Beruhigung der Situation bei.

Besser ist es, bei Nasenbluten ein kühles Tuch in den Nacken zu legen und den Kopf normal aufrecht zu halten. Hört das Nasenbluten nicht gleich auf, empfiehlt es sich, mit einem Tuch sanften Druck auf die Nase auszuüben und so die Blutungsquelle zu komprimieren. Nasenbluten ist fast immer harmlos. Da die Schleimhaut in der Nase jedoch äußerst gut durchblutet ist, kommt es schnell zu kleineren Verletzungen, die dann mitunter heftig bluten. Es gibt auch eine angeborene Neigung zu verstärktem Nasenbluten. Die ist allerdings äußerst selten und zwar lästig, aber harmlos.

Ein Apfel statt Zähneputzen?

Manche Eltern und Großeltern sind der Meinung, dass ein Apfel das Zähneputzen ersetzt. Nein, damit kann man die gründliche Zahnreinigung leider nicht ersetzen. Denn auch Äpfel enthalten Stoffe, die den Zahnschmelz angreifen und zu Karies führen können. Zucker bietet einen idealen Nährboden für kariesfördernde Bakterien. Diese Keime produzieren Säuren, die den Zahnschmelz zerstören können.

Zucker ist Hauptbestandteil vieler Nahrungsmittel, aber nicht nur der Haushaltszucker ist ein Übeltäter für unsere Kauwerkzeuge. Auch andere Kohlehydrate können diese Rolle spielen, wie etwa der in Äpfeln in größeren Mengen enthaltene Fruchtzucker. Kekse, aber auch Mehl- und Teigwaren, werden im Mund ebenfalls in einfache Zucker zersetzt, die dann auch zum Zahnverfall beitragen können. Das ist beispielsweise auch von Chips, Kräckern oder anderem salzigen Naschwerk bekannt. Sie bleiben in den Zahnzwischenräumen kleben, und dann wird aus ihnen Zucker freigesetzt.

Zwar bleiben Apfelstücke beim Essen kaum zwischen den Zähnen hängen, so dass die Zähne nicht noch einmal von groben Essensresten gereinigt werden müssen. Doch der Fruchtzucker und die Säure kommen mit den Zähnen in Kontakt, und das Putzen sollte deshalb unbedingt wiederholt werden, wenn man vor dem Schlafengehen einen Apfel gegessen hat.

Einen wahren Kern hat die Einschätzung, dass Äpfel für die Zähne nicht so schädlich sind, aber dennoch. Denn manche Nahrungsmittel machen die Zähne weniger anfällig für Karies und Parodontose als andere. Ballaststoffreiches Essen, Obst und Gemüse haben beispielsweise den Vorteil, dass sie gründlich gekaut werden müssen. Dadurch wird das Zahnfleisch massiert, der Speichelfluss angeregt und damit auch die Selbstreinigung der Zähne. Denn der Speichel spült Zähne und Zahnzwischenräume, zudem kann er einen Teil der aggressiven Säure neutralisieren. Das Zähneputzen ersetzt ein Apfel allerdings dennoch nicht.

Kortison – das Nordkorea unter den Medikamenten?

Kortison hat bei vielen Eltern – und auch bei etlichen Ärzten – nicht den besten Ruf. Es gilt als eine Art Nordkorea unter den Medikamenten. Natürlich hat es – wie jedes Mittel, das wirkt – auch Nebenwirkungen. Aber gegen viele Hautkrankheiten gibt es nun mal keine bessere Arznei. Mit Kortisonspray können zudem etliche Asthmaanfälle vermieden werden, Einweisungen in Notfallambulanzen und Kliniken sind dann nicht so oft nötig. Bei wiederholten Episoden von akuter Atemnot können diese Medikamente notwendig sein. Werden die Sprays nach Bedarf verwendet, muss der Arzt seltener aufgesucht werden.

Ein besonderes medizinisches Problem von Frühgeborenen ist ebenfalls am besten mit Kortison zu behandeln. Bei den Kleinsten der Kleinen ist die sogenannte Lungenreifung noch nicht abgeschlossen, sie findet erst in den letzten sechs bis acht Wochen der Schwangerschaft statt. Sie wird durch den »Surfactant-Faktor« stimuliert, der die Ausbildung der Bronchien und Lungenbläschen beschleunigt. Seit 1957, als dieser Zusammenhang erstmals bekannt wurde, haben Pharmafirmen versucht, den Surfactant-Faktor künstlich herzustellen. Um 1970 fanden Wissenschaftler heraus, dass Kortison die Lungenreifung ebenfalls beschleunigen und somit die schlimmsten Lungenschäden bei Frühgeborenen verhindern kann. Dazu muss das Mittel Frauen mit vorzeitigen Wehen und einer drohenden Frühgeburt verabreicht werden.

Doch Kortison wurde aus verschiedenen Gründen kaum angewendet. Nur etwa zwölf bis 18 Prozent der Frauen erhielten diese Behandlung, obwohl es bei der Therapie oft um Leben oder Tod ging. Dies hatte verschiedene Gründe. Die Mediziner wussten zwar, dass Kortison wirkt, aber nicht, wie. Für die Forscher war das unbefriedigend, und sie sträubten sich offenbar dagegen, etwas zu empfehlen, von dem sie den Wirkmechanismus noch nicht verstanden hatten. Ein weiterer Aspekt: Der Surfactant-Faktor wirkt sofort. Der Arzt ist Zeuge der unmittelbaren Heilung eines schwerkranken Babys. Die Wirkung von Kortison setzt hingegen erst nach einigen Tagen ein. Außerdem waren die Patientinnen schon früh skeptisch gegenüber Kortison, so dass es bald auch eine schlechte Lobby unter vielen Ärzten hatte.

Ende der 1980er Jahre konnte der Surfactant-Faktor erstmalig künstlich hergestellt werden. Ärzte in den Kinderkliniken waren begeistert, denn damit konnte spezifisch das Leiden behandelt werden, und der Wirkmechanismus war schließlich seit Jahren bekannt. Eine große Werbekampagne förderte die flächendeckende Anwendung des neuen Mittels.

Vergleichsstudien zu Beginn der 1990er Jahre zeigten jedoch, dass die Lungenreife bei Anwendung von künstlich hergestelltem Surfactant-Faktor keineswegs besser gelang oder schneller erfolgte als mit dem mittlerweile schlecht beleumundeten Kortison.[1]

Es ist schwer abzuschätzen, wie viele Kinder mit starken Lungenschäden auf die Welt kamen oder sogar starben, weil zwischen 1970 und 1990 Kortison nur sehr zurückhaltend verwendet wurde. Dieses Beispiel zeigt auf tragische Weise, wie Vorurteile gegen ein Medikament tödlich ausgehen können. Bevor sie wirklich gute Beweise haben, sollten weder Eltern noch Ärzte eine Therapie vorschnell verteufeln.[2]

Der Reiz destillierten Wassers

Wer destilliertes Wasser trinkt, stirbt daran, davon sind etliche Schüler noch immer überzeugt. Chemisch ist dieses populäre Vorurteil ja auf den ersten Blick auch nachzuvollziehen. Demnach versuchen die mit Mineralien und Salzen vollgepackten Körperzellen, den Konzentrationsunterschied auszugleichen, wenn man destilliertes Wasser trinkt. Die vermeintliche Folge: Die Zellen saugen sich mit Flüssigkeit voll und platzen schließlich. Der Mensch stirbt daran.

Doch so einleuchtend diese Theorie auch klingen mag. Sie stimmt nicht. Erstens kommen nur wenige Zellen des Körpers mit dem, was wir essen und trinken, unmittelbar in Berührung. Selbst wenn sie geschädigt würden, wäre das nicht gleichbedeutend mit dem sofortigen Tod. Zweitens sind im Magen auch feste Nahrungsbestandteile sowie verschiedene Salze und Mineralien der Magensäure vorhanden, so dass es zu einer Vermengung des destillierten Wassers mit Salzen und Mineralien kommt, bevor der Kontakt mit der Zelle entsteht. Drittens gibt es ein paar Mitmenschen, die auf die Wirkung destillierten Wassers schwören und es regelmäßig zu sich nehmen, und – soweit bekannt – noch keine gesundheitlichen Schäden davongetragen haben, obwohl sie es regelmäßig trinken.

Die mythische Kraft von Cola

Seit es die braune Brause gibt, werden Cola allerlei Wunderdinge nachgesagt, manche sollen Kinder und Jugendliche abschrecken, zu viel davon zu trinken. Neben dem Nagel, von dem Cola den Rost lösen kann (was stimmt!), wird immer wieder auf das Stück Fleisch verwiesen, das über Nacht verschwindet, wenn es in Cola eingelegt wird. Dabei ist das unsinnig. Diese Vermutung kann einfach durch einen Selbstversuch widerlegt werden. Am nächsten Tag sieht das Stück Fleisch zwar nicht sehr appetitlich aus, verschwunden ist es durch das Cola-Bad aber keineswegs.

Die Magenwände sind mit einer sehr widerstandsfähigen Schleimhaut ausgestattet, die immerhin auch hochprozentigen

Alkohol (zumindest in Maßen) und fettiges Fleisch übersteht. Auf den Magen-Darm-Trakt hat Cola sogar eine beruhigende Wirkung. Einer ihrer Bestandteile, die Phosphorsäure, ist beispielsweise auch in Medikamenten enthalten, die bei Durchfall verordnet werden.

Wie wirkmächtig die Mythen rund um Cola sind, zeigte sich 1999 in Belgien, als der Geschmack von Cola in Dosen eines Tages etwas anders war als sonst.[3] Dort klagten plötzlich Dutzende Jugendlicher über Übelkeit und Erbrechen. Sie alle führten dies auf den Genuss von Coca-Cola zurück. Die Firma nahm einen Großteil der in Belgien verkauften Chargen zurück, die Verluste gingen in wenigen Tagen in die Millionenhöhe.

Wochen später stellte sich heraus, dass sich die Cola in nichts von der ansonsten verkauften Brause unterschied. Die Dosen waren lediglich von außen mit einem anderen – aber ebenfalls völlig harmlosen – Stoff imprägniert worden. Doch in Belgien hatten kurz zuvor Skandale über Tierfuttervergiftungen mit Dioxin für Aufsehen gesorgt. Zudem war der Glaube an das Übel aus der Dose stärker als jede Vernunft. Die Volksmärchen von Cola trugen dazu bei, dass für ein paar Tage halb Belgien schlecht wurde.

Blutvergiftung und der »rote Strich« zum Herzen

Noch so ein Ammenmärchen: Dass man stirbt, wenn sich nach einer kleinen Entzündung eine Blutvergiftung entwickelt und der »rote Strich« dann bis zum Herzen reicht. Der kurze »rote Strich« der manchmal nach einer Verletzung entlang der Blutgefäße zu sehen ist, beruht jedoch auf einer lokalen Entzündungsreaktion. Häufig entsteht er nach einer kleinen, unscheinbaren Wunde, die nicht richtig desinfiziert wurde. Er setzt sich dann zwar vielleicht weiter in Richtung Herz fort, erreichen tut er es aber nie.

Eher kommt es durch die Entzündung zu einer Schwellung des nächstgelegenen Lymphknotens, einer sogenannten Lymphadenitis. Die macht sich durch eine Vergrößerung und Verhärtung bemerkbar, ist aber meistens schmerzlos. Sind die oberflächlichen Lymphbahnen entzündet (Lymphangiitis), kann sich ein roter Strich über zehn oder zwölf Zentimeter ausdehnen. Wenn sich die Entzündung dann, etwa bei abwehrschwachen Patienten, nicht selbst begrenzt oder nicht ausreichend behandelt wird, kann es in der Tat gefährlich werden. Greift nämlich die Entzündung ins Blutsystem über und kommt es zu einer Blutvergiftung, ist das meist ein schweres Krankheitsbild.

Wenn es nach einer Bagatellverletzung wirklich zu einer Blutvergiftung gekommen ist, äußert sie sich allerdings nicht durch äußerlich sichtbare Symptome, auch nicht durch einen roten Strich. Sie betrifft dann den ganzen Körper. Schwäche, Fieber und eine Beeinträchtigung wichtiger Organfunktionen sind die typischen Komplikationen. Eine solche Sepsis kann tatsächlich zum Tode führen.

Fette Ernährung, mangelnde Hygiene und Akne

Von Pickeln geplagte Pubertierende haben es wirklich nicht leicht. Sie müssen mit den Kratern in ihrem Gesicht leben, und dann bekommen sie auch noch allerlei Ratschläge zur richtigen Ernährung. Fettes Essen sollen sie demnach ebenso meiden wie Zitrusfrüchte oder Schokolade – weil diese Nahrungsmittel angeblich die lästigen Mitesser wachsen lassen. Auch wird vielen Pickligen unterstellt, es mit der Hygiene nicht so genau zu nehmen. Natürlich ist eine tägliche Reinigung des Gesichts notwendig. Aber ein übertriebener Waschfimmel zerstört den Säureschutzmantel der Haut und trägt nicht dazu bei, dass weniger Pickel sprießen.

Pickel entstehen in der Zeit hormoneller Umstellungen, unabhängig von der Ernährung und der Gesichtshygiene. Bei unreiner Haut infizieren sich die Pickel allerdings schneller und entwickeln sich zu blühenden Eiterlandschaften. Akne entsteht durch die Besiedlung mit einem Keim, der sich während der Hormonumstellung in der Pubertät besonders leicht ausbreitet. Die Gleichung fettige Haut durch fettiges Essen geht aber nicht auf – und auch auf der gepflegtesten Haut können sich während der Pubertät hässliche Pickel entwickeln.

Ohrenschmalz drinlassen oder entfernen?

Ohrenschmalz ist nützlich und sollte deshalb nicht sehr häufig entfernt werden. Auch das Waschen der Ohren kann ebenso wie die Pflege mit Ohrenstäbchen übertrieben werden. Denn die schmalzige Substanz im Ohr erfüllt wichtige Abwehraufgaben. Sie fängt Dreck, Bakterien und Pilze ab, damit diese nicht tiefer ins Ohr eindringen können.

Das wissenschaftlich als Cerumen bezeichnete Ohrenschmalz enthält außerdem spezielle Enzyme wie Lysozym, die in der Lage sind, die Zellwände von Bakterien zu zerstören und die Krankheitserreger so zu vernichten. Insofern ist Ohrenschmalz nicht nur ein effektives mechanisches Hindernis für die eindringenden Keime, sondern es enthält zugleich auch noch einen bakteriziden Abwehrstoff. Die zu häufige Verwendung von Ohrenstäbchen ist daher aus gesundheitlichen Gründen nicht zu empfehlen. Zudem kann durch zu intensives Herumstochern das Trommelfell verletzt werden.

Frühes Rasieren und der Haarwuchs

Man kann sich rasieren, so viel und wo immer man will – der Haarwuchs wird dadurch nicht angeregt und auch nicht stärker. Nicht im Gesicht und erst recht nicht an Armen oder Beinen. Auch so eine Legende, mit der Kindern wahrscheinlich der Respekt vor Rasierapparaten eingeflößt werden soll (»Wenn du einmal mit dem Rasieren angefangen hast, musst du damit immer weitermachen …«). Aber ebenso wenig, wie das Kopfhaar schneller wächst, wenn man es häufiger schneidet, sprießt die übrige Körperbehaarung, wenn man sich an den gewöhnlichsten und ungewöhnlichsten Stellen rasiert. Der Eindruck, dass die Körperhaare nach einer Rasur schneller wachsen, hat aber einen anderen Grund. Der Rasierer schneidet die Haare an der dicksten Stelle ab. Deshalb wirken sie dann oft rauer und so, als ob sie rascher wieder zu spüren sind.

Für Rasen gilt die Regel, dass Schneiden den Wuchs anregt, auch nicht. Wird eine Grünfläche öfter gemäht, wachsen die Grashalme auch nicht schneller nach. Und wenn man daran zieht, wächst das Gras auch nicht schneller.

Schwimmen nach dem Essen

Etliche Bademeister, besorgte Mütter sowieso, aber auch die DLRG warnten und warnen vor dem Schwimmen mit vollem Bauch. Die Erklärung für die damit verbundenen Gefahren schien ganz einfach: Nach dem Essen ist der Körper vorrangig mit der Verdauung beschäftigt, weswegen sich das Blut hauptsächlich im Magen-Darm-Bereich sammelt. Wer dann schwimmen geht, begibt sich in Gefahr zu ertrinken, weil das Gehirn und andere wichtige Organe dann kaum noch durchblutet werden.

Man braucht keine wissenschaftlichen Studien, um diesen Volksglauben zu widerlegen. Wer nach dem Essen Sport treibt – etwa joggt oder Rad fährt –, wird ja auch nicht bewusstlos. Je nachdem, wie »schwer« das Essen und wie intensiv das Völlegefühl ist, kann es allenfalls etwas mühsamer sein, sich direkt nach einem üppigen Mahl sportlich zu betätigen, so dass die meisten Menschen ein ganz gutes Gespür dafür entwickelt haben, wann es an der Zeit ist, sich wieder ins Wasser zu trauen.

Weiße Flecken auf den Fingernägeln

Weisen die Nägel gelegentlich weiße Tupfer auf, ist immer wieder zu hören, dass dies auf Kalziummangel hindeuten würde. Doch die hellen Stellen auf den Fingernägeln haben nichts damit zu tun, ob jemand genügend Milchprodukte und andere kalziumhaltige Nahrungsmittel zu sich nimmt.

Die Flecken entstehen vielmehr durch kleine Verletzungen im Bereich des Nagelbetts oder auch als Folge von Stößen auf die Fingernägel. Da man sich auch mehr an der Hand stößt und verletzt, die man häufiger benutzt, gilt: Linkshänder haben mehr solche Flecken an der linken Hand, Rechtshänder mehr an der rechten. Die Flecken brauchen übrigens etwa drei bis vier Monate, bis sie die komplette Nagellänge zurückgelegt haben und wieder verschwinden.

Kaugummi als Klebstoff im Magen?

Diese Warnung kennt jeder Halbwüchsige: Kaugummis sollen nicht hinuntergeschluckt werden, weil sonst die Magenwände verkleben. Auf den ersten Blick ist das einleuchtend, auf den zweiten Blick Unfug. Denn zum einen lässt die Klebewirkung nach, wenn man nur lange genug auf einem Kaugummi herumkaut, diesen Effekt kennt jeder. Zum anderen – und weitaus entscheidender – befinden sich im Magen allerlei scharfe Chemikalien, die verhindern, dass Kaugummi an den Magenwänden hängen bleibt. Die Magensäure beispielsweise ist so sauer, dass ihr pH-Wert fast dem der Salzsäure gleicht. Dieses Säurebad übersteht kein Lebensmittel unbeschadet.

Zudem gibt es im Magen etliche Verdauungsenzyme, von denen die Nahrung weiter zersetzt und in ihre Bestandteile zerlegt wird. Außerdem sind die meisten Inhaltsstoffe von Kaugummi unverdaulich und passieren den Darm unbehelligt. Forscher haben ermittelt, dass man schon etwa ein Kilogramm Kaugummi unzerkaut auf einmal schlucken müsste, damit in Magen oder Darm größere Stauungen entstehen.

Hygiene-Alarm: Kinder auf fremden Klos

Es war ein Aha-Erlebnis im Medizinstudium. Wir mussten seinerzeit den Kurs Mikrobiologie belegen, und eine der praktischen Übungen bestand darin, Bakterien an den verschiedensten Orten nachzuweisen. Also schwärmten wir aus und wurden ausdrücklich dazu ermutigt, auch auf den Toiletten Abstriche zu entnehmen. Das Erstaunen über die Ergebnisse war groß. Auf den Klobrillen der Universität fanden sich kaum Keime. Auf den Frauentoiletten waren es überraschenderweise etwas mehr als auf den Männerklos, aber insgesamt war die Keimzahl an beiden Örtlichkeiten zu vernachlässigen – jedenfalls im Vergleich mit Orten und Gegenständen, an denen man weitaus weniger Erreger vermuten würde.

Denn deutlich mehr Keime fanden sich beispielsweise auf den Türgriffen zum Hörsaal und selbst auf den Tischen und Bänken in den Unterrichtsräumen. Die Klos wirkten nicht besonders sauber, das heißt, sie glänzten nicht gerade. Sie waren aber auch nicht sichtbar verschmutzt.

Auch wenn man diese mikrobiologischen Befunde nicht kennt, fragt man sich, wo und mit was man sich auf der Toilette anstecken soll. Mit der Klobrille haben ja zumeist nur die Oberschenkel und der hintere Teil der Pobacken Kontakt. Es müssten schon besonders unternehmungslustige Keime sein, die sich ihren Weg von dort über die Haut zu etwas delikateren Körperregionen bahnen. Die gibt es aber dort nicht. Wenn auf den Klos keine offensichtliche Sauerei angerichtet wurde, besteht daher kein Grund, Kinder zu akrobatischen Hockübungen zu animieren oder mit dem Desinfektionskommando anzurollen, bevor man Platz nimmt.

Gefahren lauern eher an Orten, an denen man Keime noch weniger vermutet als an Türgriffen oder auf Seminartischen. Im Kühlschrank zum Beispiel. Die braunen Schlieren an der Rückwand, die jeder kennt, der nicht nur auswärts isst, sind kein ordinärer Dreck. Sie bezeichnen die Spur der Keime. Denn trotz der Kälte gelingt es einigen Erregern erstaunlich gut, sich zwischen Milchtüten, Wurst und Käse behaglich einzurichten. Da die meisten Menschen nicht auf die Idee kommen, dass sich ausgerechnet im Kühlschrank ein Pilz- oder Bakterienreservoir befindet, wird dort auch verhältnismäßig selten sauber gemacht. Sehr zu Freude der Keime, die es sich bald in eigenen Kulturen gemütlich machen.

Auch die Spüle, Wischlappen, Schwämme und Bürsten sind übrigens ein idealer Nährboden für Erreger. Abstriche und Tests an den häufig benutzten Alltagsgegenständen und Arbeitsflächen haben ergeben, dass (fast) jedes Klo ein Hort der Sauberkeit ist – verglichen jedenfalls mit den Keimansiedlungen, die sich in jeder Küche finden.

14 vorurteilsfreie Tatsachen über Mythen und Irrtümer

1. Die Augen bleiben nicht stehen, wenn man aus Spaß schielt oder sie verdreht. Auch verdirbt sich kein Kind die Augen, wenn es bei schlechtem Licht liest – sie ermüden nur schneller.

2. Bei Nasenbluten helfen ein kühles Tuch im Nacken und aufrechte Haltung des Kopfes. Eventuell kann mit einem Tuch sanfter Druck auf die Nase ausgeübt werden.

3. Ein Apfel ersetzt das Zähneputzen nicht. Auch Äpfel enthalten Stoffe, die den Zahnschmelz angreifen und zu Karies führen können.

4. Kortison ist ein wichtiges Medikament. Gegen viele Hautkrankheiten gibt es keine bessere Arznei, zudem werden etliche Asthmaanfälle damit vermieden und die Lungenreifung bei Frühgeborenen stimuliert.

5. Wer destilliertes Wasser trinkt, stirbt nicht daran.

6. Cola löst kein Fleisch auf. Auf den Magen-Darm-Trakt hat Cola sogar eine beruhigende Wirkung.

7. Der »rote Strich« nach einer Verletzung beruht auf einer lokalen Entzündungsreaktion. Häufig entsteht er nach einer unscheinbaren Wunde. Er setzt sich zwar vielleicht in Richtung Herz fort, erreichen tut er es aber nie.

8. Pickel entstehen durch hormonelle Umstellungen – unabhängig von der Ernährung und der Gesichtshygiene.

9. Ohrenschmalz ist nützlich und sollte deshalb nicht sehr häufig entfernt werden. Auch die Pflege mit Ohrenstäbchen kann übertrieben werden. Die schmalzige Substanz im Ohr fängt Dreck, Bakterien und Pilze ab.

10. Der Haarwuchs wird durch frühe Rasuren nicht angeregt und nicht stärker. Wenn man daran zieht, wächst Gras auch nicht schneller.

11. Schwimmen nach dem Essen ist nicht gefährlich, sondern allenfalls mühsamer.

12. Weiße Flecken auf den Fingernägeln weisen nicht auf Kalziummangel hin, sie entstehen durch kleine Verletzungen im Nagelbett oder als Folge von Stößen.

13. Kaugummi verklebt die Magenwände nur, wenn man ein Kilogramm unzerkaut auf einmal schlucken würde.

14. Wenn Klos nicht offensichtlich verdreckt sind, besteht kein Grund, dass Kinder sich nicht daraufsetzen. Gefahr durch Keime lauert eher an Türgriffen oder in der Küche.

LITERATURVERZEICHNIS

In diesem Verzeichnis sind die Fachartikel und Bücher in alphabetischer Reihenfolge angegeben, aus denen ich zitiert habe oder in denen sich neue und interessante Forschungsergebnisse finden. Zudem habe ich weitere hilfreiche Literaturhinweise und Leseempfehlungen aufgeführt.

Die große Mehrzahl der hochwertigen medizinischen Untersuchungen wird leider nicht auf Deutsch, sondern in englischsprachigen Zeitschriften veröffentlicht. Viele dieser Fachartikel sind mittlerweile aber frei zugänglich. Zu finden sind diese Texte zumeist in der National Library of Medicine der USA, die inzwischen mehr als 20 Millionen medizinische Fachartikel bereithält. Von den meisten ist eine kurze Zusammenfassung kostenlos online erhältlich, bei etlichen kann sogar der gesamte Artikel unentgeltlich heruntergeladen werden.

Ein Wort noch zu der angegebenen Fachliteratur. Es gibt mittlerweile mehr als 20 000 Fachzeitschriften weltweit, in denen medizinische Artikel publiziert werden. Viele von ihnen sind das Papier nicht wert, auf dem sie gedruckt werden, weil die Fachbeiträge von zu schlechter Qualität sind. Ich habe im Folgenden versucht, Artikel aus hochwertigen Zeitschriften anzugeben. Das *New England Journal of Medicine, Lancet, JAMA, BMJ* und die *Annals of Internal Medicine* sind die fünf weltweit führenden medizinischen Fachjournale. Die Cochrane-Datenbank ist die zuverlässigste Quelle für Überblicksarbeiten und systematische Meta-Analysen. *Nature, Science* und *PNAS* gelten als die besten Zeitschriften zu allgemeinen Wissenschaftsthemen. *Pediatrics* und das *European Journal of Pediatrics* sind führende Zeitschriften rund um die Gesundheit und Entwicklung von Kindern.

Nicht immer gibt es Beiträge zur Erziehung, Kinderentwicklung und Beziehungsforschung in diesen Zeitschriften, die als Hort der harten Wissenschaft gelten. Deshalb sind viele der hier zitierten Studien in Fachzeitschriften der medizinischen oder psychologischen Unterdisziplinen aufgeführt, manche auch in Fachblättern für Biologie, Soziologie oder Pädagogik.

Die Abkürzung der Literaturhinweise folgt den international üblichen Standards. Die Angabe »Freundlich K, Hilfreich M, Sonnenschein K: How to have healthy and strong children. N Engl J Med 2013;325:217« bedeutet beispielsweise, dass ein (fiktiver) Artikel der Forscher Freundlich, Hilfreich und Sonnenschein in einer der weltweit angesehensten Fachzeitschriften für Ärzte erschienen ist, dem New England Journal of Medicine. Er findet sich dort im Jahr 2013, im Band 325 der Zeitschrift und beginnt auf Seite 217.

Alexander GM, Graef JD, Hammarback JA, Nordskog BK, Burnett EJ, Daunais JB, Bennett AJ, Friedman DP, Suomi SJ, Godwin DW: Disruptions in serotonergic regulation of cortical glutamate release in primate insular cortex in response to chronic ethanol and nursery rearing. Neuroscience 2012; 207:167

Almeida ND, Loucks EB, Kubzansky L, Pruessner J, Maselko J, Meaney MJ, Buka SL: Quality of parental emotional care and calculated risk for coronary heart disease. Psychosom Med 2010;72:148

Almond CS, Shin AY, Fortescue EB, et al: Hyponatremia among runners in the Boston Marathon. N Engl Med 2005;352:1550

Als H, Lawhon G, Duffy FH, McAnulty GB, Gibes-Grossman R, Blickman JG: Individualized developmental care for the very low-birth-weight preterm infant. Medical and neurofunctional effects. JAMA 1994;272:853

Anderson CA, Shibuya A, Ihori N, Swing EL, Bushman BJ, Sakamoto A, Rothstein HR, Saleem M: Violent video game effects on aggression, empathy, and prosocial behavior in eastern and western countries: a meta-analytic review. Psychol Bull 2010;136:151

Anderson SE, Gooze RA, Lemeshow S, Whitaker RC: Quality of early maternal-child relationship and risk of adolescent obesity. Pediatrics 2012;129:132

Anderson SE, Whitaker RC: Household routines and obesity in US preschool-aged children. Pediatrics 2010;125:420

Anonymous: Klops mit Weltkarriere. Test 2005;2:22

Astrup A: Super-sized and diabetic by frequent fast-food consumption? Lancet 2005;365:4

Barker DJ, Osmond C, Forsén TJ, Kajantie E, Eriksson JG: Trajectories of growth among children who have coronary events as adults. N Engl Med 2005;353:1802

Bartens W: Körperglück. Wie gute Gefühle gesund machen. München 2010

Bartens W: Glücksmedizin. Was wirklich wirkt. München 2011

Bavelier D, Davidson RJ: Brain training: Games to do you good. Nature 2013;494:425

Bellieni CV: Pain assessment in human fetus and infants. AAPS J 2012;14:456

Bjelakovic G, Nikolova D, Gluud LL, Simonetti RG, Gluud C: Mortality in randomized trials of antioxidant supplements for primary and secondary prevention: systematic review and meta-analysis. JAMA 2007;297:842

Bjelakovic G, Nikolova D, Gluud LL, Simonetti RG, Gluud C: Antioxidant supplements for prevention of mortality in healthy participants and patients with various diseases. Cochrane Database Syst Rev 2008 Apr 16;(2):CD007176

Bradley RG, Binder EB, Epstein MP, Tang Y, Nair HP, Liu W, Gillespie CF, Berg T, Evces M, Newport DJ, Stowe ZN, Heim CM, Nemeroff CB, Schwartz A, Cubells JF, Ressler KJ: Influence of Child Abuse on Adult Depression: Moderation by the Corticotropin-Releasing Hormone Receptor Gene. Arch Gen Psychiatry 2008;65:190

Brauer M, Hoek G, Smit HA, de Jongste JC, Gerritsen J, Postma DS, Kerkhof M, Brunekreef B: Air pollution and development of asthma, allergy and infections in a birth cohort. Eur Respir J 2007;29:879

Bröckling U: Das unternehmerische Selbst. Soziologie einer Subjektivierungsform. Frankfurt 2007

Carragee EJ, Alamin TF, Miller JL, Carragee JM: Discographic, MRI and psychosocial determinants of low back pain disability and remission: a prospective study in subjects with benign persistent back pain. Spine 2005;5:24

Carragee EJ, Barcohana B, Alamin T, van den Haak E: Prospective controlled study of the development of lower back pain in previously asymptomatic subjects undergoing experimental discography. Spine 2004;29:1112

Caudri D, Wijga A, Scholtens S, Kerkhof M, Gerritsen J, Ruskamp JM, Brunekreef B, Smit HA, de Jongste JC: Early daycare is associated with an increase in airway symptoms in early childhood but is no protection against asthma or atopy at 8 years. Am J Respir Crit Care Med 2009;180:491

Cecchi L, D'Amato G, Ayres JG, Galan C, Forastiere F, Forsberg B, Gerritsen J, Nunes C, Behrendt H, Akdis C, Dahl R, Annesi-Maesano I: Projections of the effects of climate change on allergic asthma: the contribution of aerobiology. Allergy 2010;65:1073

Chiang JJ, Eisenberger NI, Seeman TE, Taylor SE: Negative and competitive social interactions are related to heightened proinflammatory cytokine activity. Proc Natl Acad Sci U S A 2012;109:1878

Christensen K, Doblhammer G, Rau R, Vaupel JW: Ageing populations: the challenges ahead. Lancet 2009;374:1196

Chugani HT, Behen ME, Muzik O, Juhász C, Nagy F, Chugani

DC: Local brain functional activity following early deprivation: a study of postinstitutionalized Romanian orphans. Neuroimage 2001;14:1290

Cleland J: The benefits of educating women. Lancet 2010; 376:933

Conti G, Hansman C, Heckman JJ, Novak MF, Ruggiero A, Suomi SJ: Primate evidence on the late health effects of early-life adversity. Proc Natl Acad Sci U S A 2012;109:8866

Daniels SR, Greer FR; Committee on Nutrition: Lipid screening and cardiovascular health in childhood. Pediatrics 2008; 122:198

Daum MM, Prinz W, Aschersleben G: Perception and production of object-related grasping in 6-month-olds. J Exp Child Psychol 2011;108:810

Deardorff J, Gonzales NA, Christopher FS, Roosa MW, Millsap RE: Early puberty and adolescent pregnancy: the influence of alcohol use. Pediatrics 2005;116:1451

DeWalt DA: Ensuring safe and effective use of medication and health care: perfecting the dismount. JAMA 2010;304:2641

Donga E, van Dijk M, van Dijk JG, Biermasz NR, Lammers GJ, van Kralingen K, Hoogma RP, Corssmit EP, Romijn JA: Partial sleep restriction decreases insulin sensitivity in type 1 diabetes. Diabetes Care 2010;33:1573

Donga E, van Dijk M, van Dijk JG, Biermasz NR, Lammers GJ, van Kralingen KW, Corssmit EP, Romijn JA: A single night of partial sleep deprivation induces insulin resistance in multiple metabolic pathways in healthy subjects. J Clin Endocrinol Metab 2010;95:2963

Dyer O: Wakefield admits fabricating events when he took children's blood samples. BMJ 2008;336:850

Eisenberger NI, Cole SW: Social neuroscience and health: neurophysiological mechanisms linking social ties with physical health. Nat Neurosci 2012;15:669

Ellis BJ, Essex MJ: Family environments, adrenarche, and sexual maturation: a longitudinal test of a life history model. Child Dev 2007;78:1799

Ellis BJ, Shirtcliff EA, Boyce WT, Deardorff J, Essex MJ: Quality of early family relationships and the timing and tempo of puberty: effects depend on biological sensitivity to context. Dev Psychopathol 2011;23:85

Eluvathingal TJ, Chugani HT, Behen ME, Juhász C, Muzik O, Maqbool M, Chugani DC, Makki M: Abnormal brain connectivity in children after early severe socioemotional deprivation: a diffusion tensor imaging study. Pediatrics 2006;117:2093

Flegal KM, Carroll MD, Ogden CL, Curtin LR: Prevalence and trends in obesity among US adults, 1999–2008. JAMA 2010;303:235

Flegal KM, Carroll MD, Kit BK, Ogden CL: Prevalence of obesity and trends in the distribution of body mass index among US adults, 1999–2010. JAMA 2012;307:491

Fleischer DM, Conover-Walker MK, Matsui EC, Wood RA: The natural history of tree nut allergy. Journal of Allergy and Clinical Immunology 2005;116:1087–1093

Fries AB, Shirtcliff EA, Pollak SD: Neuroendocrine dysregulation following early social deprivation in children. Dev Psychobiol 2008;50:588

Gadamer HG: Über die Verborgenheit der Gesundheit: Aufsätze und Vorträge. Frankfurt 2010

Gakidou E, Lopez AD: What do children die from in India today? Lancet 2010;376:1810

Garbutt JM, Banister C, Spitznagel E, Piccirillo JF: Amoxicillin for acute rhinosinusitis: a randomized controlled trial. JAMA 2012;307:685

Gettler LT, McKenna JJ, McDade TW, Agustin SS, Kuzawa CW: Does cosleeping contribute to lower testosterone levels in fathers? Evidence from the Philippines. PLoS One 2012;7:e41 559

Giannotti D, Patrizi G, Di Rocco G, Vestri AR, Semproni CP, Fiengo L, Pontone S, Palazzini G, Redler A: Play to become a surgeon: impact of Nintendo Wii training on laparoscopic skills. PLoS One 2013;8:e57 372

Giedd JN: The teen brain: insights from neuroimaging. J Adolesc Health 2008;42:335

Giedd JN, Blumenthal J, Jeffries NO, Castellanos FX, Liu H, Zijdenbos A, Paus T, Evans AC, Rapoport JL: Brain development during childhood and adolescence: a longitudinal MRI study. Nat Neurosci 1999;2:861

Gilbert R, Salanti G, Harden M, See S: Infant sleeping position and the sudden infant death syndrome: systematic review of observational studies and historical review of recommendations from 1940 to 2002. International Journal of Epidemiology 2005;34:874

Gluckman PD, Hanson MA: Evolution, development and timing of puberty. Trends Endocrinol Metab 2006;17:7

Good Stewardship Working Group: The »top 5« lists in primary care: meeting the responsibility of professionalism. Arch Intern Med 2011;171:1385

Goodman A, Joyce R, Smith JP: The long shadow cast by childhood physical and mental problems on adult life. Proc Natl Acad Sci 2011;108:6032

Gould F, Clarke J, Heim C, Harvey PD, Majer M, Nemeroff CB: The effects of child abuse and neglect on cognitive functioning in adulthood. J Psychiatr Res 2012; 46:500

Greenhalgh T: Einführung in die Evidence-based Medicine. Bern 2001

Guppy MPB, Mickan SM, Del Mar CB: »Drink plenty of fluids«: A systematic review of evidence for this recommendation in acute respiratory infections. British Medical Journal 2004;328:499

Habel LA, Cooper WO, Sox CM, Chan KA, Fireman BH, Arbogast PG, Cheetham TC, Quinn VP, Dublin S, Boudreau DM, Andrade SE, Pawloski PA, Raebel MA, Smith DH, Achacoso N, Uratsu C, Go AS, Sidney S, Nguyen-Huynh MN, Ray WA, Selby JV: ADHD medications and risk of serious cardiovascular events in young and middle-aged adults. JAMA 2011;306:2673

Hackman DA, Farah MJ, Meaney MJ: Socioeconomic status and the brain: mechanistic insights from human and animal research. Nat Rev Neurosci 2010;11:651

Halliday HL: Overview of clinical trials comparing natural and synthetic surfactants. Biol Neonate 1995;67, Suppl1:32

Hauck FR, Omojokun OO, Siadaty MS: Do pacifiers reduce the risk of sudden death syndrome? A meta-analysis. Pediatrics 2005;116 e:716

Heim C, Shugart M, Craighead WE, Nemeroff CB: Neurobiological and psychiatric consequences of child abuse and neglect. Dev Psychobiol 2010;52:671

Hernandez-Reif M, Diego M, Field T: Preterm infants show reduced stress behaviors and activity after 5 days of massage therapy. Infant Behav Dev 2007;30:557

Hofer T, Hohenberger A, Hauf P, Aschersleben G: The link between maternal interaction style and infant action understanding. Infant Behav Dev 2008;31:115

Horwitz AV, Wakefield JC: The Loss of Sadness: How Psychiatry Transformed Normal Sorrow Into Depressive Disorder. Oxford 2007

Jerrett M: Does traffic-related air pollution contribute to respiratory disease formation in children? Eur Respir J 2007;29:825

Juul J: Nein aus Liebe. Klare Eltern – starke Kinder. München 2008

Katz LF, Gottman JM: Buffering children from marital conflict and dissolution. J Clin Child Psychol 1997;26:157

Klein EA, Thompson IM Jr, Tangen CM, Crowley JJ, Lucia MS, Goodman PJ, Minasian LM, Ford LG, Parnes HL, Gaziano JM, Karp DD, Lieber MM, Walther PJ, Klotz L, Parsons JK, Chin JL, Darke AK, Lippman SM, Goodman GE, Meyskens FL Jr, Baker LH: Vitamin E and the risk of prostate cancer: the Selenium and Vitamin E Cancer Prevention Trial. JAMA 2011;306:1549

Klengel T, Mehta D, Anacker C, Rex-Haffner M, Pruessner JC, Pariante CM, Pace TW, Mercer KB, Mayberg HS, Bradley B, Nemeroff CB, Holsboer F, Heim CM, Ressler KJ, Rein T, Binder EB: Allele-specific FKBP5 DNA demethylation mediates gene-childhood trauma interactions. Nat Neurosci 2013;16:33

Largo RH: Babyjahre. Entwicklung und Erziehung in den ersten vier Jahren. München 2012

Largo RH: Kinderjahre. Die Individualität des Kindes als erzieherische Herausforderung. München 2012

Lee SJ, Ralston HJ, Drey EA, Partridge JC, Rosen MA: Fetal pain: a systematic multidisciplinary review of the evidence. JAMA 2005;294:947

Legerstee M, Markova G, Fisher T: The role of maternal affect attunement in dyadic and triadic communication. Infant Behav Dev 2007;30:296

Lehman EJ, Hein MJ, Baron SL, Gersic CM: Neurodegenerative causes of death among retired National Football League players. Neurology 2012;79:1970

Lereyaa ST, Samarab M, Wolke D: Parenting behavior and the risk of becoming a victim and a bully/victim: A meta-analysis study. Child Abuse & Neglect 2013:in press

Levy RL, van Tilburg MA: Functional abdominal pain in childhood: background studies and recent research trends. Pain Res Manag 2012;17:413

Liu D, Diorio J, Tannenbaum B, Caldji C, Francis D: Maternal care, hippocampal glucocorticoid receptors, and hypothalamic-pituitary-adrenal responses to stress. Science 1997; 277:1659

Maselko J, Kubzansky L, Lipsitt L, Buka SL: Mother's affection at 8 months predicts emotional distress in adulthood. J Epidemiol Community Health 2011;65:621

Matser EJ, Kessels AG, Lezak MD: Neuropsychological impairment in amateur soccer players. Journal of the American Medical Association 1999;282:971

Matser EJ, Kessels AG, Lezak MD, Troost J: A dose-response relation of headers and concussions with cognitive impairment in professional soccer players. Journal of Clinical and Experimental Neuropsychology 2001;23:770

Mauch M, Grau S, Krauss I, Maiwald C, Horstmann T: A new approach to children's footwear based on foot type classification. Ergonomics 2009;52:999

McGowan PO, Sasaki A, D'Alessio AC, Dymov S, Labonté B, Szyf M, Turecki G, Meaney MJ: Epigenetic regulation of the glucocorticoid receptor in human brain associates with childhood abuse. Nat Neurosci 2009;12:342

McLaughlin KA, Fox NA, Zeanah CH, Sheridan MA, Marshall P, Nelson CA: Delayed maturation in brain electrical activity partially explains the association between early environmental deprivation and symptoms of attention-deficit/hyperactivity disorder. Biol Psychiatry 2010;68:329

Million Death Study Collaborators, Bassani DG, Kumar R, Awasthi S, Morris SK, Paul VK, Shet A, Ram U, Gaffey MF, Black RE, Jha P: Causes of neonatal and child mortality in India: a nationally representative mortality survey. Lancet 2010;376:1853

Moffitt TE, Arseneault L, Belsky D, Dickson N, Hancox RJ, Harrington H, Houts R, Poulton R, Roberts BW, Ross S,

Sears MR, Thomson WM, Caspi A: A gradient of childhood self-control predicts health, wealth, and public safety. Proc Natl Acad Sci 2011;108:2693

Moore M, Little P, Rumsby K, Kelly J, Watson L, Warner G, Fahey T, Williamson I: Effect of antibiotic prescribing strategies and an information leaflet on longer-term reconsultation for acute lower respiratory tract infection. Br J Gen Pract 2009;59:728

Moriceau S, Sullivan RM: Neurobiology of infant attachment. Dev Psychobiol 2005;47:230

Morris BJ, Waskett JH, Banerjee J, Wamai RG, Tobian AA, Gray RH, Bailis SA, Bailey RC, Klausner JD, Willcourt RJ, Halperin DT, Wiswell TE, Mindel A: A ›snip‹ in time: what is the best age to circumcise? BMC Pediatr 2012;12:20

Moss A, Klenk J, Simon K, Thaiss H, Reinehr T, Wabitsch M: Declining prevalence rates for overweight and obesity in German children starting school. Eur J Pediatr 2012; 171:289

Moszkowski RJ, Stack DM, Girouard N, Field TM, Hernandez-Reif M, Diego M: Touching behaviors of infants of depressed mothers during normal and perturbed interactions. Infant Behav Dev 2009;32:183

Moynihan R, Mintzes B: Sex, Lies, and Pharmaceuticals: How Drug Companies Plan to Profit from Female Sexual Dysfunction. Vancouver 2010

Murdoch DR, Slow S, Chambers ST, Jennings LC, Stewart AW, Priest PC, Florkowski CM, Livesey JH, Camargo CA, Scragg R: Effect of vitamin D3 supplementation on upper respiratory tract infections in healthy adults: the VIDARIS randomized controlled trial. JAMA 2012;308:1333

Mursu J, Robien K, Harnack LJ, Park K, Jacobs DR Jr: Dietary supplements and mortality rate in older women: the Iowa Women's Health Study. Arch Intern Med 2011;171:1625 von Mutius E, Vercelli D: Farm living: effects on childhood asthma and allergy. Nat Rev Immunol 2010;10:861

von Mutius E: Maternal farm exposure/ingestion of unpasteurized cow's milk and allergic disease. Curr Opin Gastroenterol 2012;28:570

Nagano J, Kakuta C, Motomura C, Odajima H, Sudo N, Nishima S, Kubo C: The parenting attitudes and the stress of mothers predict the asthmatic severity of their children: a prospective study. Biopsychosoc Med 2010;4:12

Nemery B, Fischler B, Boogaerts M, Lison D: Dioxins, Coca-Cola, and mass sociogenic illness in Belgium. Lancet 1999;354:77

Nemery B, Fischler B, Boogaerts M, Lison D, Willems J: The Coca-Cola incident in Belgium, June 1999. Food Chem Toxicol. 2002;40:1657

Nickel R, Egle UT, Hardt J: Are childhood adversities relevant in patients with chronic low back pain? European Journal of Pain 2002;6:221

Normand AC, Sudre B, Vacheyrou M, Depner M, Wouters IM, Noss I, Heederik D, Hyvärinen A, Genuneit J, Braun-Fahrländer C, von Mutius E, Piarroux R; GABRIEL-A Study Group: Airborne cultivable microflora and microbial transfer in farm buildings and rural dwellings. Occup Environ Med 2011;68:849

Oberg M, Jaakkola MS, Woodward A, Peruga A, Prüss-Ustün A: Worldwide burden of disease from exposure to secondhand smoke: a retrospective analysis of data from 192 countries. Lancet 2011;377:139

Ogden CL, Carroll MD, Curtin LR, Lamb MM, Flegal KM. Prevalence of high body mass index in US children and adolescents, 2007–2008. JAMA 2010;303:242

Ogden CL, Carroll MD, Kit BK, Flegal KM: Prevalence of obesity and trends in body mass index among US children and adolescents, 1999–2010. JAMA 2012;307:483

Pace TW, Wingenfeld K, Schmidt I, Meinlschmidt G, Hellhammer DH, Heim CM: Increased peripheral NF-$_{K}$B pathway activity in women with childhood abuse-related posttraumatic stress disorder. Brain Behav Immun 2012;26:13

Paradise JL, Campbell TF, Dollaghan CA, Feldman HM, Bernard BS, Colborn DK, Rockette HE, Janosky JE, Pitcairn DL, Kurs-Lasky M, Sabo DL, Smith CG: Developmental outcomes after early or delayed insertion of tympanostomy tubes. N Engl J Med 2005;353:576

Parr LA, Boudreau M, Hecht E, Winslow JT, Nemeroff CB, Sánchez MM: Early life stress affects cerebral glucose metabolism in adult rhesus monkeys (Macaca mulatta). Dev Cogn Neurosci 2012;2:181

Payne K, Thaler L, Kukkonen T, Carrier S, Binik Y: Sensation and sexual arousal in circumcised and uncircumcised men. J Sex Med 2007;4:667

Pearce A, Li L, Abbas J, Ferguson B, Graham H, Law C: Millennium Cohort Study Child Health Group: Is childcare associated with the risk of overweight and obesity in the early years? Findings from the UK Millennium Cohort Study. Int J Obes 2010;34:1160

Pereira MA, Kartashov AI, Ebbeling CB, Van Horn L, Slattery ML, Jacobs DR Jr, Ludwig DS: Fast-food habits, weight gain, and insulin resistance (the CARDIA study): 15-year prospective analysis. Lancet 2005;365:36

Pettersson A, Richiardi L, Nordenskjold A, Kaijser M, Akre O: Age at surgery for undescended testis and risk of testicular cancer. N Engl J Med 2007;356:1835

Pruessner JC, Champagne F, Meaney MJ, Dagher A: Dopamine release in response to a psychological stress in humans and its relationship to early life maternal care: a positron emission tomography study using [11C]raclopride. J Neurosci 2004;24:2825

Punjabi NM: Workshop Participants: Do sleep disorders and associated treatments impact glucose metabolism? Drugs 2009;69 Suppl 2:13

Ranger M, Johnston CC, Anand KJ: Current controversies regarding pain assessment in neonates. Semin Perinatol 2007;31:283

Richter J, Stöver IM, Walter S, Mehlhorn H, Häussinger D: Kopfläuse – Umgang mit einer wieder auflebenden Parasitose. Deutsches Ärzteblatt 2005;102:A2395

Rinzler, Carol Ann: Feed a cold, starve a fever – a dictionary of medical folklore. New York 1991

Roberts RJ, Burgess IF: New head-lice treatments: hope or hype? Lancet 2005;365:8

Schiavenato M, Butler-O'Hara M, Scovanner P: Exploring the association between pain intensity and facial display in term newborns. Pain Res Manag 2011;16:10

Schmacke N: Wie viel Medizin verträgt der Mensch? Bonn 2005

Schmidt-Semisch H, Schorb F: Kreuzzug gegen Fette: Sozialwissenschaftliche Aspekte des gesellschaftlichen Umgangs mit Übergewicht und Adipositas. Wiesbaden 2007

Schober JM, Meyer-Bahlburg HF, Dolezal C: Self-ratings of genital anatomy, sexual sensitivity and function in men using the ›Self-Assessment of Genital Anatomy and Sexual Function, Male‹ questionnaire. BJU Int 2009;103:1096

Schorb F: Dick, doof und arm: Die große Lüge vom Übergewicht und wer von ihr profitiert. München 2009

Shang A, Huwiler-Müntener K, Nartey L, Jüni P, Dörig S, Sterne JA, Pewsner D, Egger M: Are the clinical effects of homoeopathy placebo effects? Comparative study of placebo-controlled trials of homoeopathy and allopathy. Lancet 2005;366:726

Sheridan MA, Fox NA, Zeanah CH, McLaughlin KA, Nelson

CA: Variation in neural development as a result of exposure to institutionalization early in childhood. Proc Natl Acad Sci 2012;109:12927

Sherin JE, Nemeroff CB: Post-traumatic stress disorder: the neurobiological impact of psychological trauma. Dialogues Clin Neurosci 2011;13:263

Shirtcliff EA, Coe CL, Pollak SD: Early childhood stress is associated with elevated antibody levels to herpes simplex virus type 1. Proc Natl Acad Sci 2009;106:2963

Singh A, Uijtdewilligen L, Twisk JW, van Mechelen W, Chinapaw MJ: Physical activity and performance at school: a systematic review of the literature including a methodological quality assessment. Arch Pediatr Adolesc Med 2012;166:49

Silver RK, Vyskocil C, Solomon SL, Ragin A, Neerhof MG, Farrell EE: Randomized trial of antenatal dexamethasone in surfactant-treated infants delivered before 30 weeks' gestation. Obstet Gynecol 1996;87:683

Smith PB, Benjamin DK Jr, Murphy MD, Johann-Liang R, Iyasu S, Gould B, Califf RM, Li JS, Rodriguez W: Safety monitoring of drugs receiving pediatric marketing exclusivity. Pediatrics 2008;122:e628

Sookpotarom P, Asawutmangkul C, Srinithiwat B, Leethochawalit S, Vejchapipat P: Is half strength of 0.05 % betamethasone valerate cream still effective in the treatment of phimosis in young children? Pediatr Surg Int 2013;29:393

Spitzer M: Digitale Demenz – Wie wir uns und unsere Kinder um den Verstand bringen. München 2012

Spurling GK, Del Mar CB, Dooley L, Foxlee R: Delayed antibiotics for respiratory infections. Cochrane Database Syst Rev 2007;(3):CD004417

Staheli LT: Shoes for children: a review. Pediatrics 1991;88:371

Task Force on Sudden Infant Death Syndrome: The changing concept in sudden infant death syndrome: diagnostic coding shifts, controversies regarding the sleeping environment, and new variables to consider in reducing risk. Pediatrics 2005; 116:1245

Task Force on Sudden Infant Death Syndrome, Moon RY, Darnall RA, Goodstein MH, Hauck FR: SIDS and other sleep-related infant deaths: expansion of recommendations for a safe infant sleeping environment. Pediatrics 2011;128:e1341

van Tilburg MA, Chitkara DK, Palsson OS, Turner M, Blois-Martin N, Ulshen M, Whitehead WE: Audio-recorded guided imagery treatment reduces functional abdominal pain in children: a pilot study. Pediatrics 2009;124:e890

Tonkin SL, Vogel SA, Bennet L, Gunn AJ: Apparently life threatening events in infant car safety seats. BMJ 2006; 333:1205

Van Hook J, Altman CE: Competitive Food Sales in Schools and Childhood Obesity: A Longitudinal Study. Sociol Educ 2012;85:23

Viner RM, Cole TJ: Adult socioeconomic, educational, social, and psychological outcomes of childhood obesity: a national birth cohort study. British Medical Journal 2005;330:1354

Visser TA, Ohan JL, Whittle S, Yücel M, Simmons JG, Allen NB: Sex differences in structural brain asymmetry predict overt aggression in early adolescents. Soc Cogn Affect Neurosci 2013: in press

Wagner U, Gais S, Haider H, Verleger R, Born J: Sleep inspires insight. Nature 2004;427:352

Wakefield MA, Loken B, Hornik RC: Use of mass media campaigns to change health behaviour. Lancet 2010;376:1261

Wang MC, Kim S, Gonzalez AA, MacLeod KE, Winkleby MA: Socioeconomic and food-related physical characteristics of the neighbourhood environment are associated with body mass index. J Epidemiol Community Health 2007;61:491

Williamson ML, Williamson PS: Women's preferences for

penile circumcision in sexual partners. J Sex Educ Ther 1988;14:8

Wolf S, Simon J, Patikas D, Schuster W, Armbrust P, Döderlein L: Foot motion in children shoes: a comparison of barefoot walking with shod walking in conventional and flexible shoes. Gait Posture 2008;27:51

Yin HS, Wolf MS, Dreyer BP, Sanders LM, Parker RM: Evaluation of consistency in dosing directions and measuring devices for pediatric nonprescription liquid medications. JAMA 2010;304:2595

Young C, Horton R: Putting clinical trials into context. Lancet 2005;366:107

Youngstedt SD, Kripke DF: Long sleep and mortality: rationale for sleep restriction. Sleep Med Rev 2004;8:159

ANMERKUNGEN

Einleitung

1 Christensen K, Doblhammer G, Rau R, Vaupel JW: Ageing populations: the challenges ahead. Lancet 2009;374:1196

Bindung, Nähe, Selbstvertrauen

1 Als H, Lawhon G, Duffy FH, McAnulty GB, Gibes-Grossman R, Blickman JG: Individualized developmental care for the very low-birth-weight preterm infant. Medical and neurofunctional effects. JAMA 1994;272:853

2 Hernandez-Reif M, Diego M, Field T: Preterm infants show reduced stress behaviors and activity after 5 days of massage therapy. Infant Behav Dev 2007;30:557
Moszkowski RJ, Stack DM, Girouard N, Field TM, Hernandez-Reif M, Diego M: Touching behaviors of infants of depressed mothers during normal and perturbed interactions. Infant Behav Dev 2009;32:183

3 Daum MM, Prinz W, Aschersleben G: Perception and production of object-related grasping in 6-month-olds. J Exp Child Psychol 2011;108:810

4 Hofer T, Hohenberger A, Hauf P, Aschersleben G: The link between maternal interaction style and infant action understanding. Infant Behav Dev 2008;31:115

5 Legerstee M, Markova G, Fisher T: The role of maternal affect attunement in dyadic and triadic communication. Infant Behav Dev 2007;30:296

6 http://www.safe-programm.de

7 Maselko J, Kubzansky L, Lipsitt L, Buka SL: Mother's affection at

8 months predicts emotional distress in adulthood. J Epidemiol Community Health 2011;65:621
8 Almeida ND, Loucks EB, Kubzansky L, Pruessner J, Maselko J, Meaney MJ, Buka SL: Quality of parental emotional care and calculated risk for coronary heart disease. Psychosom Med 2010;72:148
9 Nagano J, Kakuta C, Motomura C, Odajima H, Sudo N, Nishima S, Kubo C: The parenting attitudes and the stress of mothers predict the asthmatic severity of their children: a prospective study. Biopsychosoc Med 2010;4:12
10 Largo RH: Babyjahre. Entwicklung und Erziehung in den ersten vier Jahren. München 2007
11 Liu D, Diorio J, Tannenbaum B, Caldji C, Francis D: Maternal care, hippocampal glucocorticoid receptors, and hypothalamic-pituitary-adrenal responses to stress. Science 1997;277:1659
12 Klengel T, Mehta D, Anacker C, Rex-Haffner M, Pruessner JC, Pariante CM, Pace TW, Mercer KB, Mayberg HS, Bradley B, Nemeroff CB, Holsboer F, Heim CM, Ressler KJ, Rein T, Binder EB: Allele-specific FKBP5 DNA demethylation mediates gene-childhood trauma interactions. Nat Neurosci 2013;16:33
13 Giedd JN, Blumenthal J, Jeffries NO, Castellanos FX, Liu H, Zijdenbos A, Paus T, Evans AC, Rapoport JL: Brain development during childhood and adolescence: a lomngitudinal MRI study. Nat Neurosci 1999;2:861
14 Giedd JN: The teen brain: insights from neuroimaging. J Adolesc Health 2008;42:335
15 Ellis BJ, Essex MJ: Family environments, adrenarche, and sexual maturation: a longitudinal test of a life history model. Child Dev 2007;78:1799
16 Ellis BJ, Shirtcliff EA, Boyce WT, Deardorff J, Essex MJ: Quality of early family relationships and the timing and tempo of puberty: effects depend on biological sensitivity to context. Dev Psychopathol 2011;23:85

17 Shirtcliff EA, Coe CL, Pollak SD: Early childhood stress is associated with elevated antibody levels to herpes simplex virus type 1. Proc Natl Acad Sci 2009;106:2963

18 Moffitt TE, Arseneault L, Belsky D, Dickson N, Hancox RJ, Harrington H, Houts R, Poulton R, Roberts BW, Ross S, Sears MR, Thomson WM, Caspi A: A gradient of childhood self-control predicts health, wealth, and public safety. Proc Natl Acad Sci 2011;108:2693

19 Goodman A, Joyce R, Smith JP: The long shadow cast by childhood physical and mental problems on adult life. Proc Natl Acad Sci 2011;108:6032

20 Eluvathingal TJ, Chugani HT, Behen ME, Juhász C, Muzik O, Maqbool M, Chugani DC, Makki M: Abnormal brain connectivity in children after early severe socioemotional deprivation: a diffusion tensor imaging study. Pediatrics 2006;117:2093

Chugani HT, Behen ME, Muzik O, Juhász C, Nagy F, Chugani DC: Local brain functional activity following early deprivation: a study of postinstitutionalized Romanian orphans. Neuroimage 2001; 14:1290

21 Pruessner JC, Champagne F, Meaney MJ, Dagher A: Dopamine release in response to a psychological stress in humans and its relationship to early life maternal care: a positron emission tomography study using [11C]raclopride. J Neurosci 2004;24:2825

22 Katz LF, Gottman JM: Buffering children from marital conflict and dissolution. J Clin Child Psychol 1997;26:157

23 Bradley RG, Binder EB, Epstein MP, Tang Y, Nair HP, Liu W, Gillespie CF, Berg T, Evces M, Newport DJ, Stowe ZN, Heim CM, Nemeroff CB, Schwartz A, Cubells JF, Ressler KJ: Influence of Child Abuse on Adult Depression: Moderation by the Corticotropin-Releasing Hormone Receptor Gene. Arch Gen Psychiatry 2008;65:190

24 Pace TW, Wingenfeld K, Schmidt I, Meinlschmidt G, Hellhammer DH, Heim CM: Increased peripheral NF-$_{K}$B pathway activity in

women with childhood abuse-related posttraumatic stress disorder. Brain Behav Immun 2012;26:13

25 Parr LA, Boudreau M, Hecht E, Winslow JT, Nemeroff CB, Sánchez MM: Early life stress affects cerebral glucose metabolism in adult rhesus monkeys (Macaca mulatta). Dev Cogn Neurosci 2012;2:181

26 McGowan PO, Sasaki A, D'Alessio AC, Dymov S, Labonté B, Szyf M, Turecki G, Meaney MJ: Epigenetic regulation of the glucocorticoid receptor in human brain associates with childhood abuse. Nat Neurosci 2009;12:342

27 Hackman DA, Farah MJ, Meaney MJ: Socioeconomic status and the brain: mechanistic insights from human and animal research. Nat Rev Neurosci 2010;11:651

28 Sheridan MA, Fox NA, Zeanah CH, McLaughlin KA, Nelson CA: Variation in neural development as a result of exposure to institutionalization early in childhood. Proc Natl Acad Sci 2012;109:12927

29 McLaughlin KA, Fox NA, Zeanah CH, Sheridan MA, Marshall P, Nelson CA: Delayed maturation in brain electrical activity partially explains the association between early environmental deprivation and symptoms of attention-deficit/hyperactivity disorder. Biol Psychiatry 2010;68:329

30 Shirtcliff EA, Coe CL, Pollak SD: Early childhood stress is associated with elevated antibody levels to herpes simplex virus type 1. Proc Natl Acad Sci 2009;106:2963

31 Fries AB, Shirtcliff EA, Pollak SD: Neuroendocrine dysregulation following early social deprivation in children. Dev Psychobiol 2008;50:588

32 Sherin JE, Nemeroff CB: Post-traumatic stress disorder: the neurobiological impact of psychological trauma. Dialogues Clin Neurosci 2011;13:263

33 Heim C, Shugart M, Craighead WE, Nemeroff CB: Neurobiological and psychiatric consequences of child abuse and neglect. Dev Psychobiol 2010;52:671

34 Gould F, Clarke J, Heim C, Harvey PD, Majer M, Nemeroff CB: The effects of child abuse and neglect on cognitive functioning in adulthood. J Psychiatr Res 2012;46:500

35 Sturge-Apple ML, Davies PT, Cummings EM: Impact of hostility and withdrawal in interparental conflict on parental emotional unavailability and children's adjustment difficulties. Child Dev 2006;77:1623

Individuell, unabhängig, stolz

1 Rühle A: Ich seh dich. SZ am Wochenende. Süddeutsche Zeitung 16. 2. 2013

2 Eisenberger NI, Cole SW: Social neuroscience and health: neurophysiological mechanisms linking social ties with physical health. Nat Neurosci 2012;15:669

3 Chiang JJ, Eisenberger NI, Seeman TE, Taylor SE: Negative and competitive social interactions are related to heightened proinflammatory cytokine activity. Proc Natl Acad Sci U S A 2012; 109:1878

4 Lereyaa ST, Samarab M, Wolke D: Parenting behavior and the risk of becoming a victim and a bully / victim: A meta-analysis study. Child Abuse & Neglect 2013: in press

5 Conti G, Hansman C, Heckman JJ, Novak MF, Ruggiero A, Suomi SJ: Primate evidence on the late health effects of early-life adversity. Proc Natl Acad Sci U S A 2012;109:8866

6 Alexander GM, Graef JD, Hammarback JA, Nordskog BK, Burnett EJ, Daunais JB, Bennett AJ, Friedman DP, Suomi SJ, Godwin DW: Disruptions in serotonergic regulation of cortical glutamate release in primate insular cortex in response to chronic ethanol and nursery rearing. Neuroscience 2012;207:167

7 Visser TA, Ohan JL, Whittle S, Yücel M, Simmons JG, Allen NB: Sex differences in structural brain asymmetry predict overt aggression in early adolescents. Soc Cogn Affect Neurosci 2013: in press

8 Gluckman PD, Hanson MA: Evolution, development and timing of puberty. Trends Endocrinol Metab 2006;17:7

9 Ellis BJ, Shirtcliff EA, Boyce WT, Deardorff J, Essex MJ: Quality of early family relationships and the timing and tempo of puberty: effects depend on biological sensitivity to context. Dev Psychopathol 2011;23:85

10 Wakefield MA, Loken B, Hornik RC: Use of mass media campaigns to change health behaviour. Lancet 2010;376:1261

Erziehen, fordern, fördern

1 Juul J: Nein aus Liebe. Klare Eltern – starke Kinder. München 2008

2 Bertram H: Wir institutionalisieren die Kindheit. In: FAS 14. April 2013, S. 60

3 Schnabel U: Muße – vom Glück des Nichtstuns. München 2010

4 Gadamer HG: Über die Verborgenheit der Gesundheit: Aufsätze und Vorträge. Frankfurt 2010

5 Als Überblick eignet sich: Schmacke N: Wie viel Medizin verträgt der Mensch? Bonn 2005.
Wie beispielsweise aus Trauer und Traurigkeit immer schneller die Diagnose Depression wird, zeigt das Buch von: Horwitz AV, Wakefield JC: The Loss of Sadness: How Psychiatry Transformed Normal Sorrow Into Depressive Disorder. Oxford 2007

6 Daniels SR, Greer FR; Committee on Nutrition: Lipid screening and cardiovascular health in childhood. Pediatrics 2008; 122:198

Schlafen, Schreien, Schmerzen

1 Hauck FR, Omojokun OO, Siadaty MS: Do pacifiers reduce the risk of sudden death syndrome? A meta-analysis. Pediatrics 2005; 116e:716

2 Wagner U, Gais S, Haider H, Verleger R, Born J: Sleep inspires insight. Nature 2004;427:352

3 Youngstedt SD, Kripke DF: Long sleep and mortality: rationale for sleep restriction. Sleep Med Rev 2004;8:159

4 Task force on sudden infant death syndrome: The changing concept in sudden infant death syndrome: diagnostic coding shifts, controversies regarding the sleeping environment, and new variables to consider in reducing risk. Pediatrics 2005;116:1245
Task Force on Sudden Infant Death Syndrome, Moon RY, Darnall RA, Goodstein MH, Hauck FR: SIDS and other sleep-related infant deaths: expansion of recommendations for a safe infant sleeping environment. Pediatrics 2011;128:e1341

5 Gilbert R, Salanti G, Harden M, See S: Infant sleeping position and the sudden infant death syndrome: systematic review of observational studies and historical review of recommendations from 1940 to 2002. International Journal of Epidemiology 2005;34:874

6 Young C, Horton R: Putting clinical trials into context. Lancet 2005;366:107

7 Donga E, van Dijk M, van Dijk JG, Biermasz NR, Lammers GJ, van Kralingen K, Hoogma RP, Corssmit EP, Romijn JA: Partial sleep restriction decreases insulin sensitivity in type 1 diabetes. Diabetes Care 2010;33:1573

8 Donga E, van Dijk M, van Dijk JG, Biermasz NR, Lammers GJ, van Kralingen KW, Corssmit EP, Romijn JA: A single night of partial sleep deprivation induces insulin resistance in multiple metabolic pathways in healthy subjects. J Clin Endocrinol Metab 2010;95:2963

9 Punjabi NM; Workshop Participants: Do sleep disorders and associated treatments impact glucose metabolism? Drugs 2009;69 Suppl 2:13

10 Lee SJ, Ralston HJ, Drey EA, Partridge JC, Rosen MA: Fetal pain: a systematic multidisciplinary review of the evidence. JAMA 2005;294:947

11 Bellieni CV: Pain assessment in human fetus and infants. AAPS J 2012;14:456

12 Schiavenato M, Butler-O'Hara M, Scovanner P: Exploring the association between pain intensity and facial display in term newborns. Pain Res Manag 2011;16:10

13 Ranger M, Johnston CC, Anand KJ: Current controversies regarding pain assessment in neonates. Semin Perinatol 2007;31:283

14 Levy RL, van Tilburg MA: Functional abdominal pain in childhood: background studies and recent research trends. Pain Res Manag 2012;17:413

15 van Tilburg MA, Chitkara DK, Palsson OS, Turner M, Blois-Martin N, Ulshen M, Whitehead WE: Audio-recorded guided imagery treatment reduces functional abdominal pain in children: a pilot study. Pediatrics 2009;124:e890

Bewegen lernen, bewegen lassen

1 Tonkin SL, Vogel SA, Bennet L, Gunn AJ: Apparently life threatening events in infant car safety seats. BMJ 2006;333:1205

2 Singh A, Uijtdewilligen L, Twisk JW, van Mechelen W, Chinapaw MJ: Physical activity and performance at school: a systematic review of the literature including a methodological quality assessment. Arch Pediatr Adolesc Med 2012;166:49

3 Mauch M, Grau S, Krauss I, Maiwald C, Horstmann T: A new approach to children's footwear based on foot type classification. Ergonomics 2009;52:999

4 Staheli LT: Shoes for children: a review. Pediatrics 1991;88:371

5 Wolf S, Simon J, Patikas D, Schuster W, Armbrust P, Döderlein L: Foot motion in children shoes: a comparison of barefoot walking with shod walking in conventional and flexible shoes. Gait Posture 2008;27:51

Essen und Trinken

1 Mursu J, Robien K, Harnack LJ, Park K, Jacobs DR Jr: Dietary supplements and mortality rate in older women: the Iowa Women's Health Study. Arch Intern Med 2011;171:1625

2 Klein EA, Thompson IM Jr, Tangen CM, Crowley JJ, Lucia MS, Goodman PJ, Minasian LM, Ford LG, Parnes HL, Gaziano JM, Karp DD, Lieber MM, Walther PJ, Klotz L, Parsons JK, Chin JL, Darke AK, Lippman SM, Goodman GE, Meyskens FL Jr, Baker LH: Vitamin E and the risk of prostate cancer: the Selenium and Vitamin E Cancer Prevention Trial. JAMA 2011;306:1549

3 Bjelakovic G, Nikolova D, Gluud LL, Simonetti RG, Gluud C: Mortality in randomized trials of antioxidant supplements for primary and secondary prevention: systematic review and meta-analysis. JAMA 2007;297:842

Bjelakovic G, Nikolova D, Gluud LL, Simonetti RG, Gluud C: Antioxidant supplements for prevention of mortality in healthy participants and patients with various diseases. Cochrane Database Syst Rev 2008 Apr 16;(2):CD007176

4 Van Hook J, Altman CE: Competitive Food Sales in Schools and Childhood Obesity: A Longitudinal Study. Sociol Educ 2012;85:23

5 Ogden CL, Carroll MD, Kit BK, Flegal KM: Prevalence of obesity and trends in body mass index among US children and adolescents, 1999–2010. JAMA 2012;307:483

Flegal KM, Carroll MD, Kit BK, Ogden CL: Prevalence of obesity and trends in the distribution of body mass index among US adults, 1999–2010. JAMA 2012;307:491

6 Anonymous: Klops mit Weltkarriere. Test 2005;2:22

7 Pereira MA, Kartashov AI, Ebbeling CB, Van Horn L, Slattery ML, Jacobs DR Jr, Ludwig DS: Fast-food habits, weight gain, and insulin resistance (the CARDIA study): 15-year prospective analysis. Lancet 2005;365:36

8 Astrup A: Super-sized and diabetic by frequent fast-food consumption? Lancet 2005;365:4

Wang MC, Kim S, Gonzalez AA, MacLeod KE, Winkleby MA: Socioeconomic and food-related physical characteristics of the neighbourhood environment are associated with body mass index. J Epidemiol Community Health 2007;61:491

9 Almond CS, Shin AY, Fortescue EB, et al: Hyponatremia among runners in the Boston Marathon. N Engl Med 2005;352:1550

10 Bröckling U: Das unternehmerische Selbst. Soziologie einer Subjektivierungsform. Frankfurt 2007

11 Schmidt-Semisch H, Schorb F: Kreuzzug gegen Fette: Sozialwissenschaftliche Aspekte des gesellschaftlichen Umgangs mit Übergewicht und Adipositas. Wiesbaden 2007

12 Schorb F: Dick, doof und arm: Die große Lüge vom Übergewicht und wer von ihr profitiert. München 2009

13 Barker DJ, Osmond C, Forsén TJ, Kajantie E, Eriksson JG: Trajectories of growth among children who have coronary events as adults. N Engl Med 2005;353:1802

14 Viner RM, Cole TJ: Adult socioeconomic, educational, social, and psychological outcomes of childhood obesity: a national birth cohort study. British Medical Journal 2005;330:1354

15 Moss A, Klenk J, Simon K, Thaiss H, Reinehr T, Wabitsch M: Declining prevalence rates for overweight and obesity in German children starting school. Eur J Pediatr 2012;171:289

16 Ogden CL, Carroll MD, Curtin LR, Lamb MM, Flegal KM: Prevalence of high body mass index in US children and adolescents, 2007–2008. JAMA 2010;303:242

Flegal KM, Carroll MD, Ogden CL, Curtin LR: Prevalence and trends in obesity among US adults, 1999–2008. JAMA 2010; 303:235

17 Pearce A, Li L, Abbas J, Ferguson B, Graham H, Law C: Millennium Cohort Study Child Health Group: Is childcare associated with the risk of overweight and obesity in the early years? Findings from the UK Millennium Cohort Study. Int J Obes 2010;34:1160

18 Anderson SE, Whitaker RC: Household routines and obesity in US preschool-aged children. Pediatrics 2010;125:420

19 Anderson SE, Gooze RA, Lemeshow S, Whitaker RC: Quality of early maternal-child relationship and risk of adolescent obesity. Pediatrics 2012;129:132

Erkennen, wo es fehlt: krank oder unpässlich?

1 Rinzler, Carol Ann: Feed a cold, starve a fever – a dictionary of medical folklore. New York 1991

2 Guppy MPB, Mickan SM, Del Mar CB: »Drink plenty of fluids«: A systematic review of evidence for this recommendation in acute respiratory infections. British Medical Journal 2004;328:499

3 Murdoch DR, Slow S, Chambers ST, Jennings LC, Stewart AW, Priest PC, Florkowski CM, Livesey JH, Camargo CA, Scragg R: Effect of vitamin D3 supplementation on upper respiratory tract infections in healthy adults: the VIDARIS randomized controlled trial. JAMA 2012;308:1333

4 Moore M, Little P, Rumsby K, Kelly J, Watson L, Warner G, Fahey T, Williamson I: Effect of antibiotic prescribing strategies and an information leaflet on longer-term reconsultation for acute lower respiratory tract infection. Br J Gen Pract 2009;59:728
Spurling GK, Del Mar CB, Dooley L, Foxlee R: Delayed antibiotics for respiratory infections. Cochrane Database Syst Rev 2007;(3):CD004417

5 Paradise JL, Campbell TF, Dollaghan CA, Feldman HM, Bernard BS, Colborn DK, Rockette HE, Janosky JE, Pitcairn DL, Kurs-Lasky M, Sabo DL, Smith CG: Developmental outcomes after early or delayed insertion of tympanostomy tubes. N Engl J Med 2005;353:576

6 Garbutt JM, Banister C, Spitznagel E, Piccirillo JF: Amoxicillin for acute rhinosinusitis: a randomized controlled trial. JAMA 2012;307:685

7 Yin HS, Wolf MS, Dreyer BP, Sanders LM, Parker RM: Evaluation of consistency in dosing directions and measuring devices for pediatric nonprescription liquid medications. JAMA 2010; 304:2595

8 DeWalt DA: Ensuring safe and effective use of medication and health care: perfecting the dismount. JAMA 2010;304:2641

9 Smith PB, Benjamin DK Jr, Murphy MD, Johann-Liang R, Iyasu

S, Gould B, Califf RM, Li JS, Rodriguez W: Safety monitoring of drugs receiving pediatric marketing exclusivity. Pediatrics 2008; 122:e628

10 Lehman EJ, Hein MJ, Baron SL, Gersic CM: Neurodegenerative causes of death among retired National Football League players. Neurology 2012;79:1970

11 Matser EJ, Kessels AG, Lezak MD: Neuropsychological impairment in amateur soccer players. Journal of the American Medical Association 1999;282:971

Matser EJ, Kessels AG, Lezak MD, Troost J: A dose-response relation of headers and concussions with cognitive impairment in professional soccer players. Journal of Clinical and Experimental Neuropsychology 2001;23:770

12 Richter J, Stöver IM, Walter S, Mehlhorn H, Häussinger D: Kopfläuse – Umgang mit einer wieder auflebenden Parasitose. Deutsches Ärzteblatt 2005;102:A2395

13 Roberts RJ, Burgess IF: New head-lice treatments: hope or hype? Lancet 2005;365:8

14 Pettersson A, Richiardi L, Nordenskjold A, Kaijser M, Akre O: Age at surgery for undescended testis and risk of testicular cancer. N Engl J Med 2007;356:1835

15 Sookpotarom P, Asawutmangkul C, Srinithiwat B, Leethochawalit S, Vejchapipat P: Is half strength of 0.05 % betamethasone valerate cream still effective in the treatment of phimosis in young children? Pediatr Surg Int 2013;29:393

16 Morris BJ, Waskett JH, Banerjee J, Wamai RG, Tobian AA, Gray RH, Bailis SA, Bailey RC, Klausner JD, Willcourt RJ, Halperin DT, Wiswell TE, Mindel A: A ›snip‹ in time: what is the best age to circumcise? BMC Pediatr 2012;12:20

17 Schober JM, Meyer-Bahlburg HF, Dolezal C: Self-ratings of genital anatomy, sexual sensitivity and function in men using the ›Self-Assessment of Genital Anatomy and Sexual Function, Male‹ questionnaire. BJU Int 2009;103:1096

Payne K, Thaler L, Kukkonen T, Carrier S, Binik Y: Sensation and sexual arousal in circumcised and uncircumcised men. J Sex Med 2007;4:667

Williamson ML, Williamson PS: Women's preferences for penile circumcision in sexual partners. J Sex Educ Ther 1988;14:8

18 Oberg M, Jaakkola MS, Woodward A, Peruga A, Prüss-Ustün A: Worldwide burden of disease from exposure to second-hand smoke: a retrospective analysis of data from 192 countries. Lancet 2011;377:139

Streitthemen: zwischen Erfahrung, Wissenschaft und Ideologie

1 Spitzer M: Digitale Demenz – Wie wir uns und unsere Kinder um den Verstand bringen. München 2012

2 Bavelier D, Davidson RJ: Brain training: Games to do you good. Nature 2013;494:425

3 Giannotti D, Patrizi G, Di Rocco G, Vestri AR, Semproni CP, Fiengo L, Pontone S, Palazzini G, Redler A: Play to become a surgeon: impact of Nintendo Wii training on laparoscopic skills. PLoS One 2013;8:e57372

4 Deardorff J, Gonzales NA, Christopher FS, Roosa MW, Millsap RE: Early puberty and adolescent pregnancy: the influence of alcohol use. Pediatrics 2005;116:1451

5 Anderson CA, Shibuya A, Ihori N, Swing EL, Bushman BJ, Sakamoto A, Rothstein HR, Saleem M: Violent video game effects on aggression, empathy, and prosocial behavior in eastern and western countries: a meta-analytic review. Psychol Bull 2010;136:151

6 Dyer O: Wakefield admits fabricating events when he took children's blood samples. BMJ 2008;336:850

7 Fleischer DM, Conover-Walker MK, Matsui EC, Wood RA: The natural history of tree nut allergy. Journal of Allergy and Clinical Immunology 2005;116:1087–1093

8 Brauer M, Hoek G, Smit HA, de Jongste JC, Gerritsen J, Postma

DS, Kerkhof M, Brunekreef B: Air pollution and development of asthma, allergy and infections in a birth cohort. Eur Respir J 2007;29:879

9 Jerrett M: Does traffic-related air pollution contribute to respiratory disease formation in children? Eur Respir J 2007;29:825

10 Caudri D, Wijga A, Scholtens S, Kerkhof M, Gerritsen J, Ruskamp JM, Brunekreef B, Smit HA, de Jongste JC: Early daycare is associated with an increase in airway symptoms in early childhood but is no protection against asthma or atopy at 8 years. Am J Respir Crit Care Med 2009;180:491

11 Cecchi L, D'Amato G, Ayres JG, Galan C, Forastiere F, Forsberg B, Gerritsen J, Nunes C, Behrendt H, Akdis C, Dahl R, Annesi-Maesano I: Projections of the effects of climate change on allergic asthma: the contribution of aerobiology. Allergy 2010;65:1073

12 von Mutius E, Vercelli D: Farm living: effects on childhood asthma and allergy. Nat Rev Immunol 2010;10:861

13 von Mutius E: Maternal farm exposure/ingestion of unpasteurized cow's milk and allergic disease. Curr Opin Gastroenterol 2012; 28:570

14 Normand AC, Sudre B, Vacheyrou M, Depner M, Wouters IM, Noss I, Heederik D, Hyvärinen A, Genuneit J, Braun-Fahrländer C, von Mutius E, Piarroux R; GABRIEL-A Study Group: Airborne cultivable microflora and microbial transfer in farm buildings and rural dwellings. Occup Environ Med 2011;68:849

15 Shang A, Huwiler-Müntener K, Nartey L, Jüni P, Dörig S, Sterne JA, Pewsner D, Egger M: Are the clinical effects of homoeopathy placebo effects? Comparative study of placebo-controlled trials of homoeopathy and allopathy. Lancet 2005;366:726

Bangemachen gilt nicht – Mythen, Vorurteile, Irrtümer

1 Halliday HL: Overview of clinical trials comparing natural and synthetic surfactants. Biol Neonate 1995;67Suppl1:32

Silver RK, Vyskocil C, Solomon SL, Ragin A, Neerhof MG, Farrell EE: Randomized trial of antenatal dexamethasone in surfactant-treated infants delivered before 30 weeks' gestation. Obstet Gynecol 1996;87:683

2 Greenhalgh T: Einführung in die Evidence-based Medicine. Bern 2001

3 Nemery B, Fischler B, Boogaerts M, Lison D: Dioxins, Coca-Cola, and mass sociogenic illness in Belgium. Lancet 1999;354:77
Nemery B, Fischler B, Boogaerts M, Lison D, Willems J: The Coca-Cola incident in Belgium, June 1999. Food Chem Toxicol. 2002;40:1657

REGISTER